UNION ÉCONOMIQUE ET MONÉTAIRE

Compendium
de la législation communautaire

Juin 1999

COMMISSION EUROPÉENNE

IMPORTANT

La présente publication contient des extraits des versions consolidées du traité UE et du traité CE incorporant les modifications apportées par le traité d'Amsterdam, signé le 2 octobre 1997 et entré en vigueur le 1er mai 1999.

Les extraits en question, protocoles inclus, sont numérotés conformément aux dispositions du traité d'Amsterdam. Pour les références aux traités figurant dans d'autres textes, il convient donc de se reporter aux tableaux d'équivalences visés à l'article 12 du traité d'Amsterdam.

Ce texte a été mis au point à des fins documentaires et n'engage pas la responsabilité des institutions.

De nombreuses autres informations sur l'Union européenne sont disponibles sur Internet via le serveur Europa (http://europa.eu.int) dont une page traite plus particulièrement de l'euro (http://europa.eu.int/euro).

Une fiche bibliographique figure à la fin de l'ouvrage.

Luxembourg: Office des publications officielles des Communautés européennes, 1999

ISBN 92-828-4311-4

Printed in Belgium

IMPRIMÉ SUR PAPIER BLANCHI SANS CHLORE

Préface

Depuis le 1er janvier 1999, l'euro est une réalité. En le créant, l'Europe a offert à ses citoyens et à ses partenaires dans le monde une preuve concrète de sa volonté de fonder une communauté de paix et de prospérité. Le lancement de cette nouvelle monnaie s'est déroulé de manière optimale, et l'euro a acquis, dès le début, une réelle crédibilité. Pour le citoyen, le 1er janvier 2002 constituera une date clé avec la mise en circulation des pièces et des billets. Jusqu'à cette date, la Commission s'attache à favoriser, avec les États membres et la Banque centrale européenne, un passage en douceur à ce qui constituera l'événement politique majeur de ce début du troisième millénaire.

La gestion de cette nouvelle monnaie a été confiée à la Banque centrale européenne (BCE), identifiée comme la plus indépendante du monde et pour laquelle la stabilité est le mot d'ordre principal. L'euro s'appuiera aussi sur un pacte de stabilité et de croissance. Il apparaît aussi comme un instrument capital pour lutter contre le chômage. Un policy mix *équilibré, une convergence soutenue dans la durée et une stabilité monétaire constituent les fondements d'une politique économique orientée vers l'emploi. La monnaie européenne constitue à cet égard une formidable opportunité de pouvoir rompre l'engrenage déficit/chômage et d'enclencher la dynamique stabilité/emploi. La monnaie unique est aussi un complément indispensable au marché commun. Elle mettra fin aux fluctuations de change entre les États membres participants. En supprimant le risque de change, l'euro renforcera la compétitivité des entreprises et leur permettra d'affronter la compétition mondiale dans de meilleures conditions. Il favorisera aussi l'unification du marché des biens et des services.*

En se dotant de l'euro, les peuples européens ont décidé d'occuper sur la scène internationale une place que leur histoire et leur force économique et commerciale justifient. La monnaie unique permettra à l'Europe un renforcement de sa position et de son rôle dans le monde. La crédibilité de l'euro, adossée à un marché financier vaste et très liquide, sera un facteur d'attrait pour les investisseurs étrangers. Plus fondamentalement, l'euro, par sa stabilité reconnue et son usage répandu, contribuera à un meilleur équilibre des relations monétaires internationales. Pour accomplir tout cela, l'Europe doit être en mesure de s'exprimer d'une seule voix pour jouer le rôle qui est le sien sur la scène internationale. L'euro s'imposera donc à la fois comme une monnaie de réserve, de transaction et de placement. La monnaie européenne a aussi pour objectif d'apporter plus de stabilité au système monétaire international. L'arrivée de l'euro constitue un événement monétaire majeur et offre à tous — émetteurs, intermédiaires et investisseurs — de nouvelles opportunités d'émission et de placement.

La présente compilation renferme la totalité de la législation communautaire relative à l'Union économique européenne ainsi qu'à la mise en place de l'euro. Ces textes ont été actualisés à la suite de l'entrée en vigueur du traité d'Amsterdam.

Cette compilation est le support juridique adéquat pour délimiter le champ d'action des décisions qui ont été prises dans ce domaine. C'est aussi une base indispensable pour tous ceux qui se trouvent dans ce secteur d'activité et un outil efficace à la compréhension de ce qu'est et sera l'Union économique et monétaire.

Giovanni Ravasio

Directeur général chargé des affaires économiques et financières

Table des matières

Partie E — Coordination des politiques économiques

Partie F — Pacte de stabilité et de croissance, croissance et emploi

Partie G — Mécanisme de change pendant la troisième phase de l'Union économique et monétaire

Partie H — Aspects externes de l'euro

Partie J — Aspects techniques de l'introduction de l'euro

Partie K — Autres textes législatifs

Tableaux des équivalences visés à l'article 12 du traité d'Amsterdam ([1])

A. TRAITÉ SUR L'UNION EUROPÉENNE

Ancienne numérotation	Nouvelle numérotation
TITRE I	TITRE I
Article A	Article 1
Article B	Article 2
Article C	Article 3
Article D	Article 4
Article E	Article 5
Article F	Article 6
Article F.1 (*)	Article 7
TITRE II	TITRE II
Article G	Article 8
TITRE III	TITRE III
Article H	Article 9
TITRE IV	TITRE IV
Article I	Article 10
TITRE V (***)	TITRE V
Article J.1	Article 11
Article J.2	Article 12
Article J.3	Article 13
Article J.4	Article 14
Article J.5	Article 15
Article J.6	Article 16
Article J.7	Article 17
Article J.8	Article 18
Article J.9	Article 19
Article J.10	Article 20
Article J.11	Article 21
Article J.12	Article 22
Article J.13	Article 23
Article J.14	Article 24
Article J.15	Article 25
Article J.16	Article 26
Article J.17	Article 27
Article J.18	Article 28

Ancienne numérotation	Nouvelle numérotation
TITRE VI (***)	TITRE VI
Article K.1	Article 29
Article K.2	Article 30
Article K.3	Article 31
Article K.4	Article 32
Article K.5	Article 33
Article K.6	Article 34
Article K.7	Article 35
Article K.8	Article 36
Article K.9	Article 37
Article K.10	Article 38
Article K.11	Article 39
Article K.12	Article 40
Article K.13	Article 41
Article K.14	Article 42
TITRE VI A (**)	TITRE VII
Article K.15 (*)	Article 43
Article K.16 (*)	Article 44
Article K.17 (*)	Article 45
TITRE VII	TITRE VIII
Article L	Article 46
Article M	Article 47
Article N	Article 48
Article O	Article 49
Article P	Article 50
Article Q	Article 51
Article R	Article 52
Article S	Article 53

([1]) JO C 340 du 10.11.1997, p. 85-91.

(*) Nouvel article introduit par le traité d'Amsterdam.

(**) Nouveau titre introduit par le traité d'Amsterdam.

(***) Titre restructuré par le traité d'Amsterdam.

B. TRAITÉ INSTITUANT LA COMMUNAUTÉ EUROPÉENNE

Ancienne numérotation	Nouvelle numérotation
PREMIÈRE PARTIE	PREMIÈRE PARTIE
Article 1	Article 1
Article 2	Article 2
Article 3	Article 3
Article 3 A	Article 4
Article 3 B	Article 5
Article 3 C (*)	Article 6
Article 4	Article 7
Article 4 A	Article 8
Article 4 B	Article 9
Article 5	Article 10
Article 5 A (*)	Article 11
Article 6	Article 12
Article 6 A (*)	Article 13
Article 7 (abrogé)	—
Article 7 A	Article 14
Article 7 B (abrogé)	—
Article 7 C	Article 15
Article 7 D (*)	Article 16
DEUXIÈME PARTIE	DEUXIÈME PARTIE
Article 8	Article 17
Article 8 A	Article 18
Article 8 B	Article 19
Article 8 C	Article 20
Article 8 D	Article 21
Article 8 E	Article 22

Ancienne numérotation	Nouvelle numérotation
TROISIÈME PARTIE TITRE I	TROISIÈME PARTIE TITRE I
Article 9	Article 23
Article 10	Article 24
Article 11 (abrogé)	—
CHAPITRE 1 Section 1 (supprimée)	CHAPITRE 1 —
Article 12	Article 25
Article 13 (abrogé)	—
Article 14 (abrogé)	—
Article 15 (abrogé)	—
Article 16 (abrogé)	—
Article 17 (abrogé)	—
Section 2 (supprimée)	—
Article 18 (abrogé)	—
Article 19 (abrogé)	—
Article 20 (abrogé)	—
Article 21 (abrogé)	—
Article 22 (abrogé)	—
Article 23 (abrogé)	—
Article 24 (abrogé)	—
Article 25 (abrogé)	—
Article 26 (abrogé)	—
Article 27 (abrogé)	—
Article 28	Article 26
Article 29	Article 27
CHAPITRE 2	CHAPITRE 2
Article 30	Article 28
Article 31 (abrogé)	—
Article 32 (abrogé)	—
Article 33 (abrogé)	—
Article 34	Article 29
Article 35 (abrogé)	—
Article 36	Article 30
Article 37	Article 31

(*) Nouvel article introduit par le traité d'Amsterdam.

Ancienne numérotation	Nouvelle numérotation
TITRE II	TITRE II
Article 38	Article 32
Article 39	Article 33
Article 40	Article 34
Article 41	Article 35
Article 42	Article 36
Article 43	Article 37
Article 44 (abrogé)	—
Article 45 (abrogé)	—
Article 46	Article 38
Article 47 (abrogé)	—
TITRE III CHAPITRE 1	TITRE III CHAPITRE 1
Article 48	Article 39
Article 49	Article 40
Article 50	Article 41
Article 51	Article 42
CHAPITRE 2	CHAPITRE 2
Article 52	Article 43
Article 53 (abrogé)	—
Article 54	Article 44
Article 55	Article 45
Article 56	Article 46
Article 57	Article 47
Article 58	Article 48
CHAPITRE 3	CHAPITRE 3
Article 59	Article 49
Article 60	Article 50
Article 61	Article 51
Article 62 (abrogé)	—
Article 63	Article 52
Article 64	Article 53
Article 65	Article 54
Article 66	Article 55

Ancienne numérotation	Nouvelle numérotation
CHAPITRE 4	CHAPITRE 4
Article 67 (abrogé)	—
Article 68 (abrogé)	—
Article 69 (abrogé)	—
Article 70 (abrogé)	—
Article 71 (abrogé)	—
Article 72 (abrogé)	—
Article 73 (abrogé)	—
Article 73 A (abrogé)	—
Article 73 B	Article 56
Article 73 C	Article 57
Article 73 D	Article 58
Article 73 E (abrogé)	—
Article 73 F	Article 59
Article 73 G	Article 60
Article 73 H (abrogé)	—
TITRE III A (**)	TITRE IV
Article 73 I (*)	Article 61
Article 73 J (*)	Article 62
Article 73 K (*)	Article 63
Article 73 L (*)	Article 64
Article 73 M (*)	Article 65
Article 73 N (*)	Article 66
Article 73 O (*)	Article 67
Article 73 P (*)	Article 68
Article 73 Q (*)	Article 69
TITRE IV	TITRE V
Article 74	Article 70
Article 75	Article 71
Article 76	Article 72
Article 77	Article 73
Article 78	Article 74
Article 79	Article 75
Article 80	Article 76
Article 81	Article 77
Article 82	Article 78
Article 83	Article 79
Article 84	Article 80

(*) Nouvel article introduit par le traité d'Amsterdam.

(**) Nouveau titre introduit par le traité d'Amsterdam.

Ancienne numérotation	Nouvelle numérotation
TITRE V CHAPITRE 1 SECTION 1	TITRE VI CHAPITRE 1 SECTION 1
Article 85	Article 81
Article 86	Article 82
Article 87	Article 83
Article 88	Article 84
Article 89	Article 85
Article 90	Article 86
Section 2 (supprimée)	—
Article 91 (abrogé)	—
SECTION 3	SECTION 2
Article 92	Article 87
Article 93	Article 88
Article 94	Article 89
CHAPITRE 2	CHAPITRE 2
Article 95	Article 90
Article 96	Article 91
Article 97 (abrogé)	—
Article 98	Article 92
Article 99	Article 93
CHAPITRE 3	CHAPITRE 3
Article 100	Article 94
Article 100 A	Article 95
Article 100 B (abrogé)	—
Article 100 C (abrogé)	—
Article 100 D (abrogé)	—
Article 101	Article 96
Article 102	Article 97
TITRE VI CHAPITRE 1	TITRE VII CHAPITRE 1
Article 102 A	Article 98
Article 103	Article 99
Article 103 A	Article 100
Article 104	Article 101
Article 104 A	Article 102
Article 104 B	Article 103
Article 104 C	Article 104

Ancienne numérotation	Nouvelle numérotation
CHAPITRE 2	CHAPITRE 2
Article 105	Article 105
Article 105 A	Article 106
Article 106	Article 107
Article 107	Article 108
Article 108	Article 109
Article 108 A	Article 110
Article 109	Article 111
CHAPITRE 3	CHAPITRE 3
Article 109 A	Article 112
Article 109 B	Article 113
Article 109 C	Article 114
Article 109 D	Article 115
CHAPITRE 4	CHAPITRE 4
Article 109 E	Article 116
Article 109 F	Article 117
Article 109 G	Article 118
Article 109 H	Article 119
Article 109 I	Article 120
Article 109 J	Article 121
Article 109 K	Article 122
Article 109 L	Article 123
Article 109 M	Article 124
TITRE VI A (**)	TITRE VIII
Article 109 N (*)	Article 125
Article 109 O (*)	Article 126
Article 109 P (*)	Article 127
Article 109 Q (*)	Article 128
Article 109 R (*)	Article 129
Article 109 S (*)	Article 130
TITRE VII	TITRE IX
Article 110	Article 131
Article 111 (abrogé)	—
Article 112	Article 132
Article 113	Article 133
Article 114 (abrogé)	—
Article 115	Article 134
TITRE VII A (**)	TITRE X
Article 116 (*)	Article 135

(*) Nouvel article introduit par le traité d'Amsterdam.

(**) Nouveau titre introduit par le traité d'Amsterdam.

Ancienne numérotation	Nouvelle numérotation
TITRE VIII CHAPITRE 1 (*)	TITRE XI CHAPITRE 1
Article 117	Article 136
Article 118	Article 137
Article 118 A	Article 138
Article 118 B	Article 139
Article 118 C	Article 140
Article 119	Article 141
Article 119 A	Article 142
Article 120	Article 143
Article 121	Article 144
Article 122	Article 145
CHAPITRE 2	CHAPITRE 2
Article 123	Article 146
Article 124	Article 147
Article 125	Article 148
CHAPITRE 3	CHAPITRE 3
Article 126	Article 149
Article 127	Article 150
TITRE IX	TITRE XII
Article 128	Article 151
TITRE X	TITRE XIII
Article 129	Article 152
TITRE XI	TITRE XIV
Article 129 A	Article 153
TITRE XII	TITRE XV
Article 129 B	Article 154
Article 129 C	Article 155
Article 129 D	Article 156
TITRE XIII	TITRE XVI
Article 130	Article 157
TITRE XIV	TITRE XVII
Article 130 A	Article 158
Article 130 B	Article 159
Article 130 C	Article 160
Article 130 D	Article 161
Article 130 E	Article 162

Ancienne numérotation	Nouvelle numérotation
TITRE XV	TITRE XVIII
Article 130 F	Article 163
Article 130 G	Article 164
Article 130 H	Article 165
Article 130 I	Article 166
Article 130 J	Article 167
Article 130 K	Article 168
Article 130 L	Article 169
Article 130 M	Article 170
Article 130 N	Article 171
Article 130 O	Article 172
Article 130 P	Article 173
Article 130 Q (abrogé)	—
TITRE XVI	TITRE XIX
Article 130 R	Article 174
Article 130 S	Article 175
Article 130 T	Article 176
TITRE XVII	TITRE XX
Article 130 U	Article 177
Article 130 V	Article 178
Article 130 W	Article 179
Article 130 X	Article 180
Article 130 Y	Article 181
QUATRIÈME PARTIE	QUATRIÈME PARTIE
Article 131	Article 182
Article 132	Article 183
Article 133	Article 184
Article 134	Article 185
Article 135	Article 186
Article 136	Article 187
Article 136 A	Article 188

(*) Chapitre 1 restructuré par le traité d'Amsterdam.

Ancienne numérotation	Nouvelle numérotation
CINQUIÈME PARTIE TITRE I CHAPITRE 1 SECTION 1	CINQUIÈME PARTIE TITRE I CHAPITRE 1 SECTION 1
Article 137	Article 189
Article 138	Article 190
Article 138 A	Article 191
Article 138 B	Article 192
Article 138 C	Article 193
Article 138 D	Article 194
Article 138 E	Article 195
Article 139	Article 196
Article 140	Article 197
Article 141	Article 198
Article 142	Article 199
Article 143	Article 200
Article 144	Article 201
SECTION 2	SECTION 2
Article 145	Article 202
Article 146	Article 203
Article 147	Article 204
Article 148	Article 205
Article 149 (abrogé)	—
Article 150	Article 206
Article 151	Article 207
Article 152	Article 208
Article 153	Article 209
Article 154	Article 210
SECTION 3	SECTION 3
Article 155	Article 211
Article 156	Article 212
Article 157	Article 213
Article 158	Article 214
Article 159	Article 215
Article 160	Article 216
Article 161	Article 217
Article 162	Article 218
Article 163	Article 219

Ancienne numérotation	Nouvelle numérotation
SECTION 4	SECTION 4
Article 164	Article 220
Article 165	Article 221
Article 166	Article 222
Article 167	Article 223
Article 168	Article 224
Article 168 A	Article 225
Article 169	Article 226
Article 170	Article 227
Article 171	Article 228
Article 172	Article 229
Article 173	Article 230
Article 174	Article 231
Article 175	Article 232
Article 176	Article 233
Article 177	Article 234
Article 178	Article 235
Article 179	Article 236
Article 180	Article 237
Article 181	Article 238
Article 182	Article 239
Article 183	Article 240
Article 184	Article 241
Article 185	Article 242
Article 186	Article 243
Article 187	Article 244
Article 188	Article 245
SECTION 5	SECTION 5
Article 188 A	Article 246
Article 188 B	Article 247
Article 188 C	Article 248
CHAPITRE 2	CHAPITRE 2
Article 189	Article 249
Article 189 A	Article 250
Article 189 B	Article 251
Article 189 C	Article 252
Article 190	Article 253
Article 191 (*)	Article 254
Article 191 A (*)	Article 255
Article 192	Article 256

(*) Nouvel article introduit par le traité d'Amsterdam.

Ancienne numérotation	Nouvelle numérotation
CHAPITRE 3	CHAPITRE 3
Article 193	Article 257
Article 194	Article 258
Article 195	Article 259
Article 196	Article 260
Article 197	Article 261
Article 198	Article 262
CHAPITRE 4	CHAPITRE 4
Article 198 A	Article 263
Article 198 B	Article 264
Article 198 C	Article 265
CHAPITRE 5	CHAPITRE 5
Article 198 D	Article 266
Article 198 E	Article 267
TITRE II	TITRE II
Article 199	Article 268
Article 200 (abrogé)	—
Article 201	Article 269
Article 201 A	Article 270
Article 202	Article 271
Article 203	Article 272
Article 204	Article 273
Article 205	Article 274
Article 205 A	Article 275
Article 206	Article 276
Article 206 A (abrogé)	—
Article 207	Article 277
Article 208	Article 278
Article 209	Article 279
Article 209 A	Article 280
SIXIÈME PARTIE	SIXIÈME PARTIE
Article 210	Article 281
Article 211	Article 282
Article 212 (*)	Article 283
Article 213	Article 284
Article 213 A (*)	Article 285
Article 213 B (*)	Article 286
Article 214	Article 287
Article 215	Article 288
Article 216	Article 289
Article 217	Article 290

Ancienne numérotation	Nouvelle numérotation
Article 218 (*)	Article 291
Article 219	Article 292
Article 220	Article 293
Article 221	Article 294
Article 222	Article 295
Article 223	Article 296
Article 224	Article 297
Article 225	Article 298
Article 226 (abrogé)	—
Article 227	Article 299
Article 228	Article 300
Article 228 A	Article 301
Article 229	Article 302
Article 230	Article 303
Article 231	Article 304
Article 232	Article 305
Article 233	Article 306
Article 234	Article 307
Article 235	Article 308
Article 236 (*)	Article 309
Article 237 (abrogé)	—
Article 238	Article 310
Article 239	Article 311
Article 240	Article 312
Article 241 (abrogé)	—
Article 242 (abrogé)	—
Article 243 (abrogé)	—
Article 244 (abrogé)	—
Article 245 (abrogé)	—
Article 246 (abrogé)	—
DISPOSITIONS FINALES	DISPOSITIONS FINALES
Article 247	Article 313
Article 248	Article 314

(*) Nouvel article introduit par le traité d'Amsterdam.

Partie A

Extraits du traité instituant la Communauté européenne, protocoles et déclarations annexés

Article 4 (ex-article 3 A) (*)

1. Aux fins énoncées à l'article 2, l'action des États membres et de la Communauté comporte, dans les conditions et selon les rythmes prévus par le présent traité, l'instauration d'une politique économique fondée sur l'étroite coordination des politiques économiques des États membres, sur le marché intérieur et sur la définition d'objectifs communs, et conduite conformément au respect du principe d'une économie de marché ouverte où la concurrence est libre.

2. Parallèlement, dans les conditions et selon les rythmes et les procédures prévus par le présent traité, cette action comporte la fixation irrévocable des taux de change conduisant à l'instauration d'une monnaie unique, l'Écu, ainsi que la définition et la conduite d'une politique monétaire et d'une politique de change uniques dont l'objectif principal est de maintenir la stabilité des prix et, sans préjudice de cet objectif, de soutenir les politiques économiques générales dans la Communauté, conformément au principe d'une économie de marché ouverte où la concurrence est libre.

3. Cette action des États membres et de la Communauté implique le respect des principes directeurs suivants: prix stables, finances publiques et conditions monétaires saines et balance des paiements stable.

(*) JO C 340 du 10.11.1997, p. 182.

A 2

Titre VII (ex-titre VI)
La politique économique et monétaire (*)

CHAPITRE 1

LA POLITIQUE ÉCONOMIQUE

Article 98 (ex-article 102 A)

Les États membres conduisent leurs politiques économiques en vue de contribuer à la réalisation des objectifs de la Communauté, tels que définis à l'article 2, et dans le contexte des grandes orientations visées à l'article 99, paragraphe 2. Les États membres et la Communauté agissent dans le respect du principe d'une économie de marché ouverte où la concurrence est libre, favorisant une allocation efficace des ressources, conformément aux principes fixés à l'article 4.

Article 99 (ex-article 103)

1. Les États membres considèrent leurs politiques économiques comme une question d'intérêt commun et les coordonnent au sein du Conseil, conformément à l'article 98.

2. Le Conseil, statuant à la majorité qualifiée sur recommandation de la Commission, élabore un projet pour les grandes orientations des politiques économiques des États membres et de la Communauté et en fait rapport au Conseil européen.

Le Conseil européen, sur la base du rapport du Conseil, débat d'une conclusion sur les grandes orientations des politiques économiques des États membres et de la Communauté.

Sur la base de cette conclusion, le Conseil, statuant à la majorité qualifiée, adopte une recommandation fixant ces grandes orientations. Le Conseil informe le Parlement de sa recommandation.

3. Afin d'assurer une coordination plus étroite des politiques économiques et une convergence soutenue des performances économiques des États membres, le Conseil, sur la base de rapports présentés par la Commission, surveille l'évolution économique dans chacun des États membres et dans la Communauté, ainsi que la conformité des politiques économiques avec les grandes orientations visées au paragraphe 2, et procède régulièrement à une évaluation d'ensemble.

Pour les besoins de cette surveillance multilatérale, les États membres transmettent à la Commission des informations sur les mesures importantes qu'ils ont prises dans le domaine de leur politique économique et toute autre information qu'ils jugent nécessaire.

4. Lorsqu'il est constaté, dans le cadre de la procédure visée au paragraphe 3, que les politiques économiques d'un État membre ne sont pas conformes aux grandes orientations visées au paragraphe 2 ou qu'elles risquent de compromettre le bon fonctionnement de l'Union économique et monétaire, le Conseil, statuant à la majorité qualifiée sur recommandation de la Commission, peut adresser les recommandations nécessaires à l'État membre concerné. Le Conseil, statuant à la majorité qualifiée sur proposition de la Commission, peut décider de rendre publiques ses recommandations.

Le président du Conseil et la Commission font rapport au Parlement européen sur les résultats

(*) JO C 340 du 10.11.1997, p. 215-234.

de la surveillance multilatérale. Le président du Conseil peut être invité à se présenter devant la commission compétente du Parlement européen si le Conseil a rendu publiques ses recommandations.

5. Le Conseil, statuant conformément à la procédure visée à l'article 252, peut arrêter les modalités de la procédure de surveillance multilatérale visée aux paragraphes 3 et 4 du présent article.

Article 100 (ex-article 103 A)

1. Sans préjudice des autres procédures prévues par le présent traité, le Conseil, statuant à l'unanimité sur proposition de la Commission, peut décider des mesures appropriées à la situation économique, notamment si de graves difficultés surviennent dans l'approvisionnement en certains produits.

2. Lorsqu'un État membre connaît des difficultés ou une menace sérieuse de graves difficultés, en raison d'événements exceptionnels échappant à son contrôle, le Conseil, statuant à l'unanimité sur proposition de la Commission, peut accorder, sous certaines conditions, une assistance financière communautaire à l'État membre concerné. Lorsque les graves difficultés sont causées par des catastrophes naturelles, le Conseil statue à la majorité qualifiée. Le président du Conseil informe le Parlement européen de la décision prise.

Article 101 (ex-article 104)

1. Il est interdit à la BCE et aux banques centrales des États membres, ci-après dénommées «banques centrales nationales», d'accorder des découverts ou tout autre type de crédit aux institutions ou organes de la Communauté, aux administrations centrales, aux autorités régionales ou locales, aux autres autorités publiques, aux autres organismes ou entreprises publics des États membres; l'acquisition directe, auprès d'eux, par la BCE ou les banques centrales nationales, des instruments de leur dette est également interdite.

2. Le paragraphe 1 ne s'applique pas aux établissements publics de crédit qui, dans le cadre de la mise à disposition de liquidités par les banques centrales, bénéficient, de la part des banques centrales nationales et de la BCE, du même traitement que les établissements privés de crédit.

Article 102 (ex-article 104 A)

1. Est interdite toute mesure, ne reposant pas sur des considérations d'ordre prudentiel, qui établit un accès privilégié des institutions ou organes communautaires, des administrations centrales, des autorités régionales ou locales, des autres autorités publiques ou d'autres organismes ou entreprises publics des États membres aux institutions financières.

2. Avant le 1er janvier 1994, le Conseil, statuant conformément à la procédure visée à l'article 252, précise les définitions en vue de l'application de l'interdiction visée au paragraphe 1.

Article 103 (ex-article 104 B)

1. La Communauté ne répond pas des engagements des administrations centrales, des autorités régionales ou locales, des autres autorités publiques ou d'autres organismes ou entreprises publics d'un État membre, ni ne les prend à sa charge, sans préjudice des garanties financières mutuelles pour la réalisation en commun d'un projet spécifique. Un État membre ne répond pas des engagements des administrations centrales, des autorités régionales ou locales, des autres autorités publiques ou d'autres organismes ou entreprises publics d'un autre État membre, ni ne les prend à sa charge, sans préjudice des garanties financières mutuelles pour la réalisation en commun d'un projet spécifique.

2. Le Conseil, statuant conformément à la procédure visée à l'article 252, peut, au besoin, préciser les définitions pour l'application des interdictions visées à l'article 101 et au présent article.

Article 104 (ex-article 104 C)

1. Les États membres évitent les déficits publics excessifs.

2. La Commission surveille l'évolution de la situation budgétaire et du montant de la dette publique dans les États membres en vue de déceler les erreurs manifestes. Elle examine notamment si la discipline budgétaire a été respectée, et ce sur la base des deux critères ci-après:

a) si le rapport entre le déficit public prévu ou effectif et le produit intérieur brut dépasse une valeur de référence, à moins:

   — que le rapport n'ait diminué de manière substantielle et constante et atteint un niveau proche de la valeur de référence,

   — ou que le dépassement de la valeur de référence ne soit qu'exceptionnel et temporaire et que ledit rapport ne reste proche de la valeur de référence;

b) si le rapport entre la dette publique et le produit intérieur brut dépasse une valeur de référence, à moins que ce rapport ne diminue suffisamment et ne s'approche de la valeur de référence à un rythme satisfaisant.

Les valeurs de référence sont précisées dans le protocole sur la procédure concernant les déficits excessifs, qui est annexé au présent traité.

3. Si un État membre ne satisfait pas aux exigences de ces critères ou de l'un d'eux, la Commission élabore un rapport. Le rapport de la Commission examine également si le déficit public excède les dépenses publiques d'investissement et tient compte de tous les autres facteurs pertinents, y compris la position économique et budgétaire à moyen terme de l'État membre.

La Commission peut également élaborer un rapport si, en dépit du respect des exigences découlant des critères, elle estime qu'il y a un risque de déficit excessif dans un État membre.

4. Le comité prévu à l'article 114 rend un avis sur le rapport de la Commission.

5. Si la Commission estime qu'il y a un déficit excessif dans un État membre ou qu'un tel déficit risque de se produire, elle adresse un avis au Conseil.

6. Le Conseil, statuant à la majorité qualifiée sur recommandation de la Commission, et compte tenu des observations éventuelles de l'État membre concerné, décide, après une évaluation globale, s'il y a ou non un déficit excessif.

7. Lorsque le Conseil, conformément au paragraphe 6, décide qu'il y a un déficit excessif, il adresse des recommandations à l'État membre concerné afin que celui-ci mette un terme à cette situation dans un délai donné. Sous réserve des dispositions du paragraphe 8, ces recommandations ne sont pas rendues publiques.

8. Lorsque le Conseil constate qu'aucune action suivie d'effets n'a été prise en réponse à ses recommandations dans le délai prescrit, il peut rendre publiques ses recommandations.

9. Si un État membre persiste à ne pas donner suite aux recommandations du Conseil, celui-ci peut décider de mettre l'État membre concerné en demeure de prendre, dans un délai déterminé, des mesures visant à la réduction du déficit jugée nécessaire par le Conseil pour remédier à la situation.

En pareil cas, le Conseil peut demander à l'État membre concerné de présenter des rapports selon un calendrier précis, afin de pouvoir examiner les efforts d'ajustement consentis par cet État membre.

10. Les droits de recours prévus aux articles 226 et 227 ne peuvent être exercés dans le cadre des paragraphes 1 à 9 du présent article.

11. Aussi longtemps qu'un État membre ne se conforme pas à une décision prise en vertu du paragraphe 9, le Conseil peut décider d'appliquer ou, le cas échéant, d'intensifier une ou plusieurs des mesures suivantes:

— exiger de l'État membre concerné qu'il publie des informations supplémentaires, à préciser par le Conseil, avant d'émettre des obligations et des titres;

— inviter la Banque européenne d'investissement à revoir sa politique de prêts à l'égard de l'État membre concerné;

— exiger que l'État membre concerné fasse, auprès de la Communauté, un dépôt ne portant pas intérêt, d'un montant approprié, jusqu'à ce que, de l'avis du Conseil, le déficit excessif ait été corrigé;

— imposer des amendes d'un montant approprié.

Le président du Conseil informe le Parlement européen des décisions prises.

12. Le Conseil abroge toutes ou certaines de ses décisions visées aux paragraphes 6 à 9 et 11 dans la mesure où, de l'avis du Conseil, le déficit excessif dans l'État membre concerné a été corrigé. Si le Conseil a précédemment rendu publiques ses recommandations, il déclare publiquement, dès l'abrogation de la décision visée au paragraphe 8, qu'il n'y a plus de déficit excessif dans cet État membre.

13. Lorsque le Conseil prend ses décisions visées aux paragraphes 7 à 9, 11 et 12, le Conseil statue sur recommandation de la Commission à une majorité des deux tiers des voix de ses membres, pondérées conformément à l'article 205, paragraphe 2, les voix du représentant de l'État membre concerné étant exclues.

14. Des dispositions complémentaires relatives à la mise en œuvre de la procédure décrite au présent article figurent dans le protocole sur la procédure applicable en cas de déficit excessif, annexé au présent traité.

Le Conseil, statuant à l'unanimité sur proposition de la Commission et après consultation du Parlement européen et de la BCE, arrête les dispositions appropriées qui remplaceront ledit protocole.

Sous réserve des autres dispositions du présent paragraphe, le Conseil, statuant à la majorité qualifiée sur proposition de la Commission et après consultation du Parlement européen, fixe, avant le 1er janvier 1994, les modalités et les définitions en vue de l'application des dispositions dudit protocole.

CHAPITRE 2

LA POLITIQUE MONÉTAIRE

Article 105 (ex-article 105)

1. L'objectif principal du SEBC est de maintenir la stabilité des prix. Sans préjudice de l'objectif de stabilité des prix, le SEBC apporte son soutien aux politiques économiques générales dans la Communauté, en vue de contribuer à la réalisation des objectifs de la Communauté, tels que définis à l'article 2. Le SEBC agit conformément au principe d'une économie de marché ouverte où la concurrence est libre, en favorisant une allocation efficace des ressources et en respectant les principes fixés à l'article 4.

2. Les missions fondamentales relevant du SEBC consistent à:

— définir et mettre en œuvre la politique monétaire de la Communauté;

— conduire les opérations de change conformément à l'article 111;

— détenir et gérer les réserves officielles de change des États membres;

— promouvoir le bon fonctionnement des systèmes de paiement.

3. Le troisième tiret du paragraphe 2 s'applique sans préjudice de la détention et de la gestion, par les gouvernements des États membres, de fonds de roulement en devises.

4. La BCE est consultée:

— sur tout acte communautaire proposé dans les domaines relevant de sa compétence;

— par les autorités nationales, sur tout projet de réglementation dans les domaines relevant de sa compétence, mais dans les limites et selon les conditions fixées par le Conseil conformément à la procédure prévue à l'article 107, paragraphe 6.

La BCE peut, dans les domaines relevant de sa compétence, soumettre des avis aux institutions ou organes communautaires appropriés ou aux autorités nationales.

5. Le SEBC contribue à la bonne conduite des politiques menées par les autorités compétentes en ce qui concerne le contrôle prudentiel des établissements de crédit et la stabilité du système financier.

6. Le Conseil, statuant à l'unanimité sur proposition de la Commission, après consultation de la BCE et sur avis conforme du Parlement européen, peut confier à la BCE des missions spécifiques ayant trait aux politiques en matière de contrôle prudentiel des établissements de crédit et autres établissements financiers, à l'exception des entreprises d'assurances.

Article 106 (ex-article 105 A)

1. La BCE est seule habilitée à autoriser l'émission de billets de banque dans la Communauté. La BCE et les banques centrales nationales peuvent émettre de tels billets. Les billets de banque émis par la BCE et les banques centrales nationales sont les seuls à avoir cours légal dans la Communauté.

2. Les États membres peuvent émettre des pièces, sous réserve de l'approbation, par la BCE, du volume de l'émission. Le Conseil, statuant conformément à la procédure visée à l'article 252 et après consultation de la BCE, peut adopter des mesures pour harmoniser les valeurs unitaires et les spécifications techniques de toutes les pièces destinées à la circulation, dans la mesure où cela est nécessaire pour assurer la bonne circulation de celles-ci dans la Communauté.

Article 107 (ex-article 106)

1. Le SEBC est composé de la BCE et des banques centrales nationales.

2. La BCE est dotée de la personnalité juridique.

3. Le SEBC est dirigé par les organes de décision de la BCE, qui sont le conseil des gouverneurs et le directoire.

4. Les statuts du SEBC sont définis dans un protocole annexé au présent traité.

5. Les articles 5.1, 5.2, 5.3, 17, 18, 19.1, 22, 23, 24, 26, 32.2, 32.3, 32.4, 32.6, 33.1 a) et 36 des statuts du SEBC peuvent être modifiés par le Conseil, statuant soit à la majorité qualifiée sur recommandation de la BCE et après consultation de la Commission, soit à l'unanimité sur proposition de la Commission et après consultation de la BCE. Dans les deux cas, l'avis conforme du Parlement européen est requis.

6. Le Conseil, statuant à la majorité qualifiée soit sur proposition de la Commission et après consultation du Parlement européen et de la BCE, soit sur recommandation de la BCE et après consultation du Parlement européen et de la Commission, arrête les dispositions visées aux

articles 4, 5.4, 19.2, 20, 28.1, 29.2, 30.4 et 34.3 des statuts du SEBC.

Article 108 (ex-article 107)

Dans l'exercice des pouvoirs et dans l'accomplissement des missions et des devoirs qui leur ont été conférés par le présent traité et les statuts du SEBC, ni la BCE, ni une banque centrale nationale, ni un membre quelconque de leurs organes de décision ne peuvent solliciter ni accepter des instructions des institutions ou organes communautaires, des gouvernements des États membres ou de tout autre organisme. Les institutions et organes communautaires ainsi que les gouvernements des États membres s'engagent à respecter ce principe et à ne pas chercher à influencer les membres des organes de décision de la BCE ou des banques centrales nationales dans l'accomplissement de leurs missions.

Article 109 (ex-article 108)

Chaque État membre veille à la compatibilité de sa législation nationale, y compris les statuts de sa banque centrale nationale, avec le présent traité et les statuts du SEBC, et ce au plus tard à la date de la mise en place du SEBC.

Article 110 (ex-article 108 A)

1. Pour l'accomplissement des missions qui sont confiées au SEBC, la BCE, conformément au présent traité et selon les conditions fixées dans les statuts du SEBC:

— arrête des règlements dans la mesure nécessaire à l'accomplissement des missions définies à l'article 3.1, premier tiret, aux articles 19.1, 22 ou 25.2 des statuts du SEBC, ainsi que dans les cas qui sont prévus dans les actes du Conseil visés à l'article 107, paragraphe 6;

— prend les décisions nécessaires à l'accomplissement des missions confiées au SEBC en vertu du présent traité et des statuts du SEBC;

— émet des recommandations et des avis.

2. Le règlement a une portée générale. Il est obligatoire dans tous ses éléments et il est directement applicable dans tout État membre.

Les recommandations et les avis ne lient pas.

La décision est obligatoire dans tous ses éléments pour les destinataires qu'elle désigne.

Les articles 253, 254 et 256 sont applicables aux règlements et aux décisions adoptés par la BCE.

La BCE peut décider de publier ses décisions, recommandations et avis.

3. Dans les limites et selon les conditions arrêtées par le Conseil conformément à la procédure prévue à l'article 107, paragraphe 6, la BCE est habilitée à infliger aux entreprises des amendes et des astreintes en cas de non-respect de ses règlements et de ses décisions.

Article 111 (ex-article 109)

1. Par dérogation à l'article 300, le Conseil, statuant à l'unanimité sur recommandation de la BCE ou de la Commission, après consultation de la BCE en vue de parvenir à un consensus compatible avec l'objectif de la stabilité des prix et après consultation du Parlement européen, selon la procédure visée au paragraphe 3 pour les arrangements y mentionnés, peut conclure des accords formels portant sur un système de taux de change pour l'Écu, vis-à-vis des monnaies non communautaires. Le Conseil, statuant à la majorité qualifiée sur recommandation de la BCE ou de la Commission et après consultation de la BCE en vue de parvenir à un consensus compatible avec l'objectif de la stabilité des prix, peut adopter, modifier ou abandonner les cours centraux de l'Écu dans le système des taux de change. Le président du Conseil informe le Parlement européen de l'adoption, de la

modification ou de l'abandon des cours centraux de l'Écu.

2. En l'absence d'un système de taux de change vis-à-vis d'une ou de plusieurs monnaies non communautaires au sens du paragraphe 1, le Conseil, statuant à la majorité qualifiée soit sur recommandation de la Commission et après consultation de la BCE, soit sur recommandation de la BCE, peut formuler les orientations générales de politique de change vis-à-vis de ces monnaies. Ces orientations générales n'affectent pas l'objectif principal du SEBC, à savoir le maintien de la stabilité des prix.

3. Par dérogation à l'article 300, au cas où des accords sur des questions se rapportant au régime monétaire ou de change doivent faire l'objet de négociations entre la Communauté et un ou plusieurs États ou organisations internationales, le Conseil, statuant à la majorité qualifiée sur recommandation de la Commission et après consultation de la BCE, décide des arrangements relatifs aux négociations et à la conclusion de ces accords. Ces arrangements doivent assurer que la Communauté exprime une position unique. La Commission est pleinement associée aux négociations.

Les accords conclus au titre du présent paragraphe sont contraignants pour les institutions de la Communauté, la BCE et les États membres.

4. Sous réserve du paragraphe 1, le Conseil, sur proposition de la Commission et après consultation de la BCE, statuant à la majorité qualifiée, décide de la position qu'occupe la Communauté au niveau international en ce qui concerne des questions qui revêtent un intérêt particulier pour l'Union économique et monétaire et, statuant à l'unanimité, décide de sa représentation, dans le respect de la répartition des compétences prévue aux articles 99 et 105.

5. Sans préjudice des compétences et des accords communautaires dans le domaine de l'Union économique et monétaire, les États membres peuvent négocier dans les instances internationales et conclure des accords internationaux.

CHAPITRE 3

DISPOSITIONS INSTITUTIONNELLES

Article 112 (ex-article 109 A)

1. Le conseil des gouverneurs de la BCE se compose des membres du directoire de la BCE et des gouverneurs des banques centrales nationales.

2. a) Le directoire se compose du président, du vice-président et de quatre autres membres.

b) Le président, le vice-président et les autres membres du directoire sont nommés d'un commun accord par les gouvernements des États membres au niveau des chefs d'État ou de gouvernement, sur recommandation du Conseil et après consultation du Parlement européen et du conseil des gouverneurs de la BCE, parmi des personnes dont l'autorité et l'expérience professionnelle dans le domaine monétaire ou bancaire sont reconnues.

Leur mandat a une durée de huit ans et n'est pas renouvelable.

Seuls les ressortissants des États membres peuvent être membres du directoire.

Article 113 (ex-article 109 B)

1. Le président du Conseil et un membre de la Commission peuvent participer sans voix délibérative aux réunions du conseil des gouverneurs de la BCE.

Le président du Conseil peut soumettre une motion à la délibération du conseil des gouverneurs de la BCE.

2. Le président de la BCE est invité à participer aux réunions du Conseil lorsque celui-ci délibère sur des questions relatives aux objectifs et aux missions du SEBC.

3. La BCE adresse un rapport annuel sur les activités du SEBC et sur la politique monétaire de l'année précédente et de l'année en cours au Parlement européen, au Conseil et à la Commission, ainsi qu'au Conseil européen. Le président de la BCE présente ce rapport au Conseil et au Parlement européen, qui peut tenir un débat général sur cette base.

Le président de la BCE et les autres membres du directoire peuvent, à la demande du Parlement européen ou de leur propre initiative, être entendus par les commissions compétentes du Parlement européen.

Article 114 (ex-article 109 C)

1. En vue de promouvoir la coordination des politiques des États membres dans toute la mesure nécessaire au fonctionnement du marché intérieur, il est institué un comité monétaire de caractère consultatif.

Ce comité a pour mission:

— de suivre la situation monétaire et financière des États membres et de la Communauté, ainsi que le régime général des paiements des États membres, et de faire rapport régulièrement au Conseil et à la Commission à ce sujet;

— de formuler des avis, soit à la requête du Conseil ou de la Commission, soit de sa propre initiative, à l'intention de ces institutions;

— sans préjudice de l'article 207, de contribuer à la préparation des travaux du Conseil visés aux articles 59 et 60, à l'article 99, paragraphes 2, 3, 4 et 5, aux articles 100, 102, 103, 104, à l'article 116, paragraphe 2, à l'article 117, paragraphe 6, aux articles 119 et 120, à l'article 121, paragraphe 2, et à l'article 122, paragraphe 1;

— de procéder, au moins une fois par an, à l'examen de la situation en matière de mouvements de capitaux et de liberté des paiements, tels qu'ils résultent de l'application du présent traité et des mesures prises par le Conseil; cet examen porte sur toutes les mesures relatives aux mouvements de capitaux et aux paiements; le comité fait rapport à la Commission et au Conseil sur les résultats de cet examen.

Les États membres et la Commission nomment, chacun en ce qui le concerne, deux membres du comité monétaire.

2. Au début de la troisième phase, il est institué un comité économique et financier. Le comité monétaire prévu au paragraphe 1 est dissous.

Le comité économique et financier a pour mission:

— de formuler des avis, soit à la requête du Conseil ou de la Commission, soit de sa propre initiative, à l'intention de ces institutions;

— de suivre la situation économique et financière des États membres et de la Communauté et de faire rapport régulièrement au Conseil et à la Commission à ce sujet, notamment sur les relations financières avec des pays tiers et des institutions internationales;

— sans préjudice de l'article 207, de contribuer à la préparation des travaux du Conseil visés aux articles 59 et 60, à l'article 99, paragraphes 2, 3, 4 et 5, aux articles 100, 102, 103 et 104, à l'article 105, paragraphe 6, à l'article 106, paragraphe 2, à l'article 107, paragraphes 5 et 6, aux articles 111 et 119, à l'article 120, paragraphes 2 et 3, à l'article 122, paragraphe 2, et à l'article 123, paragraphes 4 et 5, et d'exécuter les autres missions consultatives et préparatoires qui lui sont confiées par le Conseil;

— de procéder, au moins une fois par an, à l'examen de la situation en matière de mouvements des capitaux et de liberté des paiements, tels qu'ils résultent de l'application du traité et des mesures prises par le Conseil; cet examen porte sur toutes les mesures relatives aux mouvements de capitaux et aux paiements; le comité fait rapport à la Commission et au Conseil sur les résultats de cet examen.

Les États membres, la Commission et la BCE nomment chacun au maximum deux membres du comité.

3. Le Conseil, statuant à la majorité qualifiée sur proposition de la Commission et après consultation de la BCE et du comité visé au présent article, arrête les modalités relatives à la composition du comité économique et financier. Le président du Conseil informe le Parlement européen de cette décision.

4. Outre les missions fixées au paragraphe 2, si et tant que des États membres bénéficient d'une dérogation au titre des articles 122 et 123, le comité suit la situation monétaire et financière ainsi que le régime général des paiements de ces États membres et fait rapport régulièrement au Conseil et à la Commission à ce sujet.

Article 115 (ex-article 109 D)

Pour les questions relevant du champ d'application de l'article 99, paragraphe 4, de l'article 104 à l'exception du paragraphe 14, des articles 111, 121, 122 et de l'article 123, paragraphes 4 et 5, le Conseil ou un État membre peut demander à la Commission de formuler, selon le cas, une recommandation ou une proposition. La Commission examine cette demande et présente ses conclusions au Conseil sans délai.

CHAPITRE 4

DISPOSITIONS TRANSITOIRES

Article 116 (ex-article 109 E)

1. La deuxième phase de la réalisation de l'Union économique et monétaire commence le 1er janvier 1994.

2. Avant cette date:

a) chaque État membre:

- — adopte, en tant que de besoin, les mesures appropriées pour se conformer aux interdictions prévues à l'article 56, à l'article 101 et à l'article 102, paragraphe 1;
- — arrête, si nécessaire, pour permettre l'évaluation prévue au point b), des programmes pluriannuels destinés à assurer la convergence durable nécessaire à la réalisation de l'Union économique et monétaire, en particulier en ce qui concerne la stabilité des prix et la situation saine des finances publiques;

b) le Conseil, sur la base d'un rapport de la Commission, évalue les progrès réalisés en matière de convergence économique et monétaire, notamment en ce qui concerne la stabilité des prix et la situation saine des finances publiques, ainsi que les progrès accomplis dans l'achèvement de la mise en œuvre de la législation communautaire relative au marché intérieur.

3. L'article 101, l'article 102, paragraphe 1, l'article 103, paragraphe 1, et l'article 104, à l'exception des paragraphes 1, 9, 11 et 14, s'appliquent dès le début de la deuxième phase.

L'article 100, paragraphe 2, l'article 104, paragraphes 1, 9 et 11, les articles 105, 106, 108, 111, 112 et 113 et l'article 114, paragraphes 2 et 4, s'appliquent dès le début de la troisième phase.

4. Au cours de la deuxième phase, les États membres s'efforcent d'éviter des déficits publics excessifs.

5. Au cours de la deuxième phase, chaque État membre entame, le cas échéant, le processus conduisant à l'indépendance de sa banque centrale, conformément à l'article 109.

Article 117 (ex-article 109 F)

1. Dès le début de la deuxième phase, un institut monétaire européen, ci-après dénommé «IME», est institué et exerce ses tâches; il a la personnalité juridique et est dirigé et géré par un conseil composé d'un président et des gouverneurs des banques centrales nationales, dont l'un est vice-président.

Le président est nommé d'un commun accord par les gouvernements des États membres au niveau des chefs d'État ou de gouvernement, sur recommandation du conseil de l'IME et après consultation du Parlement européen et du Conseil. Le président est choisi parmi des personnes dont l'autorité et l'expérience professionnelle dans le domaine monétaire ou bancaire sont reconnues. Le président de l'IME doit être ressortissant d'un État membre. Le conseil de l'IME nomme le vice-président.

Les statuts de l'IME figurent dans un protocole annexé au présent traité.

2. L'IME:

— renforce la coopération entre les banques centrales nationales;

— renforce la coordination des politiques monétaires des États membres en vue d'assurer la stabilité des prix;

— supervise le fonctionnement du système monétaire européen;

— procède à des consultations sur des questions qui relèvent de la compétence des banques centrales nationales et affectent la stabilité des établissements et marchés financiers;

— reprend les fonctions jusqu'alors assumées par le Fonds européen de coopération monétaire, qui est dissous; les modalités de dissolution sont fixées dans les statuts de l'IME;

— facilite l'utilisation de l'Écu et surveille son développement, y compris le bon fonctionnement du système de compensation en Écus.

3. En vue de préparer la troisième phase, l'IME:

— prépare les instruments et les procédures nécessaires à l'application de la politique monétaire unique au cours de la troisième phase;

— encourage l'harmonisation, si besoin est, des règles et pratiques régissant la collecte, l'établissement et la diffusion des statistiques dans le domaine relevant de sa compétence;

— élabore les règles des opérations à entreprendre par les banques centrales nationales dans le cadre du SEBC;

— encourage l'efficacité des paiements transfrontaliers;

— supervise la préparation technique des billets de banque libellés en Écus.

Pour le 31 décembre 1996 au plus tard, l'IME précise le cadre réglementaire, organisationnel et logistique dont le SEBC a besoin pour accomplir ses tâches lors de la troisième phase. Ce cadre est soumis pour décision à la BCE à la date de sa mise en place.

4. L'IME, statuant à la majorité des deux tiers des membres de son conseil, peut:

— formuler des avis ou des recommandations sur l'orientation générale de la politique monétaire et de la politique de change ainsi que sur les mesures y afférentes prises dans chaque État membre;

— soumettre des avis ou des recommandations aux gouvernements et au Conseil sur les politiques susceptibles d'affecter la situation monétaire interne ou externe dans la Communauté et, notamment, le fonctionnement du système monétaire européen;

— adresser des recommandations aux autorités monétaires des États membres sur la conduite de leur politique monétaire.

5. L'IME peut décider à l'unanimité de rendre publics ses avis et ses recommandations.

6. L'IME est consulté par le Conseil sur tout acte communautaire proposé dans le domaine relevant de sa compétence.

Dans les limites et selon les conditions fixées par le Conseil, statuant à la majorité qualifiée sur proposition de la Commission et après consultation du Parlement européen et de l'IME, celui-ci est consulté par les autorités des États membres sur tout projet de disposition réglementaire dans le domaine relevant de sa compétence.

7. Le Conseil, statuant à l'unanimité sur proposition de la Commission et après consultation du Parlement européen et de l'IME, peut confier à l'IME d'autres tâches pour la préparation de la troisième phase.

8. Dans les cas où le présent traité attribue un rôle consultatif à la BCE, les références à la BCE sont considérées comme faisant référence à l'IME avant l'établissement de la BCE.

9. Au cours de la deuxième phase, le terme «BCE» figurant aux articles 230, 232, 233, 234, 237 et 288 est considéré comme faisant référence à l'IME.

Article 118 (ex-article 109 G)

La composition en monnaies du panier de l'Écu reste inchangée.

Dès le début de la troisième phase, la valeur de l'Écu est irrévocablement fixée, conformément à l'article 123, paragraphe 4.

Article 119 (ex-article 109 H)

1. En cas de difficultés ou de menace grave de difficultés dans la balance des paiements d'un État membre, provenant soit d'un déséquilibre global de la balance, soit de la nature des devises dont il dispose, et susceptibles notamment de compromettre le fonctionnement du marché commun ou la réalisation progressive de la politique commerciale commune, la Commission procède sans délai à un examen de la situation de cet État, ainsi que de l'action qu'il a entreprise ou qu'il peut entreprendre conformément aux dispositions du présent traité, en faisant appel à tous les moyens dont il dispose. La Commission indique les mesures dont elle recommande l'adoption par l'État intéressé.

Si l'action entreprise par un État membre et les mesures suggérées par la Commission ne paraissent pas suffisantes pour aplanir les difficultés ou menaces de difficultés rencontrées, la Commission recommande au Conseil, après consultation du comité visé à l'article 114, le concours mutuel et les méthodes appropriées.

La Commission tient le Conseil régulièrement informé de l'état de la situation et de son évolution.

2. Le Conseil, statuant à la majorité qualifiée, accorde le concours mutuel; il arrête les directives ou décisions fixant ses conditions et modalités. Le concours mutuel peut prendre notamment la forme:

a) d'une action concertée auprès d'autres organisations internationales, auxquelles les États membres peuvent avoir recours;

b) de mesures nécessaires pour éviter des détournements de trafic lorsque le pays en difficulté maintient ou rétablit des restrictions quantitatives à l'égard des pays tiers;

c) d'octroi de crédits limités de la part d'autres États membres, sous réserve de leur accord.

3. Si le concours mutuel recommandé par la Commission n'a pas été accordé par le Conseil

ou si le concours mutuel accordé et les mesures prises sont insuffisants, la Commission autorise l'État en difficulté à prendre les mesures de sauvegarde dont elle définit les conditions et modalités.

Cette autorisation peut être révoquée et ces conditions et modalités modifiées par le Conseil statuant à la majorité qualifiée.

4. Sous réserve de l'article 122, paragraphe 6, le présent article n'est plus applicable à partir du début de la troisième phase.

Article 120 (ex-article 109 I)

1. En cas de crise soudaine dans la balance des paiements et si une décision au sens de l'article 119, paragraphe 2, n'intervient pas immédiatement, l'État membre intéressé peut prendre, à titre conservatoire, les mesures de sauvegarde nécessaires. Ces mesures doivent apporter le minimum de perturbations dans le fonctionnement du marché commun et ne pas excéder la portée strictement indispensable pour remédier aux difficultés soudaines qui se sont manifestées.

2. La Commission et les autres États membres doivent être informés de ces mesures de sauvegarde au plus tard au moment où elles entrent en vigueur. La Commission peut recommander au Conseil le concours mutuel conformément à l'article 119.

3. Sur l'avis de la Commission et après consultation du comité visé à l'article 114, le Conseil, statuant à la majorité qualifiée, peut décider que l'État intéressé doit modifier, suspendre ou supprimer les mesures de sauvegarde susvisées.

4. Sous réserve de l'article 122, paragraphe 6, le présent article n'est plus applicable à partir du début de la troisième phase.

Article 121 (ex-article 109 J)

1. La Commission et l'IME font rapport au Conseil sur les progrès faits par les États membres dans l'accomplissement de leurs obligations pour la réalisation de l'Union économique et monétaire. Ces rapports examinent notamment si la législation nationale de chaque État membre, y compris les statuts de sa banque centrale nationale, est compatible avec les articles 108 et 109 du présent traité et avec les statuts du SEBC. Les rapports examinent également si un degré élevé de convergence durable a été réalisé, en analysant dans quelle mesure chaque État membre a satisfait aux critères suivants:

— la réalisation d'un degré élevé de stabilité des prix; cela ressortira d'un taux d'inflation proche de celui des trois États membres, au plus, présentant les meilleurs résultats en matière de stabilité des prix;

— le caractère soutenable de la situation des finances publiques; cela ressortira d'une situation budgétaire qui n'accuse pas de déficit public excessif au sens de l'article 104, paragraphe 6;

— le respect des marges normales de fluctuation prévues par le mécanisme de change du système monétaire européen pendant deux ans au moins, sans dévaluation de la monnaie par rapport à celle d'un autre État membre;

— le caractère durable de la convergence atteinte par l'État membre et de sa participation au mécanisme de change du système monétaire européen, qui se reflète dans les niveaux des taux d'intérêt à long terme.

Les quatre critères visés au présent paragraphe et les périodes pertinentes durant lesquelles chacun doit être respecté sont précisés dans un protocole annexé au présent traité. Les rapports de la Commission et de l'IME tiennent également compte du développement de l'Écu, des résultats de l'intégration des marchés, de la situation et de l'évolution des balances des paiements courants, et d'un examen de l'évolution des coûts salariaux unitaires et d'autres indices de prix.

2. Sur la base de ces rapports, le Conseil, statuant à la majorité qualifiée sur recommandation de la Commission, évalue:

— pour chaque État membre, s'il remplit les conditions nécessaires pour l'adoption d'une monnaie unique,

— si une majorité des États membres remplit les conditions nécessaires pour l'adoption d'une monnaie unique,

et transmet, sous forme de recommandations, ses conclusions au Conseil réuni au niveau des chefs d'État ou de gouvernement. Le Parlement européen est consulté et transmet son avis au Conseil réuni au niveau des chefs d'État ou de gouvernement.

3. Prenant dûment en considération les rapports visés au paragraphe 1 et l'avis du Parlement européen visé au paragraphe 2, le Conseil, réuni au niveau des chefs d'État ou de gouvernement, statuant à la majorité qualifiée, au plus tard le 31 décembre 1996:

— décide, sur la base des recommandations du Conseil visées au paragraphe 2, si une majorité des États membres remplit les conditions nécessaires pour l'adoption d'une monnaie unique,

— décide s'il convient que la Communauté entre dans la troisième phase,

et, dans l'affirmative,

— fixe la date d'entrée en vigueur de la troisième phase.

4. Si, à la fin de 1997, la date du début de la troisième phase n'a pas été fixée, la troisième phase commence le 1er janvier 1999. Avant le 1er juillet 1998, le Conseil, réuni au niveau des chefs d'État ou de gouvernement, après répétition de la procédure visée aux paragraphes 1 et 2, à l'exception du deuxième tiret du paragraphe 2, compte tenu des rapports visés au paragraphe 1 et de l'avis du Parlement européen, confirme, à la majorité qualifiée et sur la base des recommandations du Conseil visées au paragraphe 2, quels sont les États membres qui remplissent les conditions nécessaires pour l'adoption d'une monnaie unique.

Article 122 (ex-article 109 K)

1. Si, conformément à l'article 121, paragraphe 3, la décision de fixer la date a été prise, le Conseil, sur la base de ses recommandations visées à l'article 112, paragraphe 2, statuant à la majorité qualifiée sur recommandation de la Commission, décide si des États membres font l'objet d'une dérogation telle que définie au paragraphe 3 du présent article et, dans l'affirmative, lesquels. Ces États membres sont ci-après dénommés «États membres faisant l'objet d'une dérogation».

Si le Conseil a confirmé, sur la base de l'article 121, paragraphe 4, quels sont les États membres qui remplissent les conditions nécessaires pour l'adoption d'une monnaie unique, les États membres qui ne remplissent pas ces conditions font l'objet d'une dérogation telle que définie au paragraphe 3 du présent article. Ces États membres sont ci-après dénommés «États membres faisant l'objet d'une dérogation».

2. Tous les deux ans au moins, ou à la demande d'un État membre faisant l'objet d'une dérogation, la Commission et la BCE font rapport au Conseil conformément à la procédure prévue à l'article 121, paragraphe 1. Après consultation du Parlement européen et discussion au sein du Conseil réuni au niveau des chefs d'État ou de gouvernement, le Conseil, statuant à la majorité qualifiée sur proposition de la Commission, décide quels États membres faisant l'objet d'une dérogation remplissent les conditions nécessaires sur la base

des critères fixés à l'article 121, paragraphe 1, et met fin aux dérogations des États membres concernés.

3. Une dérogation au sens du paragraphe 1 implique que les articles ci-après ne s'appliquent pas à l'État membre concerné: article 104, paragraphes 9 et 11, article 105, paragraphes 1, 2, 3 et 5, articles 106, 110 et 111 et article 112, paragraphe 2, point b). L'exclusion de cet État membre et de sa banque centrale nationale des droits et obligations dans le cadre du SEBC est prévue au chapitre IX des statuts du SEBC.

4. À l'article 105, paragraphes 1, 2 et 3, aux articles 106, 110 et 111 et à l'article 112, paragraphe 2, point b), on entend par «États membres» les États membres ne faisant pas l'objet d'une dérogation.

5. Les droits de vote des États membres faisant l'objet d'une dérogation sont suspendus pour les décisions du Conseil visées aux articles du présent traité mentionnés au paragraphe 3. Dans ce cas, par dérogation à l'article 205 et à l'article 250, paragraphe 1, on entend par majorité qualifiée les deux tiers des voix des représentants des États membres ne faisant pas l'objet d'une dérogation, pondérées conformément à l'article 205, paragraphe 2, et l'unanimité de ces États membres est requise pour tout acte requérant l'unanimité.

6. Les articles 119 et 120 continuent de s'appliquer à l'État membre faisant l'objet d'une dérogation.

Article 123 (ex-article 109 L)

1. Immédiatement après qu'a été prise, conformément à l'article 121, paragraphe 3, la décision fixant la date à laquelle commence la troisième phase ou, le cas échéant, immédiatement après le 1er juillet 1998:

— le Conseil adopte les dispositions visées à l'article 107, paragraphe 6;

— les gouvernements des États membres ne faisant pas l'objet d'une dérogation nomment, conformément à la procédure définie à l'article 50 des statuts du SEBC, le président, le vice-président et les autres membres du directoire de la BCE. S'il y a des États membres faisant l'objet d'une dérogation, le nombre des membres composant le directoire de la BCE peut être inférieur à celui prévu à l'article 11.1 des statuts du SEBC, mais il ne peut en aucun cas être inférieur à quatre.

Dès que le directoire est nommé, le SEBC et la BCE sont institués et ils se préparent à entrer pleinement en fonction comme décrit dans le présent traité et dans les statuts du SEBC. Ils exercent pleinement leurs compétences à compter du premier jour de la troisième phase.

2. Dès qu'elle est instituée, la BCE reprend, au besoin, les tâches de l'IME. L'IME est liquidé dès qu'est instituée la BCE; les modalités de liquidation sont prévues dans les statuts de l'IME.

3. Si et tant qu'il existe des États membres faisant l'objet d'une dérogation, et sans préjudice de l'article 107, paragraphe 3, du présent traité, le conseil général de la BCE visé à l'article 45 des statuts du SEBC est constitué comme troisième organe de décision de la BCE.

4. Le jour de l'entrée en vigueur de la troisième phase, le Conseil, statuant à l'unanimité des États membres ne faisant pas l'objet d'une dérogation, sur proposition de la Commission et après consultation de la BCE, arrête les taux de conversion auxquels leurs monnaies sont irrévocablement fixées et le taux irrévocablement fixé auquel l'Écu remplace ces monnaies, et l'Écu sera une monnaie à part entière. Cette mesure ne modifie pas, en soi, la valeur externe de l'Écu. Selon la même procédure, le Conseil prend également les autres mesures nécessaires à l'introduction

rapide de l'Écu en tant que monnaie unique de ces États membres.

5. S'il est décidé, conformément à la procédure prévue à l'article 122, paragraphe 2, d'abroger une dérogation, le Conseil, statuant à l'unanimité des États membres ne faisant pas l'objet d'une dérogation et de l'État membre concerné, sur proposition de la Commission et après consultation de la BCE, fixe le taux auquel l'Écu remplace la monnaie de l'État membre concerné et décide les autres mesures nécessaires à l'introduction de l'Écu en tant que monnaie unique dans l'État membre concerné.

Article 124 (ex-article 109 M)

1. Jusqu'au début de la troisième phase, chaque État membre traite sa politique de change comme un problème d'intérêt commun. Les États membres tiennent compte, ce faisant, des expériences acquises grâce à la coopération dans le cadre du système monétaire européen (SME) et grâce au développement de l'Écu, dans le respect des compétences existantes.

2. À partir du début de la troisième phase et aussi longtemps qu'un État membre fait l'objet d'une dérogation, le paragraphe 1 s'applique par analogie à la politique de change de cet État membre.

A 3

Protocole sur les statuts du Système européen de banques centrales et de la Banque centrale européenne (*)

LES HAUTES PARTIES CONTRACTANTES,

DÉSIREUSES de fixer les statuts du Système européen de banques centrales et de la Banque centrale européenne visés à l'article 8 du traité instituant la Communauté européenne,

SONT CONVENUES des dispositions mentionnées ci-après, qui sont annexées au traité instituant la Communauté européenne.

CHAPITRE I

CONSTITUTION DU SEBC

Article premier

Le Système européen de banques centrales

1.1. Le Système européen de banques centrales (SEBC) et la Banque centrale européenne (BCE) sont institués en vertu de l'article 8 du traité; ils remplissent leurs fonctions et exercent leurs activités conformément aux dispositions du traité et des présents statuts.

1.2. Conformément à l'article 107, paragraphe 1, du traité, le SEBC est composé de la Banque centrale européenne et des banques centrales des États membres (banques centrales nationales). L'Institut monétaire luxembourgeois est la Banque centrale du Luxembourg.

(*) Origine: traité de Maastricht. Protocole annexé au traité instituant la Communauté européenne.

CHAPITRE II

OBJECTIFS ET MISSIONS DU SEBC

Article 2

Objectifs

Conformément à l'article 105, paragraphe 1, du traité, l'objectif principal du SEBC est de maintenir la stabilité des prix. Sans préjudice de l'objectif de stabilité des prix, le SEBC apporte son soutien aux politiques économiques générales dans la Communauté, en vue de contribuer à la réalisation des objectifs de la Communauté, tels que définis à l'article 2 du traité. Le SEBC agit conformément au principe d'une économie de marché ouverte où la concurrence est libre, en favorisant une allocation efficace des ressources et en respectant les principes fixés à l'article 4 du traité.

Article 3

Missions

3.1. Conformément à l'article 105, paragraphe 2, du traité, les missions fondamentales relevant du SEBC consistent à:

— définir et à mettre en œuvre la politique monétaire de la Communauté;

— conduire les opérations de change conformément à l'article 111 du traité;

— détenir et à gérer les réserves officielles de change des États membres;

— promouvoir le bon fonctionnement des systèmes de paiement.

3.2. Conformément à l'article 105, paragraphe 3, du traité, le troisième tiret de l'article 3.1 s'applique sans préjudice de la détention et de la gestion, par les gouvernements des États membres, de fonds de roulement en devises.

3.3. Conformément à l'article 105, paragraphe 5, du traité, le SEBC contribue à la bonne conduite des politiques menées par les autorités compétentes en ce qui concerne le contrôle prudentiel des établissements de crédit et la stabilité du système financier.

Article 4

Fonctions consultatives

Conformément à l'article 105, paragraphe 4, du traité:

a) la BCE est consultée:

- — sur tout acte communautaire proposé dans les domaines relevant de sa compétence,
- — par les autorités nationales sur tout projet de réglementation dans les domaines relevant de sa compétence, mais dans les limites et selon les conditions fixées par le Conseil conformément à la procédure prévue à l'article 42;

b) la BCE peut, dans les domaines relevant de sa compétence, soumettre des avis aux institutions ou organes communautaires appropriés ou aux autorités nationales.

Article 5

Collecte d'informations statistiques

5.1. Afin d'assurer les missions du SEBC, la BCE, assistée par les banques centrales nationales, collecte les informations statistiques nécessaires, soit auprès des autorités nationales compétentes, soit directement auprès des agents économiques. À ces fins, elle coopère avec les institutions ou organes communautaires et avec les autorités compétentes des États membres ou des pays tiers et avec les organisations internationales.

5.2. Les banques centrales nationales exécutent, dans la mesure du possible, les missions décrites à l'article 5.1.

5.3. La BCE est chargée de promouvoir l'harmonisation, en tant que de besoin, des règles et pratiques régissant la collecte, l'établissement et la diffusion des statistiques dans les domaines relevant de sa compétence.

5.4. Le Conseil définit, selon la procédure prévue à l'article 42, les personnes physiques et morales soumises aux obligations de déclaration, le régime de confidentialité et les dispositions adéquates d'exécution et de sanction.

Article 6

Coopération internationale

6.1. Dans le domaine de la coopération internationale concernant les missions confiées au SEBC, la BCE décide la manière dont le SEBC est représenté.

6.2. La BCE et, sous réserve de son accord, les banques centrales nationales sont habilitées à participer aux institutions monétaires internationales.

6.3. Les articles 6.1 et 6.2 s'appliquent sans préjudice de l'article 111, paragraphe 4, du traité.

CHAPITRE III

ORGANISATION DU SEBC

Article 7

Indépendance

Conformément à l'article 108 du traité, dans l'exercice des pouvoirs et dans l'accomplissement des missions et des devoirs qui leur ont été conférés par le traité et par les présents statuts, ni la BCE, ni une banque centrale nationale, ni un membre quelconque de leurs organes de décision ne peuvent solliciter ni accepter des instructions des institutions ou organes communautaires, des gouvernements des États membres ou de tout autre organisme. Les institutions et organes communautaires ainsi que les gouvernements des États membres s'engagent à respecter ce principe et à ne pas chercher à influencer les membres des organes de décision de la BCE ou des banques centrales nationales dans l'accomplissement de leurs missions.

Article 8

Principe général

Le SEBC est dirigé par les organes de décision de la BCE.

Article 9

La Banque centrale européenne

9.1. La BCE, qui, en vertu de l'article 107, paragraphe 2, du traité, est dotée de la personnalité juridique, jouit, dans chacun des États membres, de la capacité juridique la plus large reconnue aux personnes morales par la législation nationale; la BCE peut notamment acquérir ou aliéner des biens mobiliers et immobiliers et ester en justice.

9.2. La BCE veille à ce que les missions conférées au SEBC en vertu de l'article 105, paragraphes 2, 3 et 5, du traité soient exécutées par ses propres activités, conformément aux présents statuts, ou par les banques centrales nationales, conformément aux articles 12.1 et 14.

9.3. Conformément à l'article 107, paragraphe 3, du traité, les organes de décision de la BCE sont le conseil des gouverneurs et le directoire.

Article 10

Le conseil des gouverneurs

10.1. Conformément à l'article 112, paragraphe 1, du traité, le conseil des gouverneurs se compose des membres du directoire et des gouverneurs des banques centrales nationales.

10.2. Sous réserve de l'article 10.3, seuls les membres du conseil des gouverneurs présents aux séances ont le droit de vote. Par dérogation à cette règle, le règlement intérieur visé à l'article 12.3 peut prévoir que des membres du conseil des gouverneurs peuvent voter par téléconférence. Ce règlement peut également prévoir qu'un membre du conseil des gouverneurs empêché de voter pendant une période prolongée peut désigner un suppléant pour le remplacer en tant que membre du conseil des gouverneurs.

Sous réserve des articles 10.3 et 11.3, chaque membre du conseil des gouverneurs dispose d'une voix. Sauf disposition contraire figurant dans les présents statuts, les décisions du conseil des gouverneurs sont prises à la majorité simple. En cas de partage des voix, celle du président est prépondérante.

Pour que le conseil des gouverneurs puisse voter, le quorum fixé est de deux tiers des membres. Si le quorum n'est pas atteint, le président peut convoquer une réunion extraordinaire au cours de laquelle les décisions peuvent être prises sans ce quorum.

10.3. Pour toutes les décisions devant être prises en vertu des articles 28, 29, 30, 32, 33 et 51, les suffrages des membres du conseil des gouverneurs sont pondérés conformément à la répartition du capital souscrit de la BCE entre les banques centrales nationales. La pondération des suffrages des membres du directoire est égale à zéro. Une décision requérant la majorité qualifiée est adoptée si les suffrages exprimant un vote favorable représentent au moins deux tiers du capital souscrit de la BCE et au moins la moitié des actionnaires. Si un gouverneur ne peut être présent, il peut désigner un suppléant pour exercer son vote pondéré.

10.4. Les réunions sont confidentielles. Le conseil des gouverneurs peut décider de rendre public le résultat de ses délibérations.

10.5. Le conseil des gouverneurs se réunit au moins dix fois par an.

Article 11

Le directoire

11.1. Conformément à l'article 112, paragraphe 2, point a), du traité, le directoire se compose du président, du vice-président et de quatre autres membres.

Les membres assurent leurs fonctions à temps plein. Aucun membre ne peut exercer une profession, rémunérée ou non, à moins qu'une dérogation ne lui ait été accordée à titre exceptionnel par le conseil des gouverneurs.

11.2. Conformément à l'article 112, paragraphe 2, point b), du traité, le président, le vice-président et les autres membres du directoire sont nommés d'un commun accord par les gouvernements des États membres au niveau des chefs d'État ou de gouvernement, sur recommandation du Conseil et après consultation du Parlement européen et du conseil des gouverneurs, parmi des personnes dont l'autorité et l'expérience professionnelle dans le domaine monétaire ou bancaire sont reconnues.

Leur mandat a une durée de huit ans et n'est pas renouvelable.

Seuls les ressortissants des États membres peuvent être membres du directoire.

11.3. Les conditions d'emploi des membres du directoire, en particulier leurs émoluments, pensions et autres avantages de sécurité sociale, font l'objet de contrats conclus avec la BCE et sont fixées par le conseil des gouverneurs sur proposition d'un comité comprenant trois membres nommés par le conseil des gouverneurs et trois membres nommés par le Conseil. Les membres du directoire ne disposent pas du droit de vote sur les questions régies par le présent paragraphe.

11.4. Si un membre du directoire ne remplit plus les conditions nécessaires à l'exercice de ses fonctions ou s'il a commis une faute grave, la Cour de justice peut, à la requête du conseil des gouverneurs ou du directoire, le démettre d'office de ses fonctions.

11.5. Chaque membre du directoire présent aux séances a le droit de vote et dispose à cet effet d'une voix. Sauf disposition contraire, les décisions du directoire sont prises à la majorité simple des suffrages exprimés. En cas de partage des voix, celle du président est prépondérante. Les modalités de vote sont précisées dans le règlement intérieur visé à l'article 12.3.

11.6. Le directoire est responsable de la gestion courante de la BCE.

11.7. Il est pourvu à toute vacance au sein du directoire par la nomination d'un nouveau membre, conformément à l'article 11.2.

Article 12

Responsabilités des organes de décision

12.1. Le conseil des gouverneurs arrête les orientations et prend les décisions nécessaires à l'accomplissement des missions confiées au SEBC par le traité et les présents statuts. Le conseil des gouverneurs définit la politique monétaire de la Communauté, y compris, le cas échéant, les décisions concernant les objectifs monétaires intermédiaires, les taux directeurs et l'approvisionnement en réserves dans le SEBC, et arrête les orientations nécessaires à leur exécution.

Le directoire met en œuvre la politique monétaire conformément aux orientations et aux décisions arrêtées par le conseil des gouverneurs. Dans ce cadre, le directoire donne les instructions nécessaires aux banques centrales nationales. En outre, le directoire peut recevoir délégation de certains pouvoirs par décision du conseil des gouverneurs.

Dans la mesure jugée possible et adéquate et sans préjudice du présent article, la BCE recourt aux banques centrales nationales pour l'exécution des opérations faisant partie des missions du SEBC.

12.2. Le directoire est responsable de la préparation des réunions du conseil des gouverneurs.

12.3. Le conseil des gouverneurs adopte un règlement intérieur déterminant l'organisation interne de la BCE et de ses organes de décision.

12.4. Les fonctions consultatives visées à l'article 4 sont exercées par le conseil des gouverneurs.

12.5. Le conseil des gouverneurs prend les décisions visées à l'article 6.

Article 13

Le président

13.1. Le président ou, en son absence, le vice-président préside le conseil des gouverneurs et le directoire de la BCE.

13.2. Sans préjudice de l'article 39, le président ou la personne qu'il désigne à cet effet représente la BCE à l'extérieur.

Article 14

Les banques centrales nationales

14.1. Conformément à l'article 109 du traité, chaque État membre veille à la compatibilité de sa législation nationale, y compris les statuts de sa banque centrale nationale, avec le traité et les présents statuts, et ce au plus tard à la date de la mise en place du SEBC.

14.2. Les statuts des banques centrales nationales prévoient en particulier que la durée du mandat du gouverneur d'une banque centrale nationale n'est pas inférieure à cinq ans.

Un gouverneur ne peut être relevé de ses fonctions que s'il ne remplit plus les conditions nécessaires à l'exercice de ses fonctions ou s'il a commis une faute grave. Un recours contre la décision prise à cet effet peut être introduit auprès de la Cour de justice par le gouverneur concerné ou le conseil des gouverneurs pour violation du traité ou de toute règle de droit relative à son application. Ces recours doivent être formés dans un délai de deux mois à compter, suivant le cas, de la publication de l'acte, de sa notification au requérant ou, à défaut, du jour où celui-ci en a eu connaissance.

14.3. Les banques centrales nationales font partie intégrante du SEBC et agissent conformément aux orientations et aux instructions de la BCE. Le conseil des gouverneurs prend les mesures nécessaires pour assurer le respect des orientations et des instructions de la BCE, et exige que toutes les informations nécessaires lui soient fournies.

14.4. Les banques centrales nationales peuvent exercer d'autres fonctions que celles qui sont spécifiées dans les présents statuts, à moins que le conseil des gouverneurs ne décide, à la majorité des deux tiers des suffrages exprimés, que ces fonctions interfèrent avec les objectifs et les missions du SEBC. Ces fonctions, que les banques centrales nationales exercent sous leur propre responsabilité et à leurs propres risques, ne sont pas considérées comme faisant partie des fonctions du SEBC.

Article 15

Obligation de présenter des rapports

15.1. La BCE établit et publie des rapports sur les activités du SEBC au moins chaque trimestre.

15.2. Une situation financière consolidée du SEBC est publiée chaque semaine.

15.3. Conformément à l'article 113, paragraphe 3, du traité, la BCE adresse au Parlement européen, au Conseil et à la Commission, ainsi qu'au Conseil européen, un rapport annuel sur les activités du SEBC et sur la politique monétaire de l'année précédente et de l'année en cours.

15.4. Les rapports et situations visés au présent article sont mis gratuitement à la disposition des personnes intéressées.

Article 16

Billets

Conformément à l'article 106, paragraphe 1, du traité, le conseil des gouverneurs est seul habilité à autoriser l'émission de billets de banque dans la Communauté. La BCE et les banques centrales nationales peuvent émettre de tels billets. Les billets de banque émis par la BCE et les banques centrales nationales sont les seuls à avoir cours légal dans la Communauté.

La BCE respecte autant que possible les pratiques existantes en ce qui concerne l'émission et la présentation des billets de banque.

CHAPITRE IV

FONCTIONS MONÉTAIRES ET OPÉRATIONS ASSURÉES PAR LE SEBC

Article 17

Comptes auprès de la BCE et des banques centrales nationales

Afin d'effectuer leurs opérations, la BCE et les banques centrales nationales peuvent ouvrir des comptes aux établissements de crédit, aux organismes publics et aux autres intervenants du marché et accepter des actifs, y compris des titres en compte courant, comme garantie.

Article 18

Opérations d'*open market* et de crédit

18.1. Afin d'atteindre les objectifs du SEBC et d'accomplir ses missions, la BCE et les banques centrales nationales peuvent:

— intervenir sur les marchés de capitaux, soit en achetant et en vendant ferme (au comptant et à terme), soit en prenant et en mettant en pension, soit en prêtant ou en empruntant des créances et des titres négociables, libellés en monnaies communautaires ou non communautaires, ainsi que des métaux précieux;

— effectuer des opérations de crédit avec des établissements de crédit et d'autres intervenants du marché sur la base d'une sûreté appropriée pour les prêts.

18.2. La BCE définit les principes généraux des opérations d'*open market* et de crédit effectuées par elle-même ou par les banques centrales nationales, y compris de l'annonce des conditions dans lesquelles celles-ci sont disposées à pratiquer ces opérations.

Article 19

Réserves obligatoires

19.1. Sous réserve de l'article 2, la BCE est habilitée à imposer aux établissements de crédit établis dans les États membres la constitution de réserves obligatoires auprès de la BCE et des banques centrales nationales, conformément aux objectifs en matière de politique monétaire. Les modalités de calcul et la détermination du montant exigé peuvent être fixées par le conseil des gouverneurs. Tout manquement constaté à cet égard met la BCE en droit de percevoir des intérêts à titre de pénalité et d'infliger d'autres sanctions ayant un effet analogue.

19.2. Aux fins de l'application du présent article, le Conseil définit, conformément à la procédure prévue à l'article 42, la base des réserves obligatoires et les rapports maximaux autorisés entre ces réserves et leur base, ainsi que les sanctions appropriées en cas de non-respect.

Article 20

Autres instruments de contrôle monétaire

Le conseil des gouverneurs peut décider, à la majorité des deux tiers des suffrages exprimés, de recourir aux autres méthodes opérationnelles de contrôle monétaire qu'il jugera opportunes, sous réserve de l'article 2.

Si ces méthodes entraînent des obligations pour des tiers, le Conseil en définit la portée conformément à la procédure prévue à l'article 42.

Article 21

Opérations avec les organismes publics

21.1. Conformément à l'article 101 du traité, il est interdit à la BCE et aux banques centrales nationales d'accorder des découverts ou tout autre type de crédit aux institutions ou organes de la Communauté, aux administrations centrales, aux autorités régionales ou locales, aux autres autorités publiques, aux autres organismes ou entreprises publics des États membres; l'acquisition directe, auprès d'eux, par la BCE ou les banques centrales nationales, des instruments de leur dette est également interdite.

21.2. La BCE et les banques centrales nationales peuvent agir en qualité d'agents fiscaux pour le compte des entités visées à l'article 21.1.

21.3. Le présent article ne s'applique pas aux établissements publics de crédit qui, dans le cadre de la mise à disposition de liquidités par les banques centrales, bénéficient, de la part des banques centrales nationales et de la BCE, du même traitement que les établissements privés de crédit.

Article 22

Systèmes de compensation et de paiements

La BCE et les banques centrales nationales peuvent accorder des facilités, et la BCE peut arrêter des règlements, en vue d'assurer l'efficacité et la solidité des systèmes de compensation et de paiements au sein de la Communauté et avec les pays tiers.

Article 23

Opérations extérieures

La BCE et les banques centrales nationales peuvent:

— entrer en relation avec les banques centrales et les établissements financiers des pays tiers et, en tant que de besoin, avec les organisations internationales;

— acquérir et vendre, au comptant et à terme, toutes les catégories d'avoirs de réserves de change et des métaux précieux. Le terme «avoirs de change» comprend les titres et tous les autres avoirs libellés dans la devise de tout pays ou en unités de compte, quelle que soit la forme sous laquelle ils sont détenus;

— détenir et gérer les avoirs visés au présent article;

— effectuer tous les types d'opérations bancaires avec les pays tiers et les organisations internationales, y compris les opérations de prêt et d'emprunt.

Article 24

Autres opérations

Outre les opérations résultant de leurs missions, la BCE et les banques centrales nationales peuvent effectuer des opérations aux fins de leur infrastructure administrative ou au bénéfice de leur personnel.

CHAPITRE V

CONTRÔLE PRUDENTIEL

Article 25

Contrôle prudentiel

25.1. La BCE est habilitée à donner des avis et à être consultée par le Conseil, la Commission et les autorités compétentes des États membres sur la portée et l'application de la législation communautaire concernant le contrôle prudentiel des établissements de crédit et la stabilité du système financier.

25.2. Conformément à toute décision du Conseil prise en vertu de l'article 105, paragraphe 6, du traité, la BCE peut accomplir des missions spécifiques ayant trait aux politiques en matière de contrôle prudentiel des établissements de crédit et autres établissements financiers, à l'exception des entreprises d'assurances.

CHAPITRE VI

DISPOSITIONS FINANCIÈRES DU SEBC

Article 26

Comptes financiers

26.1. L'exercice de la BCE et des banques centrales nationales commence le premier jour du mois de janvier et se termine le dernier jour du mois de décembre.

26.2. Les comptes annuels de la BCE sont établis par le directoire conformément aux principes déterminés par le conseil des gouverneurs. Les comptes sont approuvés par le conseil des gouverneurs et sont ensuite publiés.

26.3. Pour les besoins de l'analyse et de la gestion, le directoire établit un bilan consolidé du SEBC comprenant les actifs et les passifs des banques centrales nationales, qui relèvent du SEBC.

26.4. Aux fins de l'application du présent article, le conseil des gouverneurs arrête les règles nécessaires à la normalisation des procédures comptables et d'information relatives aux opérations des banques centrales nationales.

Article 27

Vérification des comptes

27.1. Les comptes de la BCE et des banques centrales nationales sont vérifiés par des commissaires aux comptes extérieurs indépendants désignés sur recommandation du conseil des gouverneurs et agréés par le Conseil. Les commissaires aux comptes ont tout pouvoir pour examiner tous les livres et comptes de la BCE et des banques centrales nationales ainsi que pour obtenir toutes les informations sur leurs opérations.

27.2. Les dispositions de l'article 248 du traité s'appliquent uniquement à un examen de l'efficience de la gestion de la BCE.

Article 28

Capital de la BCE

28.1. Le capital de la BCE, qui devient opérationnel dès l'établissement de celle-ci, s'élève à 5 milliards d'écus. Le capital peut être augmenté, le cas échéant, par décision du conseil des gouverneurs statuant à la majorité qualifiée prévue à l'article 10.3, dans les limites et selon les conditions fixées par le Conseil conformément à la procédure prévue à l'article 42.

28.2. Les banques centrales nationales sont seules autorisées à souscrire et à détenir le capital de la BCE. La souscription du capital s'effectue selon la clé de répartition déterminée conformément à l'article 29.

28.3. Le conseil des gouverneurs, statuant à la majorité qualifiée prévue à l'article 10.3, détermine le montant exigible et les modalités de libération du capital.

28.4. Sous réserve de l'article 28.5, les parts des banques centrales nationales dans le capital souscrit de la BCE ne peuvent pas être cédées, nanties ou saisies.

28.5. Si la clé de répartition visée à l'article 29 est modifiée, les banques centrales nationales transfèrent entre elles les parts de capital correspondantes, de sorte que la répartition de ces parts corresponde à la nouvelle clé. Le conseil des gouverneurs fixe les modalités de ces transferts.

Article 29

Clé de répartition pour la souscription au capital

29.1. La clé de répartition pour la souscription au capital de la BCE est déterminée lorsque le SEBC et la BCE ont été institués conformément à la procédure visée à l'article 123, paragraphe 1, du traité. Il est attribué à chaque banque centrale nationale une pondération dans cette clé, qui est égale à la somme de:

— 50 % de la part de l'État membre concerné dans la population de la Communauté au cours de l'avant-dernière année précédant la mise en place du SEBC;

— 50 % de la part de l'État membre concerné dans le produit intérieur brut de la Communauté aux prix du marché, telle qu'elle a été constatée au cours des cinq années précédant l'avant-dernière année avant la mise en place du SEBC.

Les pourcentages sont arrondis à la demi-décimale supérieure.

29.2. Les données statistiques nécessaires à l'application du présent article sont établies par la Commission conformément aux règles qui sont arrêtées par le Conseil conformément à la procédure prévue à l'article 42.

29.3. Les pondérations attribuées aux banques centrales nationales sont adaptées tous les cinq ans après la mise en place du SEBC, par analogie avec les dispositions de l'article 29.1. La clé adaptée prend effet le premier jour de l'année suivante.

29.4. Le conseil des gouverneurs prend toutes les autres mesures nécessaires à l'application du présent article.

Article 30

Transfert d'avoirs de réserve de change à la BCE

30.1. Sans préjudice de l'article 28, la BCE est dotée par les banques centrales nationales d'avoirs de réserve de change autres que les monnaies des États membres, d'écus, de positions de réserve auprès du FMI et de DTS, jusqu'à concurrence d'un montant équivalant à 50 milliards d'écus. Le conseil des gouverneurs décide des proportions à appeler par la BCE après l'établissement de celle-ci et des montants appelés ultérieurement. La BCE est pleinement habilitée à détenir et à gérer les avoirs de réserve qui lui ont été transférés et à les utiliser aux fins fixées dans les présents statuts.

30.2. La contribution de chaque banque centrale nationale est fixée proportionnellement à sa part dans le capital souscrit de la BCE.

30.3. Chaque banque centrale nationale reçoit de la BCE une créance équivalente à sa contribution. Le conseil des gouverneurs détermine la dénomination et la rémunération de ces créances.

30.4. Des avoirs de réserve supplémentaires peuvent être appelés par la BCE, conformément à l'article 30.2, au-delà de la limite fixée à l'article 30.1, dans les limites et selon les conditions fixées par le Conseil conformément à la procédure prévue à l'article 42.

30.5. La BCE peut détenir et gérer des positions de réserve auprès du FMI et des DTS et accepter la mise en commun de ces avoirs.

30.6. Le conseil des gouverneurs prend toutes les autres mesures nécessaires à l'application du présent article.

Article 31

Avoirs de réserve de change détenus par les banques centrales nationales

31.1. Les banques centrales nationales sont autorisées à effectuer les opérations liées à l'accomplissement de leurs obligations envers les organisations internationales conformément à l'article 23.

31.2. Toutes les autres opérations sur les avoirs de réserve de change qui demeurent dans les banques centrales nationales après les transferts visés à l'article 30 et les transactions effectuées par les États membres avec leurs fonds de roulement en devises sont, au-delà d'une certaine limite à fixer dans le cadre de l'article 31.3, soumises à l'autorisation de la BCE afin d'assurer la cohérence avec la politique de change et la politique monétaire de la Communauté.

31.3. Le conseil des gouverneurs arrête des orientations afin de faciliter ces opérations.

Article 32

Répartition du revenu monétaire des banques centrales nationales

32.1. Le revenu dégagé par les banques centrales nationales dans l'exercice des missions de politique monétaire du SEBC, dénommé ci-après «revenu monétaire», est réparti à la fin de chaque exercice conformément au présent article.

32.2. Sous réserve de l'article 32.3, le montant du revenu monétaire de chaque banque centrale nationale est égal au revenu annuel qu'elle tire des actifs détenus en contrepartie des billets en circulation et des engagements résultant des dépôts constitués par les établissements de crédit. Ces actifs sont identifiés par les banques centrales nationales conformément aux orientations que le conseil des gouverneurs aura déterminées.

32.3. Si le conseil des gouverneurs estime, après le début de la troisième phase, que les structures du bilan des banques centrales nationales ne permettent pas l'application de l'article 32.2, il peut décider, à la majorité qualifiée, que, par dérogation à l'article 32.2, le revenu monétaire doit être calculé selon une autre méthode pendant une période ne dépassant pas cinq ans.

32.4. Le montant du revenu monétaire de chaque banque centrale nationale est réduit de toute charge d'intérêt payée par cette banque centrale sur les engagements résultant des dépôts constitués par les établissements de crédit conformément à l'article 19.

Le conseil des gouverneurs peut décider d'indemniser les banques centrales nationales pour les frais encourus à l'occasion de l'émission de billets ou, dans des circonstances exceptionnelles, pour des pertes particulières afférentes aux opérations de politique monétaire réalisées pour le compte du SEBC. L'indemnisation prend la forme que le conseil des gouverneurs juge appropriée; ces montants peuvent être compensés avec le revenu monétaire des banques centrales nationales.

32.5. La somme des revenus monétaires des banques centrales nationales est répartie entre elles proportionnellement à leurs parts libérées dans le capital de la BCE, sous réserve de toute décision prise par le conseil des gouverneurs conformément à l'article 33.2.

32.6. La compensation et le règlement des soldes provenant de la répartition du revenu monétaire sont réalisés par la BCE conformément aux orientations établies par le conseil des gouverneurs.

32.7. Le conseil des gouverneurs prend toutes les autres mesures nécessaires à l'application du présent article.

Article 33

Répartition des bénéfices et pertes nets de la BCE

33.1. Le bénéfice net de la BCE est transféré dans l'ordre suivant:

a) un montant à déterminer par le conseil des gouverneurs, qui ne peut dépasser 20 % du bénéfice net, est transféré au fonds de réserve général dans la limite de 100 % du capital;

b) le bénéfice net restant est distribué aux détenteurs de parts de la BCE proportionnellement aux parts qu'ils ont libérées.

33.2. Si la BCE enregistre une perte, celle-ci est couverte par le fonds de réserve général de la BCE et, si nécessaire, après décision du conseil des gouverneurs, par les revenus monétaires de l'exercice financier concerné au prorata et jusqu'à concurrence des montants alloués aux banques centrales nationales conformément à l'article 32.5.

CHAPITRE VII

DISPOSITIONS GÉNÉRALES

Article 34

Actes juridiques

34.1. Conformément à l'article 110 du traité, la BCE:

— arrête des règlements dans la mesure nécessaire à l'accomplissement des missions définies à l'article 3.1, premier tiret, aux articles 19.1, 22 ou 25.2 des statuts du SEBC, ainsi que dans les cas qui sont prévus dans les actes du Conseil visés à l'article 42;

— prend les décisions nécessaires à l'accomplissement des missions confiées au SEBC en vertu du traité et des statuts du SEBC;

— émet des recommandations et des avis.

34.2. Le règlement a une portée générale. Il est obligatoire dans tous ses éléments, et il est directement applicable dans tout État membre.

Les recommandations et les avis ne lient pas.

La décision est obligatoire dans tous ses éléments pour les destinataires qu'elle désigne.

Les articles 253, 254 et 256 du traité sont applicables aux règlements et aux décisions adoptés par la BCE.

La BCE peut décider de publier ses décisions, recommandations et avis.

34.3. Dans les limites et selon les conditions arrêtées par le Conseil conformément à la procédure prévue à l'article 42 des statuts, la BCE est habilitée à infliger aux entreprises des amendes et des astreintes en cas de non-respect de ses règlements et de ses décisions.

Article 35

Contrôle juridictionnel et questions connexes

35.1. La Cour de justice peut connaître des actes ou omissions de la BCE ou être saisie de leur interprétation dans les cas et selon les conditions fixés par le traité. La BCE peut former des recours dans les cas et selon les conditions fixés par le traité.

35.2. Les litiges entre la BCE, d'une part, et ses créanciers, débiteurs ou toute autre personne, d'autre part, sont tranchés par les tribunaux nationaux compétents, à moins que la Cour de justice n'ait été déclarée compétente.

35.3. La BCE est soumise au régime de responsabilité prévu à l'article 288 du traité. La responsabilité des banques centrales nationales est déterminée en fonction de leur droit national respectif.

35.4. La Cour de justice est compétente pour statuer en vertu d'une clause compromissoire contenue dans un contrat de droit public ou de droit privé passé par la BCE ou pour le compte de celle-ci.

35.5. La décision de la BCE de saisir la Cour de justice est prise par le conseil des gouverneurs.

35.6. La Cour de justice est compétente pour statuer sur les litiges relatifs à l'accomplissement par les banques centrales nationales des obligations qui leur incombent au titre des présents statuts. Si la BCE considère qu'une banque centrale nationale a manqué à une des obligations qui lui incombent au titre des présents statuts, elle émet sur l'affaire un avis motivé après avoir donné à la banque centrale nationale concernée la possibilité de présenter ses observations. Si la banque centrale nationale concernée ne se conforme pas audit avis dans le délai fixé par la BCE, celle-ci peut saisir la Cour de justice.

Article 36

Personnel

36.1. Le conseil des gouverneurs arrête, sur proposition du directoire, le régime applicable au personnel de la BCE.

36.2. La Cour de justice est compétente pour connaître de tout litige entre la BCE et ses agents dans les limites et selon les conditions prévues par le régime qui leur est applicable.

Article 37

Siège

La décision relative au siège de la BCE est prise, avant la fin de 1992, d'un commun accord par les gouvernements des États membres au niveau des chefs d'État ou de gouvernement.

Article 38

Secret professionnel

38.1. Les membres des organes de décision et du personnel de la BCE et des banques centrales nationales sont tenus, même après la cessation de leurs fonctions, de ne pas divulguer les informations qui, par leur nature, sont couvertes par le secret professionnel.

38.2. Les personnes ayant accès à des données soumises à une législation communautaire imposant l'obligation du secret sont assujetties à cette législation.

Article 39

Signataires

La BCE est juridiquement engagée vis-à-vis des tiers par le président ou deux membres du directoire, ou par la signature de deux membres de son personnel dûment autorisés par le président à signer au nom de la BCE.

Article 40 (1)

Privilèges et immunités

La BCE jouit sur le territoire des États membres des privilèges et immunités nécessaires à l'accomplissement de ses missions, selon les conditions définies au protocole sur les privilèges et immunités des Communautés européennes.

CHAPITRE VIII

RÉVISION DES STATUTS ET LÉGISLATION COMPLÉMENTAIRE

Article 41

Procédure de révision simplifiée

41.1. Conformément à l'article 107, paragraphe 5, du traité, les articles 5.1, 5.2, 5.3, 17, 18, 19.1, 22, 23, 24, 26, 32.2, 32.3, 32.4 et 32.6, l'article 33.1, point a), et l'article 36 des présents statuts peuvent être révisés par le Conseil, statuant soit à la majorité qualifiée sur recommandation de la BCE, après consultation de la Commission, soit à l'unanimité sur

(1) Tel que modifié par l'article 6, point III.4, du traité d'Amsterdam.

proposition de la Commission et après consultation de la BCE. Dans les deux cas, l'avis conforme du Parlement européen est requis.

41.2. Une recommandation faite par la BCE en vertu du présent article requiert une décision unanime du conseil des gouverneurs.

Article 42

Législation complémentaire

Conformément à l'article 107, paragraphe 6, du traité et aussitôt après la décision quant à la date du début de la troisième phase, le Conseil, statuant à la majorité qualifiée, soit sur proposition de la Commission et après consultation du Parlement européen et de la BCE, soit sur recommandation de la BCE et après consultation du Parlement européen et de la Commission, adopte les dispositions visées aux articles 4, 5.4, 19.2, 20, 28.1, 29.2, 30.4 et 34.3 des présents statuts.

CHAPITRE IX

DISPOSITIONS TRANSITOIRES ET AUTRES DISPOSITIONS CONCERNANT LE SEBC

Article 43

Dispositions générales

43.1. La dérogation visée à l'article 122, paragraphe 1, du traité a pour effet que les articles suivants des présents statuts ne confèrent aucun droit et n'imposent aucune obligation à l'État membre concerné: 3, 6, 9.2, 12.1, 14.3, 16, 18, 19, 20, 22, 23, 26.2, 27, 30, 31, 32, 33, 34, 50 et 52.

43.2. Les banques centrales des États membres faisant l'objet d'une dérogation, tels que définis à l'article 122, paragraphe 1, du traité, conservent leurs compétences dans le domaine de la politique monétaire, conformément au droit national.

43.3. Conformément à l'article 122, paragraphe 4, du traité, on entend par «États membres» les États membres ne faisant pas l'objet d'une dérogation aux articles suivants des présents statuts: 3, 11.2, 19, 34.2 et 50.

43.4. Par «banques centrales nationales», on entend les banques centrales des États membres ne faisant pas l'objet d'une dérogation aux articles suivants des présents statuts: 9.2, 10.1, 10.3, 12.1, 16, 17, 18, 22, 23, 27, 30, 31, 32, 33.2 et 52.

43.5. Aux articles 10.3 et 33.1, on entend par «actionnaires» les banques centrales des États membres ne faisant pas l'objet d'une dérogation.

43.6. Aux articles 10.3 et 30.2, on entend par «capital souscrit» le capital de la BCE souscrit par les banques centrales des États membres ne faisant pas l'objet d'une dérogation.

Article 44

Missions transitoires de la BCE

La BCE assure les tâches de l'IME qui, en raison des dérogations dont un ou plusieurs États membres font l'objet, doivent encore être exécutées pendant la troisième phase.

La BCE donne des avis au cours des préparatifs concernant l'abrogation des dérogations visées à l'article 122 du traité.

Article 45

Le conseil général de la BCE

45.1. Sans préjudice de l'article 107, paragraphe 3, du traité, le conseil général est constitué comme troisième organe de décision de la BCE.

45.2. Le conseil général se compose du président et du vice-président de la BCE ainsi que des gouverneurs des banques centrales nationales. Les autres membres du directoire peuvent participer, sans droit de vote, aux réunions du conseil général.

45.3. Les responsabilités du conseil général sont énumérées de manière exhaustive à l'article 47 des présents statuts.

Article 46

Règlement intérieur du conseil général

46.1. Le président ou, en son absence, le vice-président de la BCE préside le conseil général de la BCE.

46.2. Le président du Conseil et un membre de la Commission peuvent participer, sans droit de vote, aux réunions du conseil général.

46.3. Le président prépare les réunions du conseil général.

46.4. Par dérogation à l'article 12.3, le conseil général adopte son règlement intérieur.

46.5. Le secrétariat du conseil général est assuré par la BCE.

Article 47

Responsabilités du conseil général

47.1. Le conseil général:

- exécute les missions visées à l'article 44;
- contribue aux fonctions consultatives visées aux articles 4 et 25.1.

47.2. Le conseil général contribue:

- à collecter les informations statistiques visées à l'article 5;
- à établir les rapports d'activités de la BCE visés à l'article 15;
- à établir les règles, prévues à l'article 26.4, nécessaires à l'application de l'article 26;
- à prendre toutes les autres mesures, prévues à l'article 29.4, nécessaires à l'application de l'article 29;
- à définir les conditions d'emploi du personnel de la BCE, prévues à l'article 36.

47.3. Le conseil général contribue aux préparatifs nécessaires à la fixation irrévocable des taux de change des monnaies des États membres faisant l'objet d'une dérogation par rapport aux monnaies, ou à la monnaie unique, des États membres ne faisant pas l'objet d'une dérogation, telle que prévue à l'article 123, paragraphe 5, du traité.

47.4. Le conseil général est informé des décisions du conseil des gouverneurs par le président de la BCE.

Article 48

Dispositions transitoires concernant le capital de la BCE

Conformément à l'article 29.1, chaque banque centrale nationale se voit attribuer une pondération dans la clé de répartition pour la souscription au capital de la BCE. Par dérogation à l'article 28.3, les banques centrales des États membres faisant l'objet d'une dérogation ne libèrent pas leur capital souscrit, sauf si le conseil général, statuant à une majorité représentant au moins deux tiers du capital souscrit de la BCE et au moins la moitié des actionnaires, décide qu'un pourcentage minimal doit être libéré à titre de participation aux coûts de fonctionnement de la BCE.

Article 49

Paiement différé du capital, des réserves et des provisions de la BCE

49.1. La banque centrale d'un État membre, dont la dérogation a pris fin, libère sa part souscrite au capital de la BCE dans les mêmes proportions que les autres banques centrales des États membres ne faisant pas l'objet d'une dérogation et transfère à la BCE ses avoirs de réserve de change, conformément à l'article 30.1. Le montant à transférer est déterminé en multipliant la valeur en écus, aux taux de change en vigueur, des avoirs de réserve susmentionnés qui ont déjà été transférés à la BCE, conformément à l'article 30.1, par le rapport entre le nombre de parts souscrites par la banque centrale nationale concernée et le nombre de parts déjà libérées par les autres banques centrales nationales.

49.2. Outre le paiement prévu à l'article 49.1, la banque centrale concernée contribue aux réserves de la BCE, aux provisions équivalant à des réserves et au montant qui doit encore être affecté aux réserves et aux provisions, qui correspond au solde du compte de pertes et de profits au 31 décembre de l'année précédant l'abrogation de la dérogation. La somme à verser est calculée en multipliant le montant des réserves, telles que définies ci-dessus et telles qu'elles apparaissent au bilan approuvé de la BCE, par le rapport entre le nombre de parts souscrites par la banque centrale concernée et le nombre de parts déjà libérées par les autres banques centrales.

Article 50

Nomination initiale des membres du directoire

Lorsque le directoire de la BCE est mis en place, son président, son vice-président et ses autres membres sont nommés d'un commun accord par les gouvernements des États membres au niveau des chefs d'État ou de gouvernement, sur recommandation du Conseil et après consultation du Parlement européen et du conseil de l'IME. Le président du directoire est nommé pour huit ans. Par dérogation à l'article 11.2, le vice-président est nommé pour quatre ans et les autres membres du directoire pour un mandat d'une durée comprise entre cinq et huit ans. Aucun mandat n'est renouvelable. Le nombre de membres du directoire peut être inférieur à celui qui est prévu à l'article 11.1, mais en aucun cas inférieur à quatre.

Article 51

Dérogation à l'article 32

51.1. Si, après le début de la troisième phase, le conseil des gouverneurs décide que l'application de l'article 32 modifie de manière significative la position relative des banques centrales nationales en matière de revenu, le montant du revenu à répartir conformément à l'article 32 est abaissé d'un pourcentage uniforme qui ne dépasse pas 60 % lors du premier exercice suivant le début de la troisième phase et qui diminuera d'au moins 12 points de pourcentage au cours de chacun des exercices suivants.

51.2. L'article 51.1 s'applique au maximum pendant cinq exercices complets après le début de la troisième phase.

Article 52

Échange des billets libellés en monnaies communautaires

Après la fixation irrévocable des taux de change, le conseil des gouverneurs prend les mesures nécessaires pour assurer que les billets libellés en monnaies ayant des taux de change irrévocablement fixés sont échangés au pair par les banques centrales nationales.

Article 53

Applicabilité des mesures transitoires

Les articles 43 à 48 sont applicables aussi longtemps que des États membres font l'objet d'une dérogation.

A 4

Protocole sur la procédure concernant les déficits excessifs

LES HAUTES PARTIES CONTRACTANTES,

DÉSIREUSES de fixer les modalités de la procédure concernant les déficits excessifs visés à l'article 104 du traité instituant la Communauté européenne,

SONT CONVENUES des dispositions figurant ci-après, qui sont annexées au traité instituant la Communauté européenne.

Article premier

Les valeurs de référence visées à l'article 104, paragraphe 2, du traité sont les suivantes:

— 3 % pour le rapport entre le déficit public prévu ou effectif et le produit intérieur brut aux prix du marché;

— 60 % pour le rapport entre la dette publique et le produit intérieur brut aux prix du marché.

Article 2

À l'article 104 du traité et dans le présent protocole, on entend par:

— «public»: ce qui est relatif au gouvernement général, c'est-à-dire les administrations centrales, les autorités régionales ou locales et les fonds de sécurité sociale, à l'exclusion des opérations commerciales, telles que définies dans le système européen de comptes économiques intégrés;

— «déficit»: le besoin net de financement, tel que défini dans le système européen de comptes économiques intégrés;

— «investissement»: la formation brute de capital fixe, telle que définie dans le système européen de comptes économiques intégrés;

— «dette»: le total des dettes brutes, à leur valeur nominale, en cours à la fin de l'année et consolidées à l'intérieur des secteurs du gouvernement général tel qu'il est défini au premier tiret.

Article 3

En vue d'assurer l'efficacité de la procédure concernant les déficits excessifs, les gouvernements des États membres sont responsables, aux termes de la présente procédure, des déficits du gouvernement général tel qu'il est défini à l'article 2, premier tiret. Les États membres veillent à ce que les procédures nationales en matière budgétaire leur permettent de remplir les obligations qui leur incombent dans ce domaine en vertu du traité. Les États membres notifient rapidement et régulièrement à la Commission leurs déficits prévus et effectifs ainsi que le niveau de leur dette.

Article 4

Les données statistiques utilisées pour l'application du présent protocole sont fournies par la Commission.

A 5

Protocole sur les critères de convergence visés à l'article 121 (ex-article 109 J) du traité instituant la Communauté européenne

LES HAUTES PARTIES CONTRACTANTES,

DÉSIREUSES de fixer les modalités des critères de convergence qui doivent guider la Communauté dans les décisions qu'elle prendra lors du passage à la troisième phase de l'Union économique et monétaire visée à l'article 121, paragraphe 1, du traité instituant la Communauté européenne,

SONT CONVENUES des dispositions figurant ci-après, qui sont annexées au traité instituant la Communauté européenne.

Article premier

Le critère de stabilité des prix, visé à l'article 121, paragraphe 1, premier tiret, du traité, signifie qu'un État membre a un degré de stabilité des prix durable et un taux d'inflation moyen, observé au cours d'une période de un an avant l'examen, qui ne dépasse pas de plus de 1,5 % celui des trois États membres, au plus, présentant les meilleurs résultats en matière de stabilité des prix. L'inflation est calculée au moyen de l'indice des prix à la consommation sur une base comparable, compte tenu des différences dans les définitions nationales.

Article 2

Le critère de situation des finances publiques, visé à l'article 121, paragraphe 1, deuxième tiret, du traité, signifie qu'un État membre ne fait pas l'objet, au moment de l'examen, d'une décision du Conseil visée à l'article 104, paragraphe 6, du traité concernant l'existence d'un déficit excessif dans l'État membre concerné.

Article 3

Le critère de participation au mécanisme de change du système monétaire européen, visé à l'article 121, paragraphe 1, troisième tiret, du traité, signifie qu'un État membre a respecté les marges normales de fluctuation prévues par le mécanisme de change du système monétaire européen sans connaître de tensions graves pendant au moins les deux dernières années précédant l'examen. Notamment, l'État membre n'a, de sa propre initiative, pas dévalué le taux central bilatéral de sa monnaie par rapport à la monnaie d'un autre État membre pendant la même période.

Article 4

Le critère de convergence des taux d'intérêt, visé à l'article 121, paragraphe 1, quatrième tiret, du traité, au cours d'une période de un an précédant l'examen, signifie qu'un État membre a eu un taux d'intérêt nominal moyen à long terme qui n'excède pas de plus de 2 % celui des trois États membres, au plus, présentant les meilleurs résultats en matière de stabilité des prix. Les taux d'intérêt sont calculés sur la base d'obligations d'État à long terme ou de titres comparables, compte tenu des différences dans les définitions nationales.

Article 5

Les données statistiques utilisées pour l'application du présent protocole sont fournies par la Commission.

Article 6

Le Conseil, statuant à l'unanimité, sur proposition de la Commission et après consultation du Parlement européen, de l'IME ou de la BCE selon le cas, ainsi que du comité visé à l'article 114 du traité, adopte les dispositions appropriées pour préciser de manière détaillée les critères de convergence visés à l'article 121 du traité, qui remplacent alors le présent protocole.

A 6

Protocole modifiant le protocole sur les privilèges et immunités des Communautés européennes

LES HAUTES PARTIES CONTRACTANTES,

CONSIDÉRANT que, aux termes de l'article 40 des statuts du Système européen de banques centrales et de la Banque centrale européenne et de l'article 21 des statuts de l'Institut monétaire européen, la Banque centrale européenne et l'Institut monétaire européen jouissent, sur le territoire des États membres, des privilèges et immunités dans la mesure nécessaire à l'accomplissement de leurs missions,

SONT CONVENUES des dispositions figurant ci-après, qui sont annexées au traité instituant la Communauté européenne.

Article unique

Le protocole sur les privilèges et immunités des Communautés européennes, annexé au traité instituant un Conseil unique et une Commission unique des Communautés européennes, est complété par les dispositions suivantes:

«Article 23

Le présent protocole s'applique également à la Banque centrale européenne, aux membres de ses organes et à son personnel, sans préjudice des dispositions du protocole sur les statuts du Système européen de banques centrales et de la Banque centrale européenne.

La Banque centrale européenne sera, en outre, exonérée de toute imposition fiscale et parafiscale à l'occasion des augmentations de son capital ainsi que des formalités diverses que ces opérations pourront comporter dans l'État du siège. L'activité de la Banque et de ses organes, s'exerçant dans les conditions prévues par les statuts du Système européen de banques centrales et de la Banque centrale européenne, ne donnera pas lieu à l'application des taxes sur le chiffre d'affaires.

Les dispositions mentionnées ci-dessus s'appliquent également à l'Institut monétaire européen. Sa dissolution et sa liquidation n'entraîneront aucune perception.»

A 7

Protocole sur le Danemark

LES HAUTES PARTIES CONTRACTANTES,

DÉSIREUSES de régler certains problèmes particuliers relatifs au Danemark,

SONT CONVENUES des dispositions figurant ci-après, qui sont annexées au traité instituant la Communauté européenne.

Les dispositions de l'article 14 du protocole sur les statuts du Système européen de banques centrales n'affectent pas le droit de la Banque nationale du Danemark d'exercer les tâches qu'elle assume actuellement à l'égard des territoires du Royaume de Danemark qui ne font pas partie de la Communauté.

A 8

Protocole sur le Portugal

LES HAUTES PARTIES CONTRACTANTES,

DÉSIREUSES de régler certains problèmes particuliers relatifs au Portugal,

SONT CONVENUES des dispositions figurant ci-après, qui sont annexées au traité instituant la Communauté européenne.

1. Le Portugal est autorisé à maintenir la faculté conférée aux régions autonomes des Açores et de Madère de bénéficier de crédits sans intérêt auprès du Banco de Portugal selon les conditions fixées par la loi portugaise en vigueur.

2. Le Portugal s'engage à mettre tout en œuvre pour mettre fin dans les meilleurs délais au régime susmentionné.

A 9

Protocole sur le passage à la troisième phase de l'Union économique et monétaire

LES HAUTES PARTIES CONTRACTANTES,

AFFIRMENT que la signature des nouvelles dispositions du traité relatives à l'Union économique et monétaire confère à la marche de la Communauté vers la troisième phase de l'Union économique et monétaire un caractère irréversible.

Par conséquent, tous les États membres, qu'ils remplissent ou non les conditions nécessaires à l'adoption d'une monnaie unique, respectent la volonté que la Communauté entre rapidement dans la troisième phase; aussi aucun État membre n'empêchera-t-il l'entrée dans la troisième phase.

Si, à la fin de 1997, la date du début de la troisième phase n'a pas été fixée, les États membres concernés, les institutions de la Communauté et les autres organismes concernés effectuent avec diligence tous les travaux préparatoires au cours de l'année 1998, afin de permettre à la Communauté d'entrer irrévocablement dans la troisième phase le 1er janvier 1999 et de permettre à la BCE et au SEBC de commencer à exercer pleinement leurs fonctions à compter de cette date.

Le présent protocole est annexé au traité instituant la Communauté européenne.

A 10

Protocole sur certaines dispositions relatives au Royaume-Uni de Grande-Bretagne et d'Irlande du Nord

LES HAUTES PARTIES CONTRACTANTES,

RECONNAISSANT que le Royaume-Uni n'est pas tenu et n'a pas pris l'engagement de passer à la troisième phase de l'Union économique et monétaire sans décision distincte en ce sens de son gouvernement et de son Parlement,

PRENANT ACTE que le gouvernement du Royaume-Uni a coutume de financer ses emprunts par la vente de titres de créance au secteur privé,

SONT CONVENUES des dispositions figurant ci-après, qui sont annexées au traité instituant la Communauté européenne.

1. Le Royaume-Uni notifie au Conseil s'il a l'intention de passer à la troisième phase avant que le Conseil ne procède à l'évaluation prévue à l'article 121, paragraphe 2, du traité.

   Le Royaume-Uni n'est pas tenu de passer à la troisième phase, sauf s'il notifie au Conseil son intention de le faire.

   Si aucune date n'est fixée pour le début de la troisième phase conformément à l'article 121, paragraphe 3, du traité, le Royaume-Uni peut notifier son intention de passer à la troisième phase avant le 1er janvier 1998.

2. Les paragraphes 3 à 9 sont applicables si le Royaume-Uni notifie au Conseil qu'il n'a pas l'intention de passer à la troisième phase.

3. Le Royaume-Uni n'est pas inclus dans la majorité des États membres qui remplissent les conditions nécessaires visées à l'article 121, paragraphe 2, deuxième tiret, et paragraphe 3, premier tiret, du traité.

4. Le Royaume-Uni conserve ses pouvoirs dans le domaine de la politique monétaire conformément à son droit national.

5. L'article 4, paragraphe 2, l'article 104, paragraphes 1, 9 et 11, l'article 105, paragraphes 1 à 5, l'article 106, les articles 108, 109, 110 et 111, l'article 112, paragraphes 1 et 2, point b), et l'article 123, paragraphes 4 et 5, du traité ne s'appliquent pas au Royaume-Uni. Dans ces dispositions, les références à la Communauté et aux États membres n'incluent pas le Royaume-Uni, et les références aux banques centrales nationales n'incluent pas la Banque d'Angleterre.

6. L'article 116, paragraphe 4, et les articles 119 et 120 du traité continuent à s'appliquer au Royaume-Uni. L'article 114, paragraphe 4, et l'article 124 s'appliquent au Royaume-Uni comme s'il faisait l'objet d'une dérogation.

7. Les droits de vote du Royaume-Uni sont suspendus pour les actes du Conseil visés aux articles énumérés au point 5. À cet effet, les voix pondérées du Royaume-Uni sont exclues de tout calcul d'une majorité qualifiée au sens de l'article 122, paragraphe 5, du traité.

   Le Royaume-Uni n'a pas non plus le droit de participer à la nomination du président, du vice-président et des autres membres du directoire de la BCE prévue à l'article 112, paragraphe 2, point b), et à l'article 123, paragraphe 1, du traité.

8. Les articles 3, 4, 6, 7, 9.2, 10.1, 10.3, 11.2, 12.1, 14, 16, 18, 19, 20, 22, 23, 26, 27, 30, 31, 32, 33, 34, 50 et 52 du protocole sur les statuts du Système européen de banques centrales et de la Banque centrale européenne («les statuts») ne s'appliquent pas au Royaume-Uni.

   Dans ces articles, les références à la Communauté ou aux États membres ne concernent pas le Royaume-Uni, et les références aux banques centrales nationales ou aux actionnaires ne concernent pas la Banque d'Angleterre.

   Les références aux articles 10.3 et 30.2 des statuts au «capital souscrit de la BCE» n'incluent pas le capital souscrit par la Banque d'Angleterre.

9. L'article 123, paragraphe 3, du traité et les articles 44 à 48 des statuts sont applicables, qu'un État membre fasse ou non l'objet d'une dérogation, sous réserve des modifications suivantes:

   a) à l'article 44, les références aux missions de la BCE et de l'IME comprennent les missions qui doivent encore être menées à bien pendant la troisième phase en raison d'une éventuelle décision du Royaume-Uni de ne pas passer à cette phase;

   b) en plus des missions visées à l'article 47, la BCE remplit une fonction de conseil et d'assistance dans la préparation de toute décision que le Conseil pourrait être amené à prendre à l'égard du Royaume-Uni conformément aux dispositions du paragraphe 10, points a) et c);

   c) la Banque d'Angleterre verse sa contribution au capital de la BCE à titre de participation à ses frais de fonctionnement sur la même base que les banques centrales nationales des États membres faisant l'objet d'une dérogation.

10. Si le Royaume-Uni ne passe pas à la troisième phase, il peut modifier sa notification à tout moment après le début de cette phase. Dans ce cas:

   a) le Royaume-Uni a le droit de passer à la troisième phase pour autant qu'il remplisse les conditions nécessaires. Le Conseil, statuant à la demande du Royaume-Uni, dans les conditions et selon la procédure fixées à l'article 122, paragraphe 2, du traité, décide s'il remplit les conditions nécessaires;

   b) la Banque d'Angleterre verse sa part de capital souscrit et transfère à la BCE des avoirs de réserve en devises et contribue à ses réserves sur la même base que la banque centrale nationale d'un État membre dont la dérogation a pris fin;

   c) le Conseil, statuant dans les conditions et selon la procédure fixées à l'article 123, paragraphe 5, du traité, prend toute autre décision nécessaire pour permettre au Royaume-Uni de passer à la troisième phase.

   Si le Royaume-Uni passe à la troisième phase conformément aux dispositions du présent paragraphe, les paragraphes 3 à 9 cessent d'être applicables.

11. Par dérogation à l'article 101 et à l'article 116, paragraphe 3, du traité et à l'article 21.1 des statuts, le gouvernement du Royaume-Uni peut conserver la ligne de crédit «Ways and Means» dont il dispose auprès de la Banque d'Angleterre si et aussi longtemps que le Royaume-Uni ne passe pas à la troisième phase.

A 11

Protocole sur certaines dispositions relatives au Danemark

LES HAUTES PARTIES CONTRACTANTES,

DÉSIREUSES de régler, conformément aux objectifs généraux du traité instituant la Communauté européenne, certains problèmes particuliers qui se posent actuellement,

VU que la Constitution du Danemark contient des dispositions susceptibles de rendre nécessaire l'organisation au Danemark d'un référendum avant que ce pays ne s'engage dans la troisième phase de l'Union économique et monétaire,

SONT CONVENUES des dispositions figurant ci-après, qui sont annexées au traité instituant la Communauté européenne.

1. Le gouvernement danois notifie au Conseil sa position sur sa participation à la troisième phase avant que le Conseil ne procède à son évaluation selon l'article 121, paragraphe 2, du traité.

2. Au cas où le Danemark notifie qu'il ne participera pas à la troisième phase, il bénéficie d'une dérogation. Cette dérogation a pour effet de rendre applicables au Danemark tous les articles et toutes les dispositions du traité et des statuts du SEBC faisant référence à une dérogation.

3. Dans ce cas, le Danemark n'est pas inclus dans la majorité des États membres qui remplissent les conditions nécessaires mentionnées à l'article 121, paragraphe 2, deuxième tiret, et paragraphe 3, premier tiret, du traité.

4. La procédure prévue à l'article 122, paragraphe 2, pour mettre fin à la dérogation n'est entamée qu'à la demande du Danemark.

5. Au cas où il est mis fin à la dérogation, les dispositions du présent protocole cessent d'être applicables.

A 12

Protocole sur la France

LES HAUTES PARTIES CONTRACTANTES,

DÉSIREUSES de tenir compte d'un élément particulier concernant la France,

SONT CONVENUES des dispositions figurant ci-après, qui sont annexées au traité instituant la Communauté européenne.

La France conservera le privilège d'émettre des monnaies dans ses territoires d'outre-mer selon les modalités établies par sa législation nationale, et elle sera seule habilitée à déterminer la parité du franc CFP.

A 13

Déclarations

Déclaration relative à la troisième partie, titres III et VII (ex-titre VI), du traité instituant la Communauté européenne

La conférence affirme que, aux fins de l'application des dispositions visées dans la troisième partie, au titre III, chapitre 4, sur les capitaux et les paiements, et au titre VII, sur la politique économique et monétaire, du traité instituant la Communauté européenne, la pratique habituelle, selon laquelle le Conseil se réunit dans sa composition des ministres chargés des affaires économiques et des finances, sera poursuivie, sans préjudice des dispositions de l'article 121, paragraphes 2, 3 et 4, et de l'article 122, paragraphe 2.

Déclaration relative à la troisième partie, titre VII (ex-titre VI), du traité instituant la Communauté européenne

La conférence affirme que le président du Conseil européen invite les ministres des affaires économiques et des finances à participer aux sessions du Conseil européen lorsque ce dernier examine les questions relatives à l'Union économique et monétaire.

Déclaration relative à la coopération monétaire avec les pays tiers

La conférence affirme que la Communauté cherche à contribuer à la stabilité des relations monétaires internationales. À cet effet, la Communauté est disposée à coopérer avec d'autres pays européens ainsi qu'avec les pays non européens avec lesquels elle entretient des relations économiques étroites.

Déclaration relative aux relations monétaires avec la République de Saint-Marin, la Cité du Vatican et la Principauté de Monaco

La conférence convient que les relations monétaires existant entre l'Italie et Saint-Marin, entre l'Italie et la Cité du Vatican et entre la France et Monaco ne seront pas affectées par le présent traité aussi longtemps que l'écu n'aura pas été introduit comme monnaie unique de la Communauté.

La Communauté s'engage à faciliter la renégociation des arrangements existants dans la mesure nécessaire par suite de l'introduction de l'écu comme monnaie unique.

Déclaration relative à l'article 111 (ex-article 109) du traité instituant la Communauté européenne

La conférence souligne que les termes «accord formel» utilisés à l'article 111, paragraphe 1, n'ont pas pour but de créer une nouvelle catégorie d'accords internationaux au sens du droit communautaire.

Déclaration relative aux articles 111 (ex-article 109), 174 (ex-article 130 R) et 181 (ex-article 130 Y) du traité instituant la Communauté européenne

La conférence considère que les dispositions de l'article 111, paragraphe 5, de l'article 174, paragraphe 4, deuxième alinéa, et de l'article 181 n'affectent pas les principes résultant de l'arrêt rendu par la Cour de justice dans l'affaire AETR.

Déclaration relative aux litiges entre la BCE et l'IME, d'une part, et leurs agents, de l'autre

La conférence estime que le Tribunal de première instance des Communautés européennes devrait connaître de cette catégorie de recours conformément à l'article 225 du présent traité. La conférence invite donc les institutions à adapter, en conséquence, les dispositions pertinentes.

Partie B

Le scénario pour le passage à la monnaie unique

B 1

Conclusions de la présidence du Conseil européen de Madrid des 15 et 16 décembre 1995 sur le scénario pour l'introduction de la monnaie unique

1. Le Conseil européen confirme que la troisième phase de l'Union économique et monétaire commencera le 1er janvier 1999, dans le respect des critères de convergence, du calendrier, des protocoles et des procédures établis par le traité.

   Le Conseil européen confirme qu'un degré élevé de convergence économique est une condition préalable à la réalisation de l'objectif du traité de créer une monnaie unique stable.

2. Le nom de la nouvelle monnaie est un élément important de la préparation du passage à la monnaie unique, car il détermine en partie l'acceptabilité par le public de l'Union économique et monétaire. Le Conseil européen estime que le nom de la monnaie unique doit être le même dans toutes les langues officielles de l'Union européenne en tenant compte de l'existence des différents alphabets; il doit être simple et symboliser l'Europe.

   Le Conseil européen décide, par conséquent, que, à partir du début de la troisième phase, le nom de la monnaie européenne sera «euro». Il s'agit d'un nom complet, non d'un préfixe qui précéderait les noms des monnaies nationales.

   Le nom spécifique «euro» sera utilisé au lieu du terme générique «écu» employé dans le traité pour désigner l'unité monétaire européenne.

   Les gouvernements des quinze États membres sont convenus que la présente décision constitue l'interprétation agréée et définitive des dispositions pertinentes du traité.

3. Pour clarifier de façon décisive le processus d'introduction de la monnaie unique, le Conseil européen adopte le scénario pour l'introduction de la monnaie unique figurant à l'annexe 1, qui est fondé sur le scénario élaboré à sa demande par le Conseil, en consultation avec la Commission et l'Institut monétaire européen. Il constate avec satisfaction que le scénario est entièrement compatible avec le rapport de l'IME sur l'introduction de la monnaie unique.

4. Ce scénario assure la transparence et l'acceptabilité, renforce la crédibilité et souligne l'irréversibilité du processus. Il est techniquement réalisable et vise à fournir la sécurité juridique nécessaire, à réduire le plus possible les coûts d'ajustement et à éviter des distorsions de concurrence. Conformément à ce scénario, le Conseil, réuni au niveau des Chefs d'État ou de gouvernement, confirmera le plus tôt possible en 1998 quels États membres réunissent les conditions nécessaires pour adopter la monnaie unique. La Banque centrale européenne (BCE) devra être créée suffisamment à l'avance pour pouvoir mener à bien les préparatifs et commencer pleinement ses activités le 1er janvier 1999.

5. La troisième phase débutera le 1er janvier 1999 avec la fixation irrévocable des taux de conversion des monnaies des pays participants entre elles et par rapport à l'euro. À partir de cette date, la politique monétaire et la politique de change se feront en euros, l'utilisation de l'euro sera encouragée sur les marchés de devises et les États membres

participants émettront en euros la nouvelle dette publique négociable.

6. Un règlement du Conseil, dont les travaux techniques préparatoires devront être conclus à la fin de 1996 au plus tard, entrera en vigueur le 1er janvier 1999 et fixera le cadre juridique pour l'utilisation de l'euro, lequel deviendra à partir de cette date une monnaie à part entière, et l'écu-panier officiel cessera d'exister. Ce règlement établira, tant que subsisteront des unités monétaires différentes, une équivalence juridiquement contraignante entre l'euro et les unités monétaires nationales. Le remplacement des monnaies nationales par l'euro ne devra pas affecter, en soi, la continuité des contrats, sauf si ceux-ci en disposent autrement. Dans le cas des contrats libellés par référence au panier officiel de l'écu de la Communauté européenne, conformément au traité, le remplacement par l'euro se fera à raison de un pour un, sauf si ces contrats en disposent autrement.

7. Le 1er janvier 2002 au plus tard, les billets et pièces libellés en euros commenceront à circuler parallèlement aux billets et pièces nationaux. Dans un délai de six mois au plus, les monnaies nationales auront été remplacées totalement par l'euro dans tous les États membres participants, et le passage à la monnaie unique sera terminé. Par la suite, les billets et les pièces nationaux pourront encore être échangés auprès des banques centrales nationales.

8. Le Conseil européen invite le Conseil «Ecofin» à accélérer tous les travaux techniques supplémentaires qui sont nécessaires pour réaliser le scénario adopté aujourd'hui pour l'introduction de la monnaie unique. Le libellé des billets et des pièces émis en euros sera également défini dans les différents alphabets de l'Union.

B 2

Annexe 1 des conclusions du Conseil européen de Madrid du 15 et 16 décembre 1995 (*)

1. Lors de sa réunion du 27 juin 1995 à Cannes, le Conseil européen a demandé au Conseil ECOFIN de définir, en concertation avec la Commission et l'Institut monétaire européen (IME), un scénario de référence pour le passage à la monnaie unique et de le présenter, en vue de son adoption, au Conseil européen lors de sa réunion de décembre 1995 à Madrid.

2. Depuis l'entrée en vigueur du traité sur l'Union européenne (traité de Maastricht), en particulier depuis le début de la deuxième phase du processus menant à une Union économique et monétaire, les États membres, les instances européennes et des représentants de nombreuses organisations privées ont étudié les différents aspects du passage à la monnaie unique. Les travaux préparatoires ont désormais atteint un stade d'avancement qui permet de présenter un scénario de référence comportant des mesures clairement définies et des délais d'exécution préétablis.

3. Les travaux préparatoires en cours sont menés avec pour point de mire l'objectif primordial fixé par le traité, à savoir la création d'une monnaie unique stable. L'une des conditions préalables pour atteindre cet objectif est la réalisation d'un haut degré de convergence des performances économiques avant que les taux de change ne soient fixés de manière irrévocable. Une application rigoureuse des critères de convergence pour déterminer les États membres qui remplissent les conditions nécessaires pour l'adoption de la monnaie unique créera un climat de confiance dans la nouvelle monnaie et convaincra le public dans son ensemble ainsi que les marchés de sa force et de sa stabilité. Après être passé à la troisième phase de l'Union économique et monétaire, il conviendra de maintenir la convergence. Les financies publiques devront, en particulier, rester saines, conformément aux obligations découlant du traité. Il faudra donc étudier les moyens qui permettront d'assurer une discipline budgétaire parmi les pays faisant partie de la zone euro, conformément aux procédures et aux principes posés par le traité. En outre, il sera nécessaire de définir les relations futures entre les États membres qui adopteront l'euro et les autres avant de passer à la troisième phase, dans le but, notamment, de sauvegarder la stabilité monétaire au sein du marché unique.

4. Afin de lever les incertitudes, il convient de préparer avec soin, sur le plan technique, le passage à la troisième phase. Cela contribuera également à mieux faire accepter la nouvelle monnaie par le public. Le scénario de référence présenté ci-après a été défini en concertation avec la Commission et l'IME et tient compte du livre vert élaboré par la Commission ainsi que du rapport de l'IME sur le passage à la monnaie unique. Il est conforme au calendrier, aux procédures et aux critères établis par le traité. Il veille à la transparence, renforce la crédibilité et souligne le caractère irréversible du processus. Il est techniquement réalisable et a pour objectif de créer la nécessaire sécurité juridique, de réduire au minimum le coût de l'adaptation et d'éviter des distorsions de concurrence. En annonçant des mesures concrètes qui doivent être prises selon un calendrier précis, le scénario fournit aux utilisateurs de l'argent l'information nécessaire pour qu'ils s'adaptent à l'introduction de la monnaie

(*) JO C 22 du 26.1.1996, p. 2-5.

unique. Enfin, le scénario est compatible avec le rapport de l'IME sur le passage à la monnaie unique.

5. Le scénario pour l'introduction de la monnaie unique prend comme point de départ de la troisième phase la date du 1er janvier 1999. Les mesures qui seront prises pendant les différentes phases du processus de transition sont présentées ci-après. Ces mesures sont reprises dans les tableaux figurant en annexe, avec le calendrier et les diverses dates et échéances que devront respecter les États membres pour participer à la troisième phase.

6. Le Conseil, réuni au niveau des chefs d'État et de gouvernement, confirmera quels États membres remplissent les conditions nécessaires pour l'adoption de la monnaie unique. La date de cette décision marque le début d'une période intermédiaire avant le passage à la troisième phase, pendant laquelle des décisions seront prises pour parachever les travaux préparatoires. D'une part, l'ampleur de la tâche porterait à croire que cette période intermédiaire pourrait durer environ un an, mais, d'autre part, les chefs d'État et de gouvernement devront déterminer les États membres participants en se fondant sur les données les plus récentes et les plus fiables pour 1997. Des efforts particuliers seront faits pour que les chefs d'État et de gouvernement prennent leur décision dès que possible en 1998. Les progrès réalisés dans les travaux préalables contribueront à garantir que toutes les mesures nécessaires seront en place pour le début de la troisième phase. Plusieurs de ces mesures relèvent de la compétence de la Banque centrale européenne (BCE).

7. Il conviendra de créer la BCE assez tôt pour permettre l'achèvement des travaux préparatoires et pour que la BCE soit pleinement opérationnelle le 1er janvier 1999. Par conséquent, dès que possible au cours de cette période transitoire, le Conseil et les États membres participants devront adopter un certain nombre de dispositions légales et nommer le directoire de la Banque centrale européenne (BCE). Dès que ce directoire sera nommé, la BCE et le système européen de banques centrales (SEBC) seront institués. Les organes de décision de la BCE détermineront, élaboreront et mettront à l'épreuve le cadre permettant au SEBC et à la BCE de remplir leurs missions lors de la troisième phase.

8. La troisième phase de l'union économique et monétaire commencera le 1er janvier 1999 avec la fixation irrévocable des taux de conversion des monnaies des pays participants entre elles et par rapport à l'euro, et avec la politique monétaire unique qui sera définie et mise en œuvre par le SEBC en euro. Le SEBC encouragera l'utilisation de l'euro sur les marchés des changes; les opérations qui se dérouleront sur ces marchés seront effectuées et réglées en euro. Le 1er janvier 1999, il faudra que l'infrastructure du système de paiements soit à même d'assurer le bon fonctionnement d'un marché monétaire basé sur l'euro et couvrant une zone définie. Les banques centrales nationales pourraient accorder des facilités de conversion aux établissements financiers qui n'ont pas été en mesure de s'équiper des moyens nécessaires pour convertir des montants exprimés en euro en unités monétaires nationales et vice versa.

9. Un règlement du Conseil, qui entrera en vigueur le 1er janvier 1999, définira le cadre juridique de l'utilisation de l'euro. À partir de cette date, l'euro sera une monnaie à part entière et le panier officiel de l'écu cessera d'exister. Ce règlement aura pour effet que les monnaies nationales et l'euro deviendront des expressions différentes d'une monnaie identique sur le plan économique. Tant que des unités monétaires nationales différentes existeront, le règlement du Conseil fixera une équivalence juridiquement contraignant entre l'euro et les unités monétaires nationelles (ce qui signifie que tout montant monétaire se verra attribuer, de manière juridiquement contraignant, une contre-valeur immuable en euro au taux officiel de conversion et vice

versa). Le règlement garantira que, pendant la période précédant l'échéance fixée pour l'achèvement de la transition, les opérateurs économiques privés auront la faculté d'utiliser l'euro; ils ne devraient pas pour autant y être contraints. Ils devraient être, autant que possible, autorisés à élaborer leurs propres mécanismes d'adaptation au passage à la monnaie unique; néanmoins, la mise en œuvre de ces principes devrait respecter les pratiques du marché en matière de normalisation. Le règlement prévoira également que les billets en monnaie nationale auront toujours cours légal à l'intérieur des frontières des territoires nationaux respectifs jusqu'à ce que le passage à la monnaie unique soit achevé. Les travaux techniques préparatoires en vue de ce règlement devront être terminés au plus tard d'ici la fin de 1996.

10. Le remplacement des monnaies nationales par l'euro ne devrait pas en soi affecter la continuité des contrats; les montants exprimés en monnaie nationale seront convertis en euro en appliquant le taux de conversion fixé par le Conseil. Pour les titres et les emprunts à taux fixe, ce remplacement ne modifiera pas en soi le taux d'intérêt nominal payable par le débiteur, sauf disposition contraire prévue dans le contrat. Dans le cas de contrats libellés par référence au panier officiel de l'écu de la Communauté européenne, conformément au traité, la conversion en euro se fera au taux de 1:1, sauf disposition contraire prévue dans le contrat.

11. Les nouveaux titres négociables de la dette publique, seront émis en euro à partir du 1er janvier 1999 par les États membres participants. Au 1er juillet 2002 au plus tard, la dette publique exprimée dans les anciennes monnaies nationales sera uniquement remboursable dans la monnaie unique.

12. Dans les États membres participant à la troisième phase, l'utilisation généralisée de l'euro pour les opérations du secteur public interviendra au plus tard au moment où les billets et pièces européens seront pleinement introduits. Le calendrier sera fixé par la législation communautaire et pourrait laisser une certaine marge de liberté aux États membres.

13. Les autorités publiques sont invitées à mettre en route les mesures nécessaires pour adapter leur administration à l'euro.

14. Le 1er janvier 2002 au plus tard, les billets et pièces en euro commenceront à circuler parallèlement aux billets et pièces nationaux. Les billets et pièces en euro auront cours légal. Au fur et à mesure que les billets et pièces en euro seront mis en circulation, les billets et pièces nationaux seront retirés. Les États membres devraient s'efforcer de réduire au maximum la durée de la période pendant laquelle les billets et pièces en monnaie nationale et en euro circuleront parallèlement. En tout état de cause, les billets et pièces nationaux cesseront d'avoir cours légal au plus tard six mois après l'introduction des billets et pièces en euro. À cette échéance, le processus de passage à la monnaie unique sera achevé. Ensuite, les billets et pièces nationaux pourront encore être échangés gratuitement dans les banques centrales nationales.

ANNEXE

PASSAGE À LA MONNAIE UNIQUE DÉROULEMENT CHRONOLOGIQUE DES ÉVÉNEMENTS

DE DÉCEMBRE 1995 À LA DÉCISION CONCERNANT LES ÉTATS MEMBRES PARTICIPANTS

CALENDRIER	MESURES	RESPONSABILITÉ
Décembre 1995	Adoption du scénario pour l'introduction de la monnaie unique et annonce de la date d'achèvement du processus (1er juillet 2002) et du nom de la nouvelle monnaie	Conseil européen
31 décembre 1996	Définition du cadre réglementaire, organisationnel et logistique destiné à permettre à la BCE/au SEBC d'accomplir ses missions pendant la troisième phase	IME
	Préparation de la législation relative à la BCE/au SEBC et à l'introduction de la monnaie unique	Commission, IME, Conseil
Avant la décision, concernant les États membres participants	Conformité de la législation nationale (1)	États membres

(1) Les rapports qui doivent être présentés par la Commission et l'IME conformément à l'article 109 J paragraphe 1 examineront notamment si la législation nationale de chaque État membre, y compris les statuts de sa banque centrale nationale, est compatible avec les articles 107 et 108 du traité et avec les statuts du SEBC (l'article 108 prévoit que les législations nationales doivent être compatibles avec le traité et les statuts du SEBC au plus tard à la date de la mise en place du SEBC).

DE LA DÉCISION CONCERNANT LES ÉTATS MEMBRES PARTICIPANTS AU 1er JANVIER 1999

CALENDRIER	MESURES	RESPONSABILITÉ
Le plus rapidement possible en 1998	Décision concernant les États membres participants	Conseil (1)
Dès que possible après la décision concernant les États membres participants	i) Nomination du directoire de la BCE	États membres (2)
	ii) Fixation de la date d'introduction des billets et pièces en euro	BCE, Conseil (3)
	iii) Début de l'émission de billets en euro	SEBC
	iv) Début de la frappe de la monnaie divisionnaire en euro	Conseil et États membres (3)
Avant le 1er janvier 1999	Préparation finale de la BCE/du SEBC	
	i) Adoption d'actes de droit dérivé concernant: — clé de répartition pour la souscription du capital — collecte d'informations statistiques — réserves minimales — consultation de la BCE — amendes et astreintes qui peuvent être infligées aux établissements	Conseil
	ii) Préparation de la BCE/du SEBC à la phase opérationnelle (création de la BCE; adoption du cadre réglementaire; mise à l'épreuve de la politique monétaire, etc.)	BCE/SEBC

(1) Réuni au niveau des chefs d'État ou de gouvernement (article 109 J paragraphe 4).
(2) D'un commun accord par les chefs d'État ou de gouvernement des États membres participants (article 109 L paragraphe 1).
(3) États membres participants (articles 105 A paragraphe 2 et 109 K paragraphe 4).

DU 1er JANVIER 1999 AU 1er JANVIER 2002 AU PLUS TARD Depuis le début de la troisième phase jusqu'à l'introduction des billets et pièces européens		
CALENDRIER	MESURES	RESPONSABILITÉ
1er janvier 1999	Fixer de manière irrévocable les taux de conversion et faire entrer en vigueur la législation relative à l'introduction de l'euro (statut juridique, continuité des contrats, arrondissage, etc.)	Conseil (1)
À partir du 1er janvier 1999	i) Définir et mettre en œuvre la politique monétaire unique en euro	SEBC
	ii) Conduire les opérations de change en euro	SEBC
	iii) Entrée en fonctionnement du système de paiement TARGET	SEBC
	iv) Émettre les nouveaux titres de la dette publique en euro	États membres
Du 1er janvier 1999 au 1er janvier 2002 au plus tard	i) Échanger au pair les devises en appliquant les taux de change fixés de manière irrévocable	SEBC
	ii) Surveiller le processus du passage à la monnaie unique dans les secteurs bancaire et financier	SEBC, et autorités publiques des États membres et la Communauté
	iii) Aider tous les secteurs économiques à bien structurer le passage à la monnaie unique	SEBC, et autorités publiques des États membres et la Communauté

(1) Le Conseil statuera à l'unanimité des États membres participants.

DU 1er JANVIER 2002 AU 1er JUILLET 2002 AU PLUS TARD Achèvement du processus		
CALENDRIER	MESURES	RESPONSABILITÉ
1er janvier 2002 au plus tard	i) Mise en circulation des billets en euro et retrait des billets libellés en monnaies nationales	SEBC
	ii) Mise en circulation des pièces en euro et retrait des pièces en monnaies nationales	États membres (1)
1er juillet 2002 au plus tard	i) Fin du processus de transition dans les administrations publiques	États membres (1), Conseil, SEBC
	ii) Suppression du cours légal des billets et pièces libellés en monnaies nationales	

(1) États membres participants.

Partie C

Décisions concernant les États membres qui adoptent l'euro

C 1

Décision du Conseil du 3 mai 1998 conformément à l'article 109 J, paragraphe 4, du traité (98/317/CE) (*)

LE CONSEIL DE L'UNION EUROPÉENNE, réuni au niveau des chefs d'État ou de gouvernement,

vu le traité instituant la Communauté européenne, et notamment son article 109 J, paragraphe 4,

vu le rapport de la Commission,

vu le rapport de l'Institut monétaire européen,

vu les recommandations du Conseil du 1er mai 1998,

vu l'avis du Parlement européen (1),

1) considérant que, conformément à l'article 109 J, paragraphe 4, du traité, la troisième phase de l'Union économique et monétaire (UEM) commence le 1er janvier 1999;

2) considérant que, conformément à l'article 109 J, paragraphe 2, du traité, sur la base des rapports présentés par la Commission et l'Institut monétaire européen sur les progrès faits dans l'accomplissement par les États membres de leurs obligations afférentes à la réalisation de l'UEM, le Conseil a déterminé le 1er mai 1998, pour chaque État membre, s'il remplit les conditions nécessaires pour l'adoption d'une monnaie unique, et a transmis au Conseil, réuni au niveau des chefs d'État ou de gouvernement, sous forme de recommandation, les conclusions suivantes:

(*) JO L 139 du 11.5.1998, p. 30-35.

(1) Avis rendu le 2 mai 1998 (non encore rendu au Journal officiel).

BELGIQUE

En Belgique, la législation nationale, y compris les statuts de la banque centrale nationale, est compatible avec les articles 107 et 108 du traité et avec les statuts du Système européen de banques centrales (SEBC).

En ce qui concerne le respect des critères de convergence figurant à l'article 109 J, paragraphe 1, premier à quatrième tirets, du traité:

— au cours de la période de douze mois ayant pris fin en janvier 1998, le taux d'inflation moyen en Belgique a atteint 1,4 %, restant ainsi inférieur à la valeur de référence,

— la Belgique ne fait pas l'objet d'une décision du Conseil constatant l'existence d'un déficit public excessif,

— la Belgique a participé au mécanisme de change au cours des deux dernières années; durant cette période, le franc belge (BEF) n'a pas connu de tensions graves et la Belgique n'a pas, de sa propre initiative, dévalué le taux central bilatéral du BEF par rapport à la monnaie d'un autre État membre,

— au cours de la période de douze mois ayant pris fin en janvier 1998, le taux d'intérêt à long terme en Belgique a été, en moyenne, de 5,7 %, restant ainsi inférieur à la valeur de référence.

La Belgique a atteint un degré élevé de convergence durable par référence aux quatre critères.

En conséquence, la Belgique remplit les conditions nécessaires pour l'adoption de la monnaie unique.

ALLEMAGNE

En Allemagne, la législation nationale, y compris les statuts de la banque centrale nationale, est compatible avec les articles 107 et 108 du traité et avec les statuts du SEBC.

En ce qui concerne le respect des critères de convergence figurant à l'article 109 J, paragraphe 1, premier à quatrième tirets, du traité:

— au cours de la période de douze mois ayant pris fin en janvier 1998, le taux d'inflation moyen en Allemagne a atteint 1,4 %, restant ainsi inférieur à la valeur de référence,

— l'Allemagne ne fait pas l'objet d'une décision du Conseil constatant l'existence d'un déficit public excessif,

— l'Allemagne a participé au mécanisme de change au cours des deux dernières années; durant cette période, le mark allemand (DEM) n'a pas connu de tensions graves et l'Allemagne n'a pas, de sa propre initiative, dévalué le taux central bilatéral du DEM par rapport à la monnaie d'un autre État membre,

— au cours de la période de douze mois ayant pris fin en janvier 1998, le taux d'intérêt à long terme en Allemagne a été, en moyenne, de 5,6 %, restant ainsi inférieur à la valeur de référence.

L'Allemagne a atteint un degré élevé de convergence durable par référence aux quatre critères.

En conséquence, l'Allemagne remplit les conditions nécessaires pour l'adoption de la monnaie unique.

GRÈCE

En Grèce, la législation nationale, y compris les statuts de la banque centrale nationale, est compatible avec les articles 107 et 108 du traité et avec les statuts du SEBC.

En ce qui concerne le respect des critères de convergence figurant à l'article 109 J, paragraphe 1, premier à quatrième tirets, du traité:

— au cours de la période de douze mois ayant pris fin en janvier 1998, le taux d'inflation moyen en Grèce a atteint 5,2 %, dépassant ainsi la valeur de référence,

— le Conseil a décidé, le 26 septembre 1994, qu'il existe un déficit public excessif en Grèce et cette décision n'a pas été abrogée,

— la monnaie de la Grèce n'a pas participé au mécanisme de change pendant les deux années prenant fin en février 1998; durant cette période, la drachme grecque (GRD) a été relativement stable par rapport aux monnaies du mécanisme de change, mais elle a connu, à certains moments, des tensions qui ont été contrées par des relèvements temporaires des taux d'intérêt intérieurs et par des interventions sur le marché des changes; la GRD a rejoint le mécanisme de change en mars 1998,

— au cours de la période de douze mois ayant pris fin en janvier 1998, le taux d'intérêt à long terme en Grèce a été, en moyenne, de 9,8 %, dépassant ainsi la valeur de référence.

La Grèce ne satisfait à aucun des critères de convergence visés aux quatre tirets de l'article 109 J, paragraphe 1.

En conséquence, la Grèce ne remplit pas les conditions nécessaires pour l'adoption de la monnaie unique.

ESPAGNE

En Espagne, la législation nationale, y compris les statuts de la banque centrale nationale, est compatible avec les articles 107 et 108 du traité et avec les statuts du SEBC.

En ce qui concerne le respect des critères de convergence figurant à l'article 109 J, paragraphe 1, premier à quatrième tirets, du traité:

— au cours de la période de douze mois ayant pris fin en janvier 1998, le taux d'inflation moyen en Espagne a atteint 1,8 %, restant ainsi inférieur à la valeur de référence,

— l'Espagne ne fait pas l'objet d'une décision du Conseil constatant l'existence d'un déficit public excessif,

— l'Espagne a participé au mécanisme de change au cours des deux années écoulées; durant cette période, la peseta espagnole (ESP) n'a pas connu de tensions graves et l'Espagne n'a pas, de sa propre initiative, dévalué le taux central bilatéral de l'ESP par rapport à la monnaie d'un autre État membre,

— au cours de la période de douze mois ayant pris fin en janvier 1998, le taux d'intérêt à long terme en Espagne a été, en moyenne, de 6,3 %, restant ainsi inférieur à la valeur de référence.

L'Espagne a atteint un degré élevé de convergence durable par référence aux quatre critères.

En conséquence, l'Espagne remplit les conditions nécessaires pour l'adoption de la monnaie unique.

FRANCE

La France a pris toutes les mesures nécessaires pour rendre sa législation nationale, y compris les statuts de la banque centrale nationale, compatible avec les articles 107 et 108 du traité et avec les statuts du SEBC.

En ce qui concerne le respect des critères de convergence figurant à l'article 109 J, paragraphe 1, premier à quatrième tirets, du traité:

— au cours de la période de douze mois ayant pris fin en janvier 1998, le taux d'inflation moyen en France a atteint 1,2 %, restant ainsi inférieur à la valeur de référence,

— la France ne fait pas l'objet d'une décision du Conseil constatant l'existence d'un déficit public excessif,

— la France a participé au mécanisme de change au cours des deux années écoulées; durant cette période, le franc français (FRF) n'a pas connu de tensions graves et la France n'a pas, de sa propre initiative, dévalué le taux central bilatéral du FRF par rapport à la monnaie d'un autre État membre,

— au cours de la période de douze mois ayant pris fin en janvier 1998, le taux d'intérêt à long terme en France a été, en moyenne, de 5,5 %, restant ainsi inférieur à la valeur de référence.

La France a atteint un degré élevé de convergence durable par référence aux quatre critères.

En conséquence, la France remplit les conditions nécessaires pour l'adoption de la monnaie unique.

IRLANDE

En Irlande, la législation nationale, y compris les statuts de la banque centrale nationale, est compatible avec les articles 107 et 108 du traité et avec les statuts du SEBC.

En ce qui concerne le respect des critères de convergence figurant à l'article 109 J, paragraphe 1, tirets 1 à 4, du traité:

— au cours de la période de douze mois ayant pris fin en janvier 1998, le taux d'inflation moyen en Irlande a atteint 1,2 %, restant ainsi inférieur à la valeur de référence,

— pendant la deuxième phase de l'UEM, l'Irlande n'a pas fait l'objet d'une décision du Conseil constatant l'existence d'un déficit public excessif,

— l'Irlande a participé au mécanisme de change au cours des deux années écoulées; durant cette période, la livre irlandaise (IEP) n'a pas connu de tensions graves et le taux central bilatéral de l'IEP n'a pas été dévalué par rapport à la monnaie d'un autre État membre; le 16 mars 1998, à la demande des autorités irlandaises, les taux centraux bilatéraux de l'IEP par rapport à toutes les autres monnaies du mécanisme de change ont été réévalués de 3 %,

— au cours de la période de douze mois ayant pris fin en janvier 1998, le taux d'intérêt à long terme en Irlande a été, en moyenne, de 6,2 %, restant ainsi inférieur à la valeur de référence.

L'Irlande a atteint un degré élevé de convergence durable par référence aux quatre critères.

En conséquence, l'Irlande remplit les conditions nécessaires pour l'adoption de la monnaie unique.

ITALIE

En Italie, la législation nationale, y compris les statuts de la banque centrale nationale, est compatible avec les articles 107 et 108 du traité et avec les statuts du SEBC.

En ce qui concerne le respect des critères de convergence figurant à l'article 109 J, paragraphe 1, premier à quatrième tirets, du traité:

— au cours de la période de douze mois ayant pris fin en janvier 1998, le taux d'inflation moyen en Italie a atteint 1,8 %, restant ainsi inférieur à la valeur de référence,

— l'Italie ne fait pas l'objet d'une décision du Conseil constatant l'existence d'un déficit public excessif,

— l'Italie est rentrée dans le mécanisme de change en novembre 1996; pendant la période allant de mars 1996 à novembre 1996, la lire italienne (ITL) s'est appréciée vis-à-vis des monnaies du mécanisme de change; depuis son retour dans le mécanisme, l'ITL n'a pas connu de tensions graves et l'Italie n'a pas, de sa propre initiative, dévalué le taux central bilatéral de l'ITL par rapport à la monnaie d'un autre État membre,

— au cours de la période de douze mois ayant pris fin en janvier 1998, le taux d'intérêt à long terme en Italie a été, en moyenne, de 6,7 %, restant ainsi inférieur à la valeur de référence.

L'Italie satisfait aux critères de convergence visés aux premier, deuxième et quatrième tirets de l'article 109 J, paragraphe 1; en ce qui concerne le critère visé au troisième tiret de cet article, l'Italie, bien que n'étant rentrée dans le mécanisme de change qu'en novembre 1996, a fait preuve d'une stabilité suffisante au cours des deux années écoulées. Pour ces raisons, l'Italie a atteint un degré élevé de convergence durable.

En conséquence, l'Italie remplit les conditions nécessaires pour l'adoption de la monnaie unique.

LUXEMBOURG

Le Luxembourg a pris toutes les mesures nécessaires pour rendre sa législation nationale, y compris les statuts de la banque centrale nationale, compatible avec les articles 107 et 108 du traité et avec les statuts du SEBC.

En ce qui concerne le respect des critères de convergence figurant à l'article 109 J, paragraphe 1, premier à quatrième tirets, du traité:

— au cours de la période de douze mois ayant pris fin en janvier 1998, le taux d'inflation moyen au Luxembourg a atteint 1,4 %, restant ainsi inférieur à la valeur de référence,

— pendant la deuxième phase de l'UEM, le Luxembourg n'a pas fait l'objet d'une décision du Conseil constatant l'existence d'un déficit public excessif,

— le Luxembourg a participé au mécanisme de change au cours des deux années écoulées; durant cette période, le franc luxembourgeois (LUF) n'a pas connu de tensions graves et le Luxembourg n'a pas, de sa propre initiative, dévalué le taux central bilatéral du LUF par rapport à la monnaie d'un autre État membre,

— au cours de la période de douze mois ayant pris fin en janvier 1998, le taux d'intérêt à long terme au Luxembourg a été, en moyenne, de 5,6 %, restant ainsi inférieur à la valeur de référence.

Le Luxembourg a atteint un degré élevé de convergence durable par référence aux quatre critères.

En conséquence, le Luxembourg remplit les conditions nécessaires pour l'adoption de la monnaie unique.

PAYS-BAS

Aux Pays-Bas, la législation nationale, y compris les statuts de la banque centrale nationale, est compatible avec les articles 107 et 108 du traité et avec les statuts du SEBC.

En ce qui concerne le respect des critères de convergence figurant à l'article 109 J, paragraphe 1, premier à quatrième tirets, du traité:

— au cours de la période de douze mois ayant pris fin en janvier 1998, le taux d'inflation moyen aux Pays-Bas a atteint 1,8 %, restant ainsi inférieur à la valeur de référence,

— les Pays-Bas ne font pas l'objet d'une décision du Conseil constatant l'existence d'un déficit public excessif,

— les Pays-Bas ont participé au mécanisme de change au cours des deux années écoulées; durant cette période, le florin néerlandais (NLG) n'a pas connu de tensions graves et les Pays-Bas n'ont pas, de leur propre initiative, dévalué le taux central bilatéral du NLG par rapport à la monnaie d'un autre État membre,

— au cours de la période de douze mois ayant pris fin en janvier 1998, le taux d'intérêt à long terme aux Pays-Bas a été, en moyenne, de 5,5 %, restant ainsi inférieur à la valeur de référence.

Les Pays-Bas ont atteint un degré élevé de convergence durable par référence aux quatre critères.

En conséquence, les Pays-Bas remplissent les conditions nécessaires pour l'adoption de la monnaie unique.

AUTRICHE

En Autriche, la législation nationale, y compris les statuts de la banque centrale nationale, est compatible avec les articles 107 et 108 du traité et avec les statuts du SEBC.

En ce qui concerne le respect des critères de convergence figurant à l'article 109 J, paragraphe 1, premier à quatrième tirets, du traité:

— au cours de la période de douze mois ayant pris fin en janvier 1998, le taux d'inflation moyen en Autriche a atteint 1,1 %, restant ainsi inférieur à la valeur de référence,

— l'Autriche ne fait pas l'objet d'une décision du Conseil constatant l'existence d'un déficit public excessif,

— l'Autriche a participé au mécanisme de change au cours des deux années écoulées; durant cette période, le schilling autrichien (ATS) n'a pas connu de tensions graves et l'Autriche n'a pas, de sa propre initiative, dévalué le taux central bilatéral de l'ATS par rapport à la monnaie d'un autre État membre;

— au cours de la période de douze mois ayant pris fin en janvier 1998, le taux d'intérêt à long terme en Autriche a été, en moyenne, de 5,6 %, restant ainsi inférieur à la valeur de référence.

L'Autriche a atteint un degré élevé de convergence durable par référence aux quatre critères.

En conséquence, l'Autriche remplit les conditions nécessaires pour l'adoption de la monnaie unique.

PORTUGAL

Au Portugal, la législation nationale, y compris les statuts de la banque centrale nationale, est compatible avec les articles 107 et 108 du traité et avec les statuts du SEBC.

En ce qui concerne le respect des critères de convergence figurant à l'article 109 J, paragraphe 1, premier à quatrième tirets, du traité:

— au cours de la période de douze mois ayant pris fin en janvier 1998, le taux d'inflation moyen au Portugal a atteint 1,8 %, restant ainsi inférieur à la valeur de référence,

— le Portugal ne fait pas l'objet d'une décision du Conseil constatant l'existence d'un déficit public excessif,

— le Portugal a participé au mécanisme de change au cours des deux années écoulées; durant cette période, l'escudo portugais (PTE) n'a pas connu de tensions graves et le Portugal n'a pas, de sa propre initiative, dévalué le taux central bilatéral du PTE par rapport à la monnaie d'un autre État membre,

— au cours de la période de douze mois ayant pris fin en janvier 1998, le taux d'intérêt à long terme au Portugal a été, en moyenne, de 6,2 %, restant ainsi inférieur à la valeur de référence.

Le Portugal a atteint un degré élevé de convergence durable par référence aux quatre critères.

En conséquence, le Portugal remplit les conditions nécessaires pour l'adoption de la monnaie unique.

FINLANDE

En Finlande, la législation nationale, y compris les statuts de la banque centrale nationale, est compatible avec les articles 107 et 108 du traité et avec les statuts du SEBC.

En ce qui concerne le respect des critères de convergence figurant à l'article 109 J, paragraphe 1, premier à quatrième tirets, du traité:

— au cours de la période de douze mois ayant pris fin en janvier 1998, le taux d'inflation moyen en Finlande a atteint 1,3 %, restant ainsi inférieur à la valeur de référence,

— la Finlande ne fait pas l'objet d'une décision du Conseil constatant l'existence d'un déficit public excessif,

— la Finlande participe au mécanisme de change depuis octobre 1996; pendant la période allant de mars 1996 à octobre 1996, le mark finlandais (FIM) s'est apprécié vis-à-vis des monnaies du mécanisme de change; depuis son entrée dans le mécanisme, le FIM n'a pas connu de tensions graves et la Finlande n'a pas, de sa propre initiative, dévalué le taux central bilatéral du FIM par rapport à la monnaie d'un autre État membre,

— au cours de la période de douze mois ayant pris fin en janvier 1998, le taux d'intérêt à long terme en Finlande a été, en moyenne, de 5,9 %, restant ainsi inférieur à la valeur de référence.

La Finlande satisfait aux critères de convergence visés aux premier, deuxième et quatrième tirets de l'article 109 J, paragraphe 1; en ce qui concerne le critère de convergence visé au troisième tiret de l'article 109 J, paragraphe 1, le FIM, bien que n'étant entré dans le mécanisme de change qu'en octobre 1996, a fait preuve d'une stabilité suffisante au cours des deux années écoulées. Pour ces raisons, la Finlande a atteint un degré élevé de convergence durable par référence aux quatre critères.

En conséquence, la Finlande remplit les conditions nécessaires pour l'adoption de la monnaie unique.

SUÈDE

En Suède, la législation nationale, y compris les statuts de la banque centrale nationale, n'est pas compatible avec les articles 107 et 108 du traité ni avec les statuts du SEBC.

En ce qui concerne le respect des critères de convergence figurant à l'article 109 J, paragraphe 1, premier à quatrième tirets, du traité:

— au cours de la période de douze mois ayant pris fin en janvier 1998, le taux d'inflation moyen en Suède a atteint 1,9 %, restant ainsi inférieur à la valeur de référence,

— la Suède ne fait pas l'objet d'une décision du Conseil constatant l'existence d'un déficit public excessif,

— la monnaie de la Suède n'a jamais participé au mécanisme de change; au cours des deux années considérées, la couronne suédoise (SEK) a fluctué par rapport aux monnaies du mécanisme de change, ce qui traduit notamment l'absence d'objectif de change,

— au cours de la période de douze mois ayant pris fin en janvier 1998, le taux d'intérêt à long terme en Suède a été, en moyenne, de 6,5 %, restant ainsi inférieur à la valeur de référence.

La Suède satisfait aux critères de convergence visés aux premier, deuxième et quatrième tirets de l'article 109 J, paragraphe 1, mais non au critère de convergence visé au troisième tiret.

En conséquence, la Suède ne remplit pas les conditions nécessaires pour l'adoption de la monnaie unique.

3) considérant que le Conseil, réuni au niveau des chefs d'État ou de gouvernement, après avoir procédé à une évaluation globale pour chaque État membre, en tenant compte des rapports mentionnés ci-dessus de la Commission et de l'Institut monétaire européen, de l'avis du Parlement européen et des recommandations du Conseil du 1er mai 1998, estime que la Belgique, l'Allemagne, l'Espagne, la France, l'Irlande, l'Italie, le Luxembourg, les Pays-Bas, l'Autriche, le Portugal et la Finlande remplissent les conditions nécessaires pour l'adoption de la monnaie unique;

4) considérant que la Grèce et la Suède ne remplissent pas, à l'heure actuelle, les conditions nécessaires pour l'adoption de la monnaie unique; que la Grèce et la Suède feront donc l'objet d'une dérogation telle que définie à l'article 109 K du traité;

5) considérant que, conformément au paragraphe 1 du protocole n° 11 annexé au traité, le Royaume-Uni a notifié au Conseil qu'il n'avait pas l'intention de passer à la troisième phase de l'UEM le 1er janvier 1999; que, en vertu de cette notification, les paragraphes 4 à 9 du protocole n° 11 définissent les dispositions applicables au Royaume-Uni si, et aussi longtemps que, ce dernier n'a pas effectué le passage à la troisième phase;

6) considérant que, conformément au paragraphe 1 du protocole n° 12 annexé au traité et à la décision arrêtée par les chefs d'État ou de gouvernement à Edimbourg, en décembre 1992, le Danemark a notifié au Conseil qu'il ne participerait pas à la troisième phase de l'UEM; que, en vertu de cette notification, tous les articles et toutes les dispositions du traité et des statuts du SEBC qui se rapportent à une dérogation sont applicables au Danemark;

7) considérant que, en vertu des notifications ci-dessus, il n'est pas nécessaire que le Conseil procède, en ce qui concerne le Royaume-Uni et le Danemark, à l'évaluation prévue à l'article 109 J, paragraphe 2,

A ARRÊTÉ LA PRÉSENTE DÉCISION:

Article premier

La Belgique, l'Allemagne, l'Espagne, la France, l'Irlande, l'Italie, le Luxembourg, les Pays-Bas, l'Autriche, le Portugal et la Finlande remplissent les conditions nécessaires pour l'adoption de la monnaie unique le 1er janvier 1999.

Article 2

Les États membres sont destinataires de la présente décision.

Article 3

La présente décision est publiée au *Journal officiel des Communautés européennes.*

Fait à Bruxelles, le 3 mai 1998.

Par le Conseil

Le président

T. BLAIR

C 2

Règlement (CE) n° 2866/98 du Conseil du 31 décembre 1998 concernant les taux de conversion entre l'euro et les monnaies des États membres adoptant l'euro (*)

LE CONSEIL DE L'UNION EUROPÉENNE,

vu le traité instituant la Communauté européenne, et notamment son article 109 L, paragraphe 4, première phrase,

vu la proposition de la Commission,

vu l'avis de la Banque centrale européenne (1),

1) considérant que, conformément à l'article 109 J, paragraphe 4, du traité, la troisième phase de l'Union économique et monétaire commence le 1er janvier 1999; que le Conseil, réuni au niveau des chefs d'État ou de gouvernement, a confirmé le 3 mai 1998, que la Belgique, l'Allemagne, l'Espagne, la France, l'Irlande, l'Italie, le Luxembourg, les Pays-Bas, l'Autriche, le Portugal et la Finlande remplissaient les conditions nécessaires pour adopter la monnaie unique à compter du 1er janvier 1999 (2);

2) considérant que, conformément au règlement (CE) n° 974/98 du Conseil du 3 mai 1998 concernant l'introduction de l'euro (3), l'euro est la monnaie des États membres adoptant la monnaie unique à compter du 1er janvier 1999; que l'introduction de l'euro requiert l'adoption des taux de conversion auxquels l'euro remplacera les monnaies nationales et auxquels il sera divisé en unités monétaires nationales; que les taux de conversion indiqués à l'article 1er sont les taux de conversion définis à l'article 1er, troisième tiret, du règlement (CE) n° 974/98;

3) considérant que, conformément au règlement (CE) n° 1103/97 du Conseil du 17 juin 1997 fixant certaines dispositions relatives à l'introduction de l'euro (4), toute référence à l'écu figurant dans un instrument juridique est remplacée par une référence à l'euro au taux d'un euro pour un écu; que l'article 109 L, paragraphe 4, deuxième phrase, du traité, dispose que la fixation des taux de conversion ne modifie pas, en soi, la valeur externe de l'écu; que cela est garanti par l'adoption, comme taux de conversion, des taux de change en écu des monnaies des États membres adoptant l'euro, tels qu'ils seront calculés par la Commission le 31 décembre 1998, selon la procédure établie pour le calcul journalier des taux de change de l'écu officiels;

4) considérant que les ministres des États membres adoptant l'euro comme monnaie unique, les gouverneurs des banques centrales de ces États membres, la Commission et l'Institut monétaire européen/la Banque centrale européenne ont publié respectivement le 3 mai 1998 (5)et le 26 septembre 1998, deux communiqués sur la détermination et la fixation des taux de conversion irrévocables de l'euro;

5) considérant que le règlement (CE) n° 1103/97 dispose que les taux de conversion qui

(*) JO L 359 du 31.12.1998, p. 1-2.

(1) JO C 412 du 31.12.1998, p. 1.

(2) Décision 98/317/CE du Conseil du 3 mai 1998 conformément à l'article 109 J, paragraphe 4, du traité (JO L 139 du 11.5.1998, p. 30).

(3) JO L 139 du 11.5.1998, p. 1.

(4) JO L 162 du 19.6.1997, p. 1.

(5) JO C 160 du 27.5.1998, p. 1.

sont arrêtés sont exprimés pour la contre-valeur d'un euro dans chacune des monnaies nationales des États membres adoptant l'euro; que, pour assurer un degré élevé de précision, les taux de conversion comportent six chiffres significatifs, et qu'il ne sera défini aucun taux inverse ni aucun taux bilatéral entre les monnaies des États membres adoptant l'euro,

A ARRÊTÉ LE PRÉSENT RÈGLEMENT:

Article premier

Les taux de conversion irrévocablement fixés entre l'euro et les monnaies des États membres adoptant l'euro sont les suivants:

1 euro =	40,3399	francs belges
=	1,95583	marks allemands
=	166,386	pesetas espagnoles
=	6,55957	francs français
=	0,787564	livres irlandaises
=	1 936,27	lires italiennes
=	40,3399	francs luxembourgeois
=	2,20371	florins néerlandais
=	13,7603	schillings autrichiens
=	200,482	escudos portugais
=	5,94573	marks finlandais.

Article 2

Le présent règlement entre en vigueur le 1er janvier 1999.

Le présent règlement est obligatoire dans tous ses éléments et directement applicable dans tout État membre.

Fait à Bruxelles, le 31 décembre 1998.

Par le Conseil

Le président

R. EDLINGER

Partie D

Cadre juridique de l'euro

D 1

Règlement (CE) n° 1103/97 du Conseil du 17 juin 1997 fixant certaines dispositions relatives à l'introduction de l'euro (*)

LE CONSEIL DE L'UNION EUROPÉENNE,

vu le traité instituant la Communauté européenne, et notamment son article 235,

vu la proposition de la Commission (1),

vu l'avis du Parlement européen (2),

vu l'avis de l'Institut monétaire européen (3),

1) considérant que, lors de sa réunion à Madrid, les 15 et 16 décembre 1995, le Conseil européen a confirmé que la troisième phase de l'Union économique et monétaire commencera le 1er janvier 1999, conformément à l'article 109 J paragraphe 4 du traité; que les États membres qui adopteront l'euro en tant que monnaie unique conformément au traité seront désignés, aux fins du présent règlement, sous les termes «États membres participants»;

2) considérant que, lors de la réunion du Conseil européen à Madrid, il a été décidé que le terme «écu» employé dans le traité pour désigner l'unité monétaire européenne est un terme générique; que les gouvernements des quinze États membres sont convenus que cette décision constitue l'interprétation agréée et définitive des dispositions pertinentes du traité; que le nom de la monnaie européenne sera «euro»; que l'euro, qui sera la monnaie des États membres participants, sera divisé en cent subdivisions appelées «cent»; que le Conseil européen a, en outre, estimé que le nom de la monnaie unique devait être le même dans toutes les langues officielles de l'Union européenne, en tenant compte de l'existence des différents alphabets;

3) considérant qu'un règlement concernant l'introduction de l'euro sera adopté par le Conseil sur la base de l'article 109 L paragraphe 4 troisième phrase du traité dès que seront connus les États membres participants afin de définir le cadre juridique de l'euro; que le Conseil, statuant le jour de l'entrée en vigueur de la troisième phrase, conformément à l'article 109 L paragraphe 4 première phrase du traité, arrêtera les taux de conversion irrévocablement fixés;

4) considérant qu'il est nécessaire, dans le fonctionnement du marché commun et pour le passage à la monnaie unique, d'établir la sécurité juridique pour les citoyens et les entreprises dans tous les États membres, en ce qui concerne certaines dispositions relatives à l'introduction de l'euro, bien avant l'entrée dans la troisième phase; que l'établissement précoce de la sécurité juridique permettra aux citoyens et aux entreprises de se préparer dans de bonnes conditions;

5) considérant que l'article 109 L paragraphe 4 troisième phrase du traité, qui autorise le Conseil, statuant à l'unanimité des États membres participants, à prendre les autres mesures nécessaires à l'introduction rapide de la monnaie unique, ne peut

---

(*) JO L 162 du 19.6.1997, p. 1-3.

(1) JO C 369 du 7.12.1996, p. 8.

(2) JO C 380 du 16.12.1996, p. 49.

(3) Avis rendu le 29 novembre 1996.

servir de base juridique qu'à partir du moment où, en vertu de l'article 109 J paragraphe 4 du traité, il aura été confirmé quels sont les États membres qui remplissent les conditions nécessaires pour l'adoption d'une monnaie unique; qu'il est, par conséquent, nécessaire d'avoir recours à l'article 235 comme base juridique pour les dispositions pour lesquelles il est urgent d'établir la sécurité juridique; que, par conséquent, le présent règlement et le règlement précité concernant l'introduction de l'euro définiront ensemble le cadre juridique de l'euro, dont les principes ont été énoncés par le Conseil européen de Madrid; que l'introduction de l'euro intéresse les opérations quotidiennes de l'ensemble de la population dans les États membres participants; qu'il y a lieu d'étudier d'autres mesures que celles qui sont prévues par le présent règlement et par celui qui sera adopté sur la base de l'article 109 L paragraphe 4 troisième phrase, afin d'assurer un passage équilibré à la monnaie unique, notamment pour les consommateurs;

6) considérant que l'écu, au sens de l'article 109 G du traité et tel que défini par le règlement (CE) n° 3320/94 du Conseil, du 22 décembre 1994, concernant la codification de la législation communautaire existante sur la définition de l'écu après l'entrée en vigueur du traité sur l'Union européenne [1] cessera d'être défini comme un panier de monnaies le 1er janvier 1999 et que l'euro sera une monnaie à part entière; que la décision du Conseil relative à l'adoption des taux de conversion n'aura pas en soi pour effet de modifier la valeur externe de l'écu; que cela signifie qu'un écu, dans sa composition d'un panier de monnaies, deviendra un euro; que le règlement (CE) n° 3320/94 devient dès lors sans objet et doit être abrogé; que, en ce qui concerne les références à l'écu figurant dans des instruments juridiques, les parties sont présumées être convenues de se référer à l'écu au sens de l'article 109 G du traité et tel que défini par le règlement précité; que cette présomption doit pouvoir être écartée en prenant en considération la volonté des parties;

7) considérant que, selon un principe général du droit, la continuité des contrats et autres instruments juridiques n'est pas affectée par l'introduction d'une nouvelle monnaie; que le principe de liberté contractuelle doit être respecté; que le principe de continuité doit être compatible avec toute convention entre les parties en ce qui concerne l'introduction de l'euro; que, en vue de renforcer la sécurité et la clarté du droit, il convient de confirmer explicitement que le principe de la continuité des contrats et autres instruments juridiques s'applique entre les anciennes monnaies nationales et l'euro et entre l'écu au sens de l'article 109 G du traité et tel que défini par le règlement (CE) n° 3320/94 et l'euro; que cela signifie en particulier que, pour les instruments à taux d'intérêt fixe, l'introduction de l'euro ne modifie pas le taux d'intérêt nominal payable par le débiteur; que les dispositions relatives à la continuité ne peuvent atteindre leur objectif, qui est de fournir la sécurité juridique et la transparence pour les agents économiques, en particulier les consommateurs, qu'à condition d'entrer en vigueur le plus rapidement possible;

8) considérant que l'introduction de l'euro constitue une modification de la loi monétaire de chacun des États membres participants; que la reconnaissance de la loi monétaire d'un État est un principe universellement reconnu; que la confirmation explicite du principe de continuité

(1) JO L 350 du 31.12.1994, p. 27.

doit entraîner la reconnaissance de la continuité des contrats et autres instruments juridiques dans l'ordre juridique des pays tiers;

9) considérant que le terme «contrat» utilisé dans la définition des instruments juridiques englobe tous les types de contrats, indépendamment de la manière dont ils ont été conclus;

10) considérant que le Conseil, lorsqu'il statue conformément à l'article 109 L paragraphe 4 première phrase du traité, arrête les taux de conversion de l'euro en termes d'un euro exprimé dans chacune des monnaies nationales des États membres participants; que ces taux de conversion doivent être utilisés pour toute conversion entre l'euro et les unités monétaires nationales ou entre les unités monétaires nationales; que, pour toute conversion entre des unités monétaires nationales, un algorithme fixe doit définir le résultat; que l'utilisation de taux inverses pour la conversion conduirait à arrondir les taux et pourrait entraîner des imprécisions significatives, notamment lorsque la conversion porte sur des montants élevés;

11) considérant que l'introduction de l'euro requiert d'arrondir les sommes d'argent; qu'il est nécessaire que les règles pour arrondir les sommes d'argent soient connues rapidement dans le fonctionnement du marché commun et afin de permettre une bonne préparation de l'union économique et monétaire et d'assurer une transition harmonieuse; que lesdites règles ne portent pas atteinte aux pratiques, conventions ou dispositions nationales relatives aux arrondis qui assurent un degré plus élevé de précision pour les calculs intermédiaires;

12) considérant que, pour assurer un degré élevé de précision pour les opérations de conversion, les taux de conversion sont définis avec six chiffres significatifs; qu'un taux de conversion comportant six chiffres significatifs signifie qu'il est composé de six chiffres en comptant par la gauche à partir du premier chiffre qui n'est pas un zéro,

A ARRÊTÉ LE PRÉSENT RÈGLEMENT:

Article premier

Aux fins du présent règlement, on entend par:

— «instruments juridiques»: les dispositions législatives et réglementaires, actes administratifs, décisions de justice, contrats, actes juridiques unilatéraux, instruments de paiement autres que les billets et les pièces, et autres instruments ayant des effets juridiques,

— «États membres participants»: les États membres qui adoptent la monnaie unique conformément au traité,

— «taux de conversion»: les taux de conversion irrévocablement fixés arrêtés par le Conseil conformément à l'article 109 L paragraphe 4 première phrase du traité,

— «unités monétaires nationales»: les unités monétaires des États membres participants, telles qu'elles sont définies le jour précédant l'entrée en vigueur de la troisième phase de l'union économique et monétaire,

— «unité euro»: l'unité de la monnaie unique telle que définie par le règlement concernant l'introduction de l'euro qui entrera en vigueur le jour de l'entrée en vigueur de la troisième phase de l'union économique et monétaire.

Article 2

1. Toute référence à l'écu, au sens de l'article 109 G du traité et tel que défini par le règlement (CE) n° 3320/94, figurant dans un instrument juridique est remplacée par une référence à l'euro au taux d'un euro pour un

écu. Toute référence à l'écu figurant dans un instrument juridique sans une telle définition est présumée constituer une référence à l'écu au sens de l'article 109 G du traité et tel que défini par le règlement (CE) n° 3320/94, cette présomption pouvant être écartée en prenant en considération la volonté des parties.

2. Le règlement (CE) n° 3320/94 est abrogé.

3. Le présent article s'applique à compter du 1er janvier 1999, conformément à la décision prise au titre de l'article 109 J paragraphe 4 du traité.

Article 3

L'introduction de l'euro n'a pas pour effet de modifier les termes d'un instrument juridique ou de libérer ou de dispenser de son exécution, et elle ne donne pas à une partie le droit de modifier un tel instrument ou d'y mettre fin unilatéralement. La présente disposition s'applique sans préjudice de ce dont les parties sont convenues.

Article 4

1. Les taux de conversion qui sont arrêtés sont exprimés pour la contre-valeur d'un euro dans chacune des monnaies nationales des États membres participants. Ils comportent six chiffres significatifs.

2. Les taux de conversion ne peuvent pas être en arrondis ou tronqués lors des conversions.

3. Les taux de conversion sont utilisés pour les conversions entre l'unité euro et les unités monétaires nationales et vice-versa. Il est interdit d'utiliser des taux inverses calculés à partir des taux de conversion.

4. Toute somme d'argent à convertir d'une unité monétaire nationale dans une autre doit d'abord être convertie dans un montant exprimé dans l'unité euro; ce montant ne pouvant être arrondi à moins de trois décimales est ensuite converti dans l'autre unité monétaire nationale. Aucune autre méthode de calcul ne peut être utilisée, sauf si elle produit les mêmes résultats.

Article 5

Les sommes d'argent à payer ou à comptabiliser, lorsqu'il y a lieu de les arrondir après conversion dans l'unité euro conformément à l'article 4, sont arrondies au cent supérieur ou inférieur le plus proche. Les sommes d'argent à payer ou à comptabiliser qui sont converties dans une unité monétaire nationale sont arrondies à la subdivision supérieure ou inférieure la plus proche ou, à défaut de subdivision, à l'unité la plus proche ou, selon les lois ou pratiques nationales, à un multiple ou à une fraction de la subdivision ou de l'unité monétaire nationale. Si l'application du taux de conversion donne un résultat qui se situe exactement au milieu, la somme est arrondie au chiffre supérieur.

Article 6

Le présent règlement entre en vigueur le jour suivant celui de sa publication au *Journal officiel des Communautés européennes.*

Le présent règlement est obligatoire dans tous ses éléments et directement applicable dans tout État membre.

Fait à Luxembourg, le 17 juin 1997.

Par le Conseil

Le président

A. JORRITSMA-LEBBINK

D 2

Règlement (CE) n° 974/98 du Conseil du 3 mai 1998 concernant l'introduction de l'euro (*)

LE CONSEIL DE L'UNION EUROPÉENNE,

vu le traité instituant la Communauté européenne, et notamment son article 109 L, paragraphe 4, troisième phrase,

vu la proposition de la Commission ([1]),

vu l'avis de l'Institut monétaire européen ([2]),

vu l'avis du Parlement européen ([3]),

1) considérant que le présent règlement définit des dispositions de droit monétaire des États membres qui ont adopté l'euro; que le règlement (CE) n° 1103/97 du Conseil du 17 juin 1997 fixant certaines dispositions relatives à l'introduction de l'euro ([4]) a déjà établi des dispositions relatives à la continuité des contrats, au remplacement des références à l'écu dans les instruments juridiques par des références à l'euro et aux règles pour arrondir les sommes d'argent; que l'introduction de l'euro intéresse les opérations quotidiennes de l'ensemble de la population des États membres participants; qu'il y a lieu d'étudier d'autres mesures que celles qui sont prévues dans le présent règlement et dans le règlement (CE) n° 1103/97, afin d'assurer un passage équilibré à la monnaie unique, notamment pour les consommateurs;

2) considérant que, lors de la réunion du Conseil européen qui a eu lieu à Madrid les 15 et 16 décembre 1995, il a été décidé que le terme «écu» employé dans le traité pour désigner l'unité monétaire européenne est un terme générique; que les gouvernements des quinze États membres sont convenus que cette décision constitue l'interprétation agréée et définitive des dispositions pertinentes du traité; que le nom de la monnaie européenne sera «euro»; que l'euro, qui sera la monnaie des États membres participants, sera divisé en cent subdivisions appelées «cent»; que la définition du nom «cent» n'empêche pas l'utilisation de variantes de cette appellation dans la vie courante dans les États membres; que le Conseil européen a, en outre, estimé que le nom de la monnaie unique devait être le même dans toutes les langues officielles de l'Union européenne, en tenant compte de l'existence des différents alphabets;

3) considérant que le Conseil, statuant conformément à l'article 109 L, paragraphe 4, troisième phrase, du traité, prend les mesures nécessaires à l'introduction rapide de l'euro autres que l'arrêté des taux de conversion;

4) considérant que, lorsque, conformément à l'article 109 K, paragraphe 2, du traité, un État membre devient un État membre participant, le Conseil, en vertu de l'article 109 L, paragraphe 5, du traité, arrête les autres mesures nécessaires à l'introduction rapide de l'euro en tant

(*) JO L 139 du 11.5.1998, p. 1-5.
([1]) JO C 369 du 7.12.1996, p. 10.
([2]) JO C 205 du 5.7.1997, p. 18.
([3]) JO C 380 du 16.12.1996, p. 50.
([4]) JO L 162 du 19.6.1997, p. 1.

que monnaie unique dans l'État membre concerné;

5) considérant que, conformément à l'article 109 L, paragraphe 4, du traité, le Conseil, le jour de l'entrée en vigueur de la troisième phase, arrête les taux de conversion auxquels les monnaies des États membres participants sont irrévocablement fixées et le taux irrévocablement fixé auquel l'euro remplace ces monnaies;

6) considérant que les dispositions législatives doivent être interprétées compte tenu de l'absence de risque de change entre l'unité euro et les unités monétaires nationales ou entre ces dernières;

7) considérant que le terme «contrat» utilisé dans la définition des instruments juridiques englobe tous les types de contrats, indépendamment de la manière dont ils ont été conclus;

8) considérant que, en vue de préparer un passage harmonieux à l'euro, il est nécessaire de prévoir une période transitoire entre le moment où l'euro remplace les monnaies des États membres participants et celui où les billets et les pièces en euros sont introduits; que, pendant cette période, les unités monétaires nationales sont définies comme des subdivisions de l'euro; qu'une équivalence juridique est ainsi établie entre l'unité euro et les unités monétaires nationales;

9) considérant que, conformément à l'article 109 G du traité et au règlement (CE) n° 1103/97, l'euro remplace l'écu, à compter du 1er janvier 1999, en tant qu'unité de compte des institutions des Communautés européennes; que l'euro est aussi l'unité de compte de la Banque centrale européenne (BCE) et des banques centrales des États membres participants; que, conformément aux conclusions du Conseil européen de Madrid, le Système européen de banques centrales (SEBC) effectue en euros les opérations relevant de la politique monétaire; que cela n'empêche pas les banques centrales nationales, pendant la période transitoire, de tenir des comptes dans leurs unités monétaires nationales respectives, en particulier pour leur personnel et les administrations publiques;

10) considérant que chaque État membre participant peut autoriser l'usage général de l'unité euro sur son territoire pendant la période transitoire;

11) considérant que, pendant la période transitoire, les contrats, les lois nationales et les autres instruments juridiques peuvent valablement être établis dans l'unité euro ou dans l'unité monétaire nationale; que, pendant cette période, aucune disposition du présent règlement ne porte atteinte à la validité de quelque référence que ce soit à une unité monétaire nationale figurant dans un instrument juridique quelconque;

12) considérant que, sauf convention contraire, les agents économiques sont tenus de respecter le libellé d'un instrument juridique dans l'exécution de tous les actes à effectuer en vertu dudit instrument;

13) considérant que l'unité euro et les unités monétaires nationales sont des unités de la même monnaie; qu'il faut garantir que les paiements effectués à l'intérieur d'un État membre participant par le crédit d'un compte puissent se faire soit dans l'unité euro soit dans l'unité monétaire nationale; que les dispositions relatives aux paiements effectués par le crédit d'un compte doivent aussi s'appliquer aux paiements transfrontaliers libellés dans l'unité euro ou dans l'unité monétaire nationale du compte du créancier; qu'il est nécessaire d'assurer le fonctionnement harmonieux des systèmes de paiement en arrêtant des dispositions

relatives aux paiements effectués sur des comptes au moyen d'instruments de paiement utilisés dans ces systèmes; que les dispositions relatives aux paiements effectués par le crédit d'un compte ne doivent pas avoir pour effet d'obliger les intermédiaires financiers à offrir d'autres services ou instruments de paiement libellés dans une unité particulière quelconque de l'euro; que les dispositions relatives aux paiements effectués par le crédit d'un compte n'empêchent pas les intermédiaires financiers de coordonner l'introduction de services de paiement libellés dans l'unité euro, qui reposent sur une infrastructure technique commune pendant la période transitoire;

14) considérant que, conformément aux conclusions du Conseil européen de Madrid, la nouvelle dette publique négociable est émise dans l'unité euro à partir du 1er janvier 1999 par les États membres participants; qu'il est souhaitable de permettre aux émetteurs des dettes de relibeller dans l'unité euro l'encours de leurs dettes; que les dispositions en la matière devraient être telles qu'elles puissent également s'appliquer dans des cas relevant de la juridiction de pays tiers; que les émetteurs devraient avoir la possibilité de relibeller l'encours de leurs dettes si celles-ci sont libellées dans l'unité monétaire nationale d'un État membre qui a relibellé tout ou partie de l'encours des dettes de ses administrations publiques; que les dispositions en question ne traitent pas de l'introduction de mesures supplémentaires visant à changer les conditions dont sont assorties les dettes en cours, dans le sens d'une modification, notamment, du montant nominal de l'encours, ces questions relevant de la législation nationale applicable; qu'il est souhaitable de permettre aux États membres de prendre les mesures appropriées pour modifier l'unité de compte des procédures opératoires des marchés organisés;

15) considérant qu'il peut aussi être nécessaire de prendre d'autres mesures au niveau communautaire pour clarifier l'incidence de l'introduction de l'euro sur l'application des dispositions du droit communautaire en vigueur, notamment en ce qui concerne le «netting» ou la compensation ou les techniques ayant des effets similaires;

16) considérant que l'utilisation de l'unité euro ne peut être rendue obligatoire que sur la base de la législation communautaire; que les États membres participants peuvent autoriser l'utilisation de l'euro dans les opérations avec le secteur public; que, conformément au scénario de référence adopté par le Conseil européen réuni à Madrid, la législation communautaire fixant le calendrier pour l'utilisation généralisée de l'unité euro pourrait laisser une certaine marge de liberté aux États membres;

17) considérant que, conformément à l'article 105 A du traité, le Conseil peut adopter des mesures pour harmoniser les valeurs unitaires et les spécifications techniques de toutes les pièces;

18) considérant que les billets et les pièces doivent faire l'objet d'une protection adéquate contre la contrefaçon;

19) considérant que les billets et les pièces libellés dans les unités monétaires nationales perdent leur cours légal au plus tard six mois après l'expiration de la période transitoire; que les restrictions aux paiements au moyen de billets et de pièces, définies par les États membres en considération de motifs d'intérêt public, ne sont pas incompatibles avec le cours légal des billets et pièces libellés en euros, pour autant que d'autres moyens légaux soient

disponibles pour le règlement des créances de sommes d'argent;

20) considérant que, à l'expiration de la période transitoire, les références contenues dans les instruments juridiques existant à la fin de ladite période doivent être lues comme des références à l'unité euro, en appliquant les taux de conversion respectifs; qu'il n'est dès lors pas nécessaire à cet effet de relibeller matériellement les instruments juridiques existants; que les règles relatives à l'arrondissage des sommes d'argent arrêtées par le règlement (CE) n° 1103/97 s'appliquent également aux conversions qui doivent être opérées au moment où prend fin la période transitoire ou par la suite; que, pour des raisons de clarté, il peut être souhaitable de procéder matériellement au relibellé dès qu'il conviendra;

21) considérant que le paragraphe 2 du protocole n° 11 sur certaines dispositions relatives au Royaume-Uni de Grande-Bretagne et d'Irlande du Nord précise que le paragraphe 5 dudit protocole, entre autres, est applicable si le Royaume-Uni notifie au Conseil qu'il n'a pas l'intention de passer à la troisième phase; que le Royaume-Uni a notifié le 30 octobre 1997 au Conseil qu'il n'a pas l'intention de passer à la troisième phase; que le paragraphe 5 précise que, entre autres, l'article 109 L, paragraphe 4, du traité ne s'applique pas au Royaume-Uni;

22) considérant que le Danemark, se fondant sur le paragraphe 1 du protocole n° 12 sur certaines dispositions relatives au Danemark, a notifié, dans le cadre de la décision d'Édimbourg du 12 décembre 1992, qu'il ne participera pas à la troisième phase; que, par conséquent, conformément au paragraphe 2 dudit protocole, tous les articles et toutes les dispositions du traité et des statuts du SEBC faisant référence à une dérogation sont applicables au Danemark;

23) considérant que, conformément à l'article 109 L, paragraphe 4, du traité, la monnaie unique ne sera introduite que dans les États membres ne faisant pas l'objet d'une dérogation;

24) considérant que le présent règlement est par conséquent applicable en vertu de l'article 189 du traité, sous réserve des dispositions des protocoles n° 11 et n° 12 et de l'article 109 K, paragraphe 1,

A ARRÊTÉ LE PRÉSENT RÈGLEMENT:

PARTIE I

DÉFINITIONS

Article premier

Aux fins du présent règlement, on entend par:

— «États membres participants»: Belgique, Allemagne, Espagne, France, Irlande, Italie, Luxembourg, Pays-Bas, Autriche, Portugal et Finlande,

— «instruments juridiques»: les dispositions législatives et réglementaires, actes administratifs, décisions de justice, contrats, actes juridiques unilatéraux, instruments de paiement autres que les billets et les pièces, et autres instruments ayant des effets juridiques,

— «taux de conversion»: le taux de conversion irrévocablement fixé arrêté par le Conseil pour la monnaie de chaque État membre participant, conformément à l'article 109 L, paragraphe 4, première phrase, du traité,

— «unité euro»: l'unité monétaire visée à l'article 2, deuxième phrase,

— «unités monétaires nationales»: les unités monétaires des États membres participants, telles qu'elles sont définies le jour précédant l'entrée en vigueur de la troisième phase de l'Union économique et monétaire,

— «période transitoire»: la période commençant le 1er janvier 1999 et prenant fin le 31 décembre 2001,

— «relibeller»: modifier l'unité dans laquelle le montant de l'encours des dettes est exprimé, l'unité monétaire nationale étant remplacée par l'unité euro, telle que définie à l'article 2, cette opération n'entraînant aucune autre modification des conditions dont sont assorties les créances, lesquelles relèvent de la législation nationale.

PARTIE II

REMPLACEMENT DES MONNAIES DES ÉTATS MEMBRES PARTICIPANTS PAR L'EURO

Article 2

À compter du 1er janvier 1999, la monnaie des États membres participants est l'euro. L'unité monétaire est un euro. Un euro est divisé en cent cents.

Article 3

L'euro remplace la monnaie de chaque État membre participant au taux de conversion.

Article 4

L'euro est l'unité de compte de la Banque centrale européenne (BCE) et des banques centrales des États membres participants.

PARTIE III

DISPOSITIONS TRANSITOIRES

Article 5

Les articles 6, 7, 8 et 9 s'appliquent durant la période transitoire.

Article 6

1. L'euro est aussi divisé en unités monétaires nationales en appliquant les taux de conversion. Les subdivisions des unités monétaires nationales sont maintenues. Sous réserve des dispositions du présent règlement, le droit monétaire des États membres participants continue de s'appliquer.

2. Lorsqu'un instrument juridique comporte une référence à une unité monétaire nationale, cette référence est aussi valable que s'il s'agissait d'une référence à l'unité euro, en appliquant les taux de conversion.

Article 7

Le remplacement de la monnaie de chaque État membre participant par l'euro n'a pas en soi pour effet de modifier le libellé des instruments juridiques existant à la date du remplacement.

Article 8

1. Les actes à exécuter en vertu d'instruments juridiques prévoyant l'utilisation d'une unité monétaire nationale ou libellés dans une unité monétaire nationale sont exécutés dans ladite unité monétaire nationale. Les actes à exécuter en vertu d'instruments prévoyant l'utilisation de l'unité euro ou libellés dans l'unité euro sont exécutés dans cette unité.

2. Les parties peuvent déroger par convention aux dispositions du paragraphe 1.

3. Nonobstant les dispositions du paragraphe 1, toute somme libellée dans l'unité euro ou dans l'unité monétaire nationale d'un État membre participant donné, et à régler dans cet État membre par le crédit d'un compte du créancier, peut être payée par le débiteur dans l'unité euro ou dans l'unité monétaire nationale de l'État membre concerné. La somme est portée au crédit du compte du créancier dans l'unité monétaire dans laquelle ce compte est

libellé, toute conversion étant opérée aux taux de conversion.

4. Nonobstant les dispositions du paragraphe 1, chaque État membre participant peut prendre les mesures nécessaires pour:

— relibeller dans l'unité euro l'encours des dettes émises par les administrations publiques de cet État membre, telles que définies dans le système européen de comptes intégrés, libellées dans son unité monétaire nationale et émises selon sa législation nationale. Si un État membre a pris une telle mesure, les émetteurs peuvent relibeller dans l'unité euro les dettes libellées dans l'unité monétaire nationale de cet État membre à moins que les conditions du contrat excluent expressément cette possibilité; la présente disposition s'applique aux titres émis par les administrations publiques des États membres ainsi qu'aux obligations et autres titres de créances, négociables sur le marché des capitaux et aux instruments du marché monétaire, émis par d'autres débiteurs,

— permettre:

a) aux marchés où s'effectuent régulièrement le négoce, la compensation ou le règlement de l'un des instruments énumérés à la partie B de l'annexe de la directive 93/22/CEE du Conseil, du 10 mai 1993, concernant les services d'investissement dans le domaine des valeurs mobilières (1) et des matières premières; et

b) aux systèmes où s'effectuent régulièrement l'échange, la compensation et le règlement des paiements

de modifier l'unité de compte de leurs procédures opératoires, l'unité monétaire nationale étant remplacée par l'unité euro.

(1) JO L 141 du 11.6.1993, p. 27. Directive modifiée par la directive 95/26/CE du Parlement européen et du Conseil (JO L 168 du 18.7.1995, p. 7).

5. Les États membres participants ne peuvent adopter des dispositions imposant l'utilisation de l'unité euro autres que celles qui sont prévues au paragraphe 4 que conformément à un calendrier fixé par la législation communautaire.

6. Les dispositions juridiques nationales des États membres participants qui autorisent ou imposent le «netting» ou la compensation ou des techniques ayant des effets similaires s'appliquent aux obligations de sommes d'argent, quelle que soit l'unité monétaire dans laquelle elles sont libellées, pour autant que celle-ci soit l'unité euro ou une unité monétaire nationale, toute conversion étant effectuée aux taux de conversion.

Article 9

Les billets et les pièces libellés dans une unité monétaire nationale conservent, dans leurs limites territoriales, le cours légal qu'ils avaient le jour précédant l'entrée en vigueur du présent règlement.

PARTIE IV

PIÈCES ET BILLETS LIBELLÉS EN EUROS

Article 10

À partir du 1er janvier 2002, la BCE et les banques centrales des États membres participants mettent en circulation les billets libellés en euros. Sans préjudice des dispositions de l'article 15, ces billets libellés en euros sont les seuls à avoir cours légal dans tous ces États membres.

Article 11

À partir du 1er janvier 2002, les États membres participants émettent des pièces libellées en euros ou en cents et conformes aux valeurs unitaires et aux spécifications techniques que peut adopter le Conseil conformément à l'article 105 A, paragraphe 2, seconde phrase, du traité. Sans préjudice des dispositions de l'article 15, ces pièces sont les seules à avoir cours légal dans tous ces États membres. À l'exception de l'autorité émettrice et des personnes spécifiquement désignées par la législation nationale de l'État membre émetteur, nul n'est tenu d'accepter plus de cinquante pièces lors d'un seul paiement.

Article 12

Les États membres participants assurent les sanctions adéquates contre la contrefaçon et la falsification des billets et des pièces libellés en euros.

PARTIE V

DISPOSITIONS FINALES

Article 13

Les articles 14, 15 et 16 s'appliquent à compter de la fin de la période transitoire.

Article 14

Les références aux unités monétaires nationales qui figurent dans des instruments juridiques existant à la fin de la période transitoire doivent être lues comme des références à l'unité euro en appliquant les taux de conversion respectifs. Les règles relatives à l'arrondissage des sommes d'argent arrêtées par le règlement (CE) n° 1103/97 s'appliquent.

Article 15

1. Les billets et les pièces libellés dans une unité monétaire nationale au sens de l'article 6, paragraphe 1, cessent d'avoir cours légal dans leurs limites territoriales au plus tard six mois après l'expiration de la période transitoire; ce délai peut être abrégé par le législateur national.

2. Chaque État membre participant peut, pendant six mois au plus après l'expiration de la période transitoire, fixer des règles pour l'utilisation des billets et des pièces libellés dans son unité monétaire nationale au sens de l'article 6, paragraphe 1, et prendre toute mesure nécessaire pour faciliter leur retrait.

Article 16

Conformément aux lois ou aux pratiques des États membres participants, les émetteurs de billets et de pièces continuent d'accepter, en échange d'euros, les pièces et les billets qu'ils ont émis antérieurement, au taux de conversion.

PARTIE VI

ENTRÉE EN VIGUEUR

Article 17

Le présent règlement entre en vigueur le 1er janvier 1999.

Le présent règlement est obligatoire dans tous ses éléments et directement applicable dans tout État membre, conformément aux dispositions du traité et sous réserve des dispositions des protocoles n° 11 et n° 12 et de l'article 109 K, paragraphe 1.

Fait à Bruxelles, le 3 mai 1998.

Par le Conseil

Le président

G. BROWN

Partie E

Coordination des politiques économiques

E 1

Résolution du Conseil européen du 13 décembre 1997 sur la coordination des politiques économiques au cours de la troisième phase de l'Union économique et monétaire et sur les articles 109 et 109 B du traité CE (*)

LE CONSEIL EUROPÉEN, réuni à Luxembourg le 13 décembre 1997,

vu le traité instituant la Communauté européenne,

Rappelant:

— les conclusions du Conseil européen d'Amsterdam, notamment sur l'amélioration de la coordination économique, ainsi que sur les moyens efficaces d'appliquer les articles 109 et 109 B du traité,

— la résolution du Conseil européen d'Amsterdam sur le pacte de stabilité et de croissance,

— la résolution du Conseil européen d'Amsterdam sur la croissance et l'emploi,

Prenant note du rapport du Conseil du 1er décembre 1997,

DÉCIDE CE QUI SUIT:

I. COORDINATION DES POLITIQUES ÉCONOMIQUES AU COURS DE LA TROISIÈME PHASE DE L'UNION ÉCONOMIQUE ET MONÉTAIRE (UEM)

1. L'UEM établira des liens plus étroits entre les économies des États membres de la zone «euro». Ceux-ci partageront une politique monétaire unique et un taux de change unique. Il est vraisemblable que les évolutions conjoncturelles convergeront davantage. Les politiques économiques, ainsi que la détermination des salaires, demeurent cependant du ressort national, sous réserve des dispositions de l'article 104 C du traité et du pacte de stabilité et de croissance. Dans la mesure où l'évolution économique sur le plan national a des répercussions sur les perspectives d'inflation dans la zone «euro», elle influera sur la situation monétaire dans cette zone. C'est la raison fondamentale pour laquelle le passage à une monnaie unique nécessitera un renforcement de la surveillance et de la coordination, par la Communauté, des politiques économiques des États membres de la zone «euro».

2. Il existera également une forte interdépendance économique et monétaire avec les États membres non participants, car ils participent tous au marché unique. La nécessité d'assurer davantage de convergence et le bon fonctionnement du marché unique requiert donc que tous les États membres soient intégrés dans la coordination des politiques économiques. En outre, l'interdépendance sera particulièrement forte si les États membres qui ne font pas partie de la zone «euro» participent au nouveau mécanisme de change, comme les pays faisant l'objet d'une dérogation le feront sans doute.

3. La coordination renforcée entre les politiques économiques devrait donner toute l'attention voulue à l'évolution et aux politiques économiques au niveau national qui sont à même d'influer sur la situation monétaire et financière dans l'ensemble de la zone «euro» ou d'affecter le bon fonctionnement du marché intérieur. Cela inclut:

(*) JO C 35 du 2.2.1998, p. 1-4.

— la surveillance étroite de l'évolution macroéconomique dans les États membres afin d'assurer une convergence soutenue, ainsi que de l'évolution du taux de change de l'euro,

— la surveillance des situations et des politiques budgétaires, conformément au traité et au pacte de stabilité et de croissance,

— la surveillance des politiques structurelles menées par les États membres sur les marchés du travail, des produits et des services, ainsi que des tendances en matière de coûts et de prix, notamment dans la mesure où elles pèsent sur les possibilités d'obtenir une croissance non inflationniste durable et de créer des emplois

et

— l'encouragement de réformes fiscales de nature à améliorer l'efficacité et des mesures dissuasives à l'encontre d'une concurrence fiscale préjudiciable.

La coordination économique renforcée doit être conforme au principe de subsidiarité prévu par le traité, ne pas porter atteinte aux prérogatives que possèdent les gouvernements nationaux d'arrêter leurs politiques structurelles et budgétaires, sous réserve des dispositions du traité et du pacte de stabilité et de croissance, respecter l'indépendance du système européen de banques centrales (SEBC) dans la poursuite de son objectif principal, à savoir maintenir la stabilité des prix, respecter le rôle du Conseil «Questions économiques et financières» (Ecofin) en tant qu'instance centrale habilitée à prendre des décisions en matière de coordination économique, et respecter les traditions nationales, ainsi que les compétences et les responsabilités des partenaires sociaux dans le mécanisme de formation des salaires.

4. Afin d'assurer le bon fonctionnement de l'UEM, le Conseil, la Commission et les États membres sont invités à appliquer intégralement et efficacement les instruments que prévoit le traité en matière de coordination des politiques économiques.

À cette fin, il conviendrait de faire des grandes orientations des politiques économiques adoptées conformément à l'article 103, paragraphe 2, du traité, un instrument efficace au service d'une convergence soutenue entre les États membres. Elles devraient fournir des lignes directrices plus concrètes, adaptées à chaque pays, et être davantage axées sur des mesures destinées à améliorer le potentiel de croissance des États membres, augmentant ainsi l'emploi. C'est pourquoi, dans le cadre de ces grandes orientations, il convient de s'attacher davantage à améliorer la compétitivité, l'efficacité des marchés du travail, des biens et des services, l'éducation et la formation, ainsi qu'à rendre les régimes de fiscalité et de protection sociale plus favorables à l'emploi.

La coordination renforcée devrait veiller à assurer la conformité des politiques économiques nationales et de leur mise en œuvre avec les grandes orientations de politique économique et avec le bon fonctionnement de l'UEM. Les politiques et l'évolution économiques dans chacun des États membres et dans la Communauté devraient être surveillées dans le cadre de la surveillance multilatérale conformément à l'article 103, paragraphe 3, du traité. Il conviendrait de veiller particulièrement à déclencher rapidement l'alerte, non seulement en cas de menace de détérioration de la situation budgétaire, conformément au pacte de stabilité et de croissance, mais aussi lorsque surviennent d'autres évolutions qui risquent, si l'on n'y porte pas remède, de menacer la stabilité, la compétitivité et, à terme, la création d'emplois. À cette fin, le

Conseil pourrait se montrer plus enclin à adresser à un État membre les recommandations nécessaires prévues à l'article 103, paragraphe 4, du traité lorsque les politiques économiques de cet État ne sont pas conformes aux grandes orientations de politique économique. De son côté, l'État membre concerné devrait s'engager à prendre en temps voulu les mesures efficaces qu'il estime nécessaires pour satisfaire aux recommandations du Conseil. En outre, les États membres devraient s'engager à procéder à un échange d'informations complet et rapide sur l'évolution économique et les intentions politiques susceptibles d'avoir des incidences au-delà des frontières nationales.

5. Dorénavant, la surveillance de la situation économique et les débats d'orientation devraient figurer régulièrement à l'ordre du jour des sessions informelles du Conseil Ecofin. Afin de susciter un débat franc et ouvert, le Conseil Ecofin devrait, de temps à autre, se réunir en session restreinte (ministre plus un), notamment lorsqu'il exerce la surveillance multilatérale.

6. En vertu du traité, le Conseil Ecofin ([1]) est au cœur de la coordination des politiques économiques des États membres et est habilité à statuer dans les domaines concernés. En particulier, le Conseil Ecofin est la seule instance habilitée à formuler et à adopter les grandes orientations des politiques économiques qui constituent le principal instrument de coordination économique.

([1]) La déclaration n° 3 du traité sur l'Union européenne affirme que, aux fins de l'application des dispositions visées au titre VI, sur la politique économique et monétaire, du traité instituant la Communauté européenne, la pratique habituelle, selon laquelle le Conseil se réunit dans sa composition des ministres chargés des affaires économiques et des finances, sera poursuivie, sans préjudice des dispositions de l'article 109 J, paragraphes 2 à 4, et de l'article 109 K, paragraphe 2, du traité.

Cette place déterminante du Conseil Ecofin au cœur du processus de coordination et de prise de décision en matière économique consacre l'unité et la cohésion de la Communauté.

Les ministres des États participant à la zone «euro» peuvent se réunir entre eux de façon informelle pour discuter de questions liées aux responsabilités spécifiques qu'ils partagent en matière de monnaie unique. La Commission ainsi que, le cas échéant, la Banque centrale européenne (BCE), sont invitées à participer aux réunions.

Chaque fois que des questions d'intérêt commun sont concernées, elles sont discutées par les ministres de tous les États membres.

Dans tous les cas où une décision doit être prise, celle-ci l'est par le Conseil Ecofin selon les procédures fixées par le traité.

[Le point II de cette résolution est repris au point H 1 de ce Compendium.]

III. DIALOGUE ENTRE LE CONSEIL ET LA BCE

11. Compte tenu de la répartition des compétences prévue par le traité, il faudra, pour que la Communauté connaisse une évolution économique harmonieuse pendant la troisième phase de l'Union économique et monétaire, que s'instaure entre le Conseil et la BCE un dialogue permanent et fructueux, qui fasse intervenir la Commission et qui respecte, à tous égards, l'indépendance du SEBC.

12. De ce fait, le Conseil devrait jouer pleinement son rôle en tirant parti des voies de dialogue prévues par le traité. Le président du Conseil, faisant usage de la faculté que lui ménage l'article 109 B du traité, devrait faire rapport au conseil des gouverneurs de la BCE sur l'évaluation que fait le Conseil de la

situation économique de l'Union et sur les politiques économiques des États membres et il pourrait discuter avec la BCE du point de vue du Conseil sur l'évolution et les perspectives en matière de taux de change. Le traité prévoit, par ailleurs, que le président de la BCE participe aux travaux du Conseil lorsque celui-ci délibère sur des questions relatives aux objectifs et aux missions du SEBC, par exemple lorsqu'il élabore les grandes orientations de politique économique. Les rapports annuels que la BCE adressera au Parlement européen, au Conseil et à la Commission, ainsi qu'au Conseil européen, sont un autre élément important.

Le Comité économique et financier, qui sera composé de hauts fonctionnaires des banques centrales nationales et de la BCE ainsi que des ministères des finances nationaux, formera le cadre dans lequel le dialogue pourra être préparé et poursuivi au niveau des hauts fonctionnaires.

E 2

Déclaration du 1er mai 1998 du Conseil «Ecofin» et des ministres réunis au sein de ce Conseil accompagnant la recommandation relative aux États membres participant à l'Union économique et monétaire

1. Le 1er janvier 1999, l'euro sera une réalité, au terme d'un processus qui aura conduit à la réalisation des conditions économiques nécessaires pour que son lancement soit réussi. Le Conseil «Ecofin» et les ministres réunis au sein de ce Conseil se félicitent des progrès remarquables qui ont été accomplis dans tous les États membres sur la voie de la stabilité des prix et de l'assainissement des finances publiques. Le processus de convergence a contribué à la réalisation d'un degré élevé de stabilité des taux de change ainsi qu'à l'établissement de taux d'intérêt à des niveaux bas sans précédent, et, partant, à l'amélioration des conditions économiques dans nos pays.

2. Le passage à la monnaie unique renforce encore les conditions d'une croissance forte, durable et non inflationniste, génératrice d'emplois et propice à la progression du niveau de vie. Il fait disparaître le risque de change entre les États membres participants, réduit les coûts de transaction, crée un marché financier plus large et plus efficace et renforce la transparence des prix ainsi que la concurrence. Il constitue ainsi l'étape décisive de la mise en place d'un marché véritablement unique.

3. Nous, ministres, sommes fermement résolus à prendre les mesures nécessaires pour concrétiser tous les avantages de l'Union économique et monétaire et du marché unique dans l'intérêt de tous nos concitoyens. Parmi ces mesures figure la coordination plus étroite des politiques économiques. Nous sommes convaincus que la mise en œuvre intégrale des conclusions des Conseils européens de Dublin, d'Amsterdam et de Luxembourg forme une base solide qui permettra de parvenir définitivement à un degré élevé de stabilité financière et d'assurer le bon fonctionnement de l'UEM.

4. Au cours des années à venir, c'est par la convergence économique que continuera d'être assurée dans tous les États membres une croissance forte, durable et non inflationniste. En outre, une situation saine et viable des finances publiques est une condition indispensable de la croissance et du développement de l'emploi. Le pacte de stabilité et de croissance fournit les moyens d'atteindre cet objectif et d'accroître, dans les budgets nationaux, la marge de manœuvre nécessaire pour faire face aux défis futurs.

5. Conformément à ce pacte, nous commencerons à appliquer le règlement relatif au «renforcement de la surveillance des positions budgétaires ainsi que de la surveillance et de la coordination des politiques économiques» (1), le 1er juillet 1998, selon les principes cités ci-après.

— Nous sommes déterminés à faire en sorte que les objectifs budgétaires nationaux fixés pour 1998 soient intégralement atteints, en prenant en temps voulu, si cela s'avère nécessaire, des mesures correctives.

— Le Conseil convient d'examiner sans retard les intentions des États membres en matière budgétaire pour 1999 en tenant compte du cadre et des objectifs du pacte de stabilité et de croissance.

En ce qui concerne ces deux premiers points, les ministres des États participant à la zone euro

(1) Règlement (CE) nº 1466/97 du Conseil du 7 juillet 1997 (JO L 209).

ont décidé de se réunir de façon informelle au cours des prochains mois, pour entamer la surveillance de la situation économique, conformément à la résolution adoptée par le Conseil européen de Luxembourg.

— Si l'évolution des conditions économiques est plus favorable que prévu, les États membres en profiteront pour consolider l'assainissement budgétaire de manière à obtenir une situation des finances publiques proche de l'équilibre ou excédentaire, conformément à l'objectif à moyen terme figurant parmi les engagements du pacte de stabilité et de croissance.

— Plus le rapport dette/PIB des États membres participants sera élevé, plus ceux-ci devront faire d'efforts pour le réduire rapidement. À cette fin, en plus du maintien des excédents primaires à des niveaux appropriés conformément aux engagements et aux objectifs énoncés dans le pacte de stabilité et de croissance, il conviendrait de mettre en place d'autres mesures pour réduire l'endettement brut. En outre, les stratégies de gestion de la dette devraient réduire la vulnérabilité des budgets.

— Chacun des ministres s'engage à soumettre, au plus tard à la fin de 1998, un programme national de stabilité ou de convergence qui tiendra compte de ces éléments importants.

6. Le Conseil affirme une nouvelle fois que la responsabilité de l'assainissement des finances publiques continue d'incomber aux États membres et que, conformément aux dispositions de l'article 104 B, paragraphe 1, du traité CE, la Communauté, en particulier, ne répond pas des engagements des États membres et ne les prend pas à sa charge. Sans préjudice des objectifs et des dispositions du traité, il est convenu que l'Union économique et monétaire ne saurait être invoquée en tant que telle pour justifier des transferts financiers spécifiques.

7. Le travail d'assainissement budgétaire sera complété par l'intensification des efforts tendant à rendre nos économies plus efficaces, de manière à promouvoir un environnement favorable à la croissance, à un niveau élevé d'emploi et à la cohésion sociale. À cet égard, nous nous réjouissons à la perspective de rencontrer prochainement les partenaires sociaux pour discuter avec eux de l'Union économique et monétaire. Nous prendrons, avec eux et avec toutes les autres parties concernées, toutes les initiatives nécessaires pour créer les conditions propices à la lutte contre le chômage, en particulier le chômage des jeunes, le chômage de longue durée et le chômage des personnes peu qualifiées. Dans l'esprit des conclusions du Conseil européen de Luxembourg, nous nous engageons à prendre notre part dans l'application rapide des plans nationaux pour l'emploi établis à la lumière des lignes directrices de politique pour l'emploi. Le Conseil «Ecofin» tiendra compte de ces plans nationaux en contribuant à la préparation du Conseil européen de Cardiff et des Conseils européens qui suivront.

8. Nous attacherons une importance particulière à rendre la croissance plus génératrice d'emplois. À cette fin, nous ferons porter nos efforts, entre autres, sur les réformes structurelles axées sur les objectifs suivants:

— accroître l'efficacité des marchés de produits, du travail et des capitaux;

— améliorer l'adaptabilité des marchés du travail de manière qu'ils reflètent davantage l'évolution des salaires et de la productivité;

— faire en sorte que les systèmes nationaux d'éducation et de formation soient efficaces et correspondent aux possibilités d'emploi;

— chercher à encourager l'esprit d'entreprise, notamment en nous attaquant aux obstacles administratifs auxquels il se heurte;

— faciliter l'accès aux marchés financiers ainsi qu'aux fonds de capital-risque, en particulier pour les petites et moyennes entreprises;

— accroître l'efficacité de l'impôt et éviter une concurrence fiscale dommageable;

— examiner, sous tous leurs aspects, les problèmes des systèmes de sécurité sociale qui sont confrontés au vieillissement de la population.

9. Le Conseil a l'intention de mettre en place, en respectant pleinement le principe de subsidiarité, une procédure allégée permettant de suivre les progrès des réformes économiques. À partir de l'année prochaine, la préparation des grandes orientations des politiques économiques sera fondée sur des évaluations synthétiques, par la Commission et les États membres, des progrès accomplis et des plans nationaux en ce qui concerne les marchés des produits et des capitaux, ainsi que sur les plans nationaux pour l'emploi.

E 3

Décision du Conseil du 21 décembre 1998 sur les modalités relatives à la composition du comité économique et financier (98/743/CE) (*)

LE CONSEIL DE L'UNION EUROPÉENNE,

vu le traité instituant la Communauté européenne, et notamment son article 109 C, paragraphe 3,

vu la proposition de la Commission [1],

vu l'avis de la Banque centrale européenne [2],

vu l'avis du comité monétaire [3],

1) considérant que le traité prévoit la création d'un comité économique et financier au début de la troisième phase de l'union économique et monétaire;

2) considérant que le traité fait obligation au Conseil d'arrêter les modalités relatives à la composition du comité économique et financier; que les États membres, la Commission et la Banque centrale européenne doivent nommer chacun au maximum deux membres du comité;

3) considérant que la mission du comité économique et financier est exposée à l'article 109 C, paragraphe 2 du traité; que parmi ses missions, le comité économique et financier doit suivre la situation économique et financière des États membres et de la Communauté et faire rapport régulièrement au Conseil et à la Commission à ce sujet, notamment sur les relations financières avec des pays tiers et des institutions internationales; que le comité économique et financier contribue à la préparation des travaux du Conseil, notamment pour les recommandations requises dans le cadre de la surveillance multilatérale et pour les grandes orientations économiques visées à l'article 103 du traité, ainsi que pour les décisions requises dans le cadre de la procédure concernant les déficits excessifs visée à l'article 104 C du traité; que compte tenu de la nature et de l'importance de cette mission, il est essentiel que les membres du comité et leurs suppléants soient choisis parmi des experts ayant des compétences exceptionnelles dans le domaine économique et financier;

4) considérant que dans sa résolution sur la coordination des politiques économiques au cours de la troisième phase de l'UEM [4], le Conseil européen de Luxembourg des 12 et 13 décembre 1997 a conclu que le comité économique et financier formera le cadre dans lequel le dialogue entre le Conseil et la Banque centrale européenne peut être préparé et poursuivi au niveau des hauts fonctionnaires; que ces fonctionnaires appartiennent aux banques centrales nationales et à la Banque centrale européenne ainsi qu'aux administrations nationales;

5) considérant que l'on entend par «administration» les services des ministres qui assistent au Conseil lorsque celui-ci se réunit dans sa formation des ministres de l'économie et des finances;

(*) JO L 358 du 31.12.1998, p. 109-110.

(1) JO C 125 du 23.4.1998, p. 17.

(2) Avis rendu le 26 novembre 1998 (non encore paru au Journal officiel).

(3) Avis rendu le 17 novembre 1998 (non encore paru au Journal officiel).

(4) JO C 35 du 2.2.1998, p. 1.

6) considérant que la participation au comité économique et financier de fonctionnaires de la Banque centrale européenne et des banques centrales nationales ne porte pas atteinte à l'article 107 du traité,

DÉCIDE:

Article premier

Les États membres, la Commission et la Banque centrale européenne nomment chacun deux membres du comité économique et financier. Ils peuvent aussi désigner deux suppléants.

Article 2

Les membres du comité et les suppléants sont choisis parmi des experts possédant des compétences exceptionnelles dans le domaine économique et financier.

Article 3

Les deux membres désignés par les États membres sont choisis parmi des hauts fonctionnaires respectivement de l'administration et de la banque centrale nationale. Les suppléants sont choisis selon les mêmes modalités.

Article 4

La présente décision est publiée au *Journal officiel des Communautés européennes.*

Elle prend effet le 1er janvier 1999.

Fait à Bruxelles, le 21 décembre 1998.

Par le Conseil

Le président

M. BARTENSTEIN

E 4

Décision du Conseil du 31 décembre 1998 portant adoption du statut du comité économique et financier (1999/8/CE) (*)

LE CONSEIL DE L'UNION EUROPÉENNE,

vu le traité instituant la Communauté européenne, et notamment son article 153,

vu l'avis de la Commission,

considérant que, conformément à l'article 109 C, paragraphe 2, du traité, il est institué un comité économique et financier au début de la troisième phase;

considérant que le Conseil a arrêté, le 21 décembre 1998, la décision sur les modalités relatives à la composition du comité économique et financier (1);

rappelant que, le 16 juin 1997, le Conseil européen a adopté une résolution sur l'établissement d'un mécanisme de taux de change pendant la troisième phase de l'Union économique et monétaire (2);

rappelant que, le 13 décembre 1997, le Conseil européen a adopté une résolution sur la coordination des politiques économiques au cours de la troisième phase de l'Union économique et monétaire et sur les articles 109 et 109 B du traité (3);

rappelant que, dans ces résolutions, un certain rôle est dévolu au comité économique et financier;

considérant, par conséquent, qu'il y a lieu d'arrêter le statut du comité économique et financier,

DÉCIDE:

Article premier

Le statut du comité économique et financier est arrêté.

Le texte du statut figure à l'annexe.

Article 2

La présente décision est publiée au *Journal officiel des Communautés européennes.*

Elle prend effet à partir du 1er janvier 1999.

Fait à Bruxelles, le 31 décembre 1998.

Par le Conseil

Le président

R. EDLINGER

(*) JO L 5 du 9.1.1999, p. 71-73.

(1) JO L 358 du 31.12.1998, p. 109.

(2) JO C 236 du 2.8.1997, p. 5.

(3) JO C 35 du 2.2.1998, p. 1.

ANNEXE

STATUT DU COMITÉ ÉCONOMIQUE ET FINANCIER

Article premier

Les missions du comité économique et financier sont celles décrites à l'article 109 C, paragraphes 2 et 4, du traité instituant la Communauté européenne.

Article 2

Le comité économique et financier peut, entre autres:

— être consulté au cours de la procédure aboutissant à la prise de décisions concernant le mécanisme de taux de change de la troisième phase de l'Union économique et monétaire (MCE II),

— sans préjudice de l'article 151 du traité, préparer les examens du Conseil en ce qui concerne l'évolution du taux de change de l'euro,

— former le cadre dans lequel le dialogue entre le Conseil et la Banque centrale européenne (BCE) peut être préparé et poursuivi au niveau des hauts fonctionnaires des ministères, des banques centrales nationales, de la Commission et de la BCE.

Article 3

Les membres du comité et les suppléants exercent leurs fonctions dans l'intérêt général de la Communauté.

Article 4

Les avis, rapports ou communications sont adoptés à la majorité des membres lorsqu'un vote est requis. Chaque membre du comité dispose d'une voix. Cependant, lorsque le comité formule des conseils ou un avis à propos de questions sur lesquelles le Conseil pourrait se prononcer par la suite, des représentants des banques centrales nationales et de la Commission peuvent être pleinement associés aux travaux sans toutefois prendre part au vote. En outre, le comité rend également compte des positions minoritaires ou divergentes qui ont été exprimées au cours des travaux.

Article 5

Le comité élit un président parmi ses membres, à la majorité des membres qui le composent, pour une durée de deux ans. Le mandat est renouvelable. Le président est élu parmi les membres qui sont des hauts fonctionnaires des administrations nationales. Le président délègue son droit de vote à son suppléant.

Article 6

En cas d'empêchement, le président est remplacé par le vice-président du comité, qui est élu selon les mêmes règles.

Article 7

Sauf décision contraire du comité, les suppléants peuvent assister aux réunions du comité. Ils ne votent pas. Ils ne prennent pas part aux débats, sauf décision contraire du comité.

Un membre empêché d'assister à une réunion du comité peut déléguer son droit de vote à l'un des suppléants. Il peut aussi le déléguer à un autre membre. Le président et le secrétaire devraient être informés par écrit avant la réunion. Dans des circonstances exceptionnelles, le président peut accepter que d'autres dispositions soient prises.

Article 8

Le comité peut confier l'examen de questions spécifiques à ses suppléants, à des sous-comités ou à des groupes de travail. Dans ce cas, la présidence est assumée par un membre ou un suppléant du comité, qui est nommé par le comité. Les membres du comité, les suppléants, les sous-comités ou les groupes de travail peuvent se faire assister par des experts.

Article 9

Le comité est convoqué par le président, à l'initiative de celui-ci ou à la demande du Conseil, de la Commission ou d'au moins deux membres du comité.

Article 10

En règle générale, le président représente le comité; il peut notamment être autorité par le comité à rendre compte des débats du comité et à formuler oralement des observations sur des avis et des communications élaborés par le comité. Le président du comité est chargé du maintien des relations du comité avec le Parlement européen.

Article 11

Les délibérations du comité sont confidentielles. Il en va de même pour les travaux des suppléants, des sous-comités ou des groupes de travail.

Article 12

Le comité est assisté d'un secrétariat placé sous la direction d'un secrétaire. Le secrétaire et le personnel nécessaire pour le secrétariat sont mis à disposition par la Commission. Le secrétaire est nommé par la Commission après consultation du comité. Le secrétaire et son personnel agissent conformément aux instructions du comité lorsqu'ils agissent pour le compte de celui-ci.

Les dépenses du comité figurent à l'état prévisionnel de la Commission.

Article 13

Le comité arrête son règlement intérieur.

Partie F

Pacte de stabilité et de croissance, croissance et emploi

F 1

Résolution du Conseil européen relative au pacte de stabilité et de croissance (Amsterdam, le 17 juin 1997) (*)

I. Lors de sa réunion de Madrid en décembre 1995, le Conseil européen a confirmé qu'il était d'une importance essentielle d'assurer la discipline budgétaire pendant la troisième phase de l'union économique et monétaire (UEM). À Florence, six mois plus tard, le Conseil européen l'a répété et, à Dublin, en décembre 1996, il est parvenu à un accord sur les principaux éléments du pacte de stabilité et de croissance. Pendant la troisième phase de l'UEM, les États membres évitent les déficits excessifs des administrations publiques: cette obligation est clairement inscrite dans le traité (1). Le Conseil européen souligne qu'il importe de maintenir des finances publiques saines en tant que moyen de renforcer les conditions propices à la stabilité des prix et à une croissance forte et durable génératrice d'emploi. Il convient aussi de veiller à ce que les politiques budgétaires nationales viennent à l'appui de politiques monétaires axées sur la stabilité. L'adhésion à l'objectif qui consiste à parvenir à une position budgétaire saine proche de l'équilibre ou excédentaire permettra à tous les États membres de faire face aux fluctuations conjoncturelles normales tout en maintenant le déficit public dans la limite de la valeur de référence de 3 % du produit intérieur brut (PIB).

(*) JO C 236 du 2.8.1997, p. 1-2.

(1) Aux termes du point 5 du protocole n° 11, cette obligation ne s'applique pas au Royaume-Uni, à moins qu'il ne passe à la troisième phase. L'obligation énoncée à l'article 109 E paragraphe 4 du traité instituant la Communauté européenne, qui prévoit que les États membres s'efforcent d'éviter les déficits excessifs, continue de s'appliquer au Royaume-Uni.

II. Lors de sa réunion de Dublin en décembre 1996, le Conseil européen a demandé que l'élaboration d'un pacte de stabilité et de croissance se fasse conformément aux procédures et aux principes établis dans le traité. Ce pacte de stabilité et de croissance ne modifie en rien les critères définis pour la participation à la troisième phase de l'UEM, soit dans le premier groupe, soit par la suite. Les États membres demeurent responsables de leur politique budgétaire nationale, sous réserve des dispositions du traité; ils prendront les mesures nécessaires pour faire face à leurs responsabilités conformément à ces dispositions.

III. Le pacte de stabilité et de croissance, qui a un objectif à la foi préventif et dissuasif, est constitué de la présente résolution et de deux règlements du Conseil, l'un relatif au renforcement de la surveillance des positions budgétaires ainsi que de la surveillance et de la coordination des politiques économiques, l'autre visant à accélérer et clarifier la mise en œuvre de la procédure concernant les déficits excessifs.

IV. Le Conseil européen invite solennellement toutes les parties, à savoir les États membres, le Conseil de l'Union européenne et la Commission des Communautés européennes, à mettre en œuvre le traité ainsi que le pacte de stabilité et de croissance d'une manière rigoureuse et rapide. La présente résolution entend fournir des orientations politiques fermes aux parties qui mettront en œuvre le pacte de stabilité et de croissance. À cette fin, le Conseil européen a arrêté les orientations suivantes.

LES ÉTATS MEMBRES:

1. s'engagent à respecter l'objectif budgétaire à moyen terme d'une position proche de l'équilibre ou excédentaire, conformément à leurs programmes de stabilité ou de convergence, et à prendre les mesures budgétaires correctrices qu'ils jugent nécessaires pour atteindre les objectifs énoncés dans leurs programmes de stabilité ou de convergence dès qu'ils disposent d'informations indiquant un dérapage sensible, effectif ou prévisible, par rapport à ces objectifs;

2. sont invités à rendre publiques, de leur propre initiative, les recommandations qui leur sont adressées par le Conseil conformément à l'article 103 paragraphe 4 du traité;

3. s'engagent à prendre les mesures budgétaires correctrices qu'ils jugent nécessaires pour atteindre les objectifs de leurs programmes de stabilité ou de convergence lorsqu'ils reçoivent un avertissement sous la forme d'une recommandation adressée par le Conseil conformément à l'article 103 paragraphe 4 du traité;

4. mettront en œuvre les ajustements budgétaires correcteurs qu'ils jugent nécessaires dans les plus brefs délais lorsqu'ils reçoivent des informations indiquant qu'il existe un risque de déficit excessif;

5. corrigeront les déficits excessifs le plus rapidement possible après leur apparition; cette correction devrait être réalisée au plus tard l'année suivant la constatation du déficit excessif, sauf circonstances particulières;

6. sont invités à rendre publiques, de leur propre initiative, les recommandations qui leur sont adressées conformément à l'article 104 C paragraphe 7 du traité;

7. s'engagent à ne pas invoquer le bénéfice de l'article 2 paragraphe 3 du règlement du Conseil visant à accélérer et clarifier la mise en œuvre de la procédure concernant les déficits excessifs, à moins de connaître une grave récession; pour évaluer la gravité de la récession économique, les États membres prendront en principe comme référence une baisse annuelle du PIB réel d'au moins 0,75 %.

LA COMMISSION:

1. exercera le droit d'initiative que lui confère le traité de manière à faciliter le fonctionnement rigoureux, rapide et efficace du pacte de stabilité et de croissance;

2. présentera sans tarder les rapports, avis et recommandations nécessaires pour permettre au Conseil de prendre des décisions conformément aux articles 103 et 104 C du traité, facilitant ainsi le fonctionnement efficace du système d'alerte rapide ainsi que le déclenchement rapide et l'application rigoureuse de la procédure concernant les déficits excessifs;

3. s'engage à élaborer un rapport, conformément à l'article 104 C paragraphe 3 du traité, lorsqu'il y a un risque de déficit excessif ou lorsque le déficit public prévu ou effectif dépasse la valeur de référence de 3 % du PIB, déclenchant ainsi la procédure prévue à l'article 104 C paragraphe 3;

4. s'engage, au cas où elle estime qu'un déficit dépassant 3 % du PIB n'est pas excessif et que cet avis n'est pas conforme à celui du comité économique et financier, à présenter par écrit au Conseil les raisons justifiant sa position;

5. s'engage, sur demande du Conseil conformément à l'article 109 D du traité, à formuler en principe une recommandation sur la base de laquelle le Conseil décide s'il y a ou non un déficit excessif conformément à l'article 104 C paragraphe 6.

LE CONSEIL:

1. s'engage à mettre en œuvre de manière rigoureuse et rapide tous les éléments du pacte de stabilité et de croissance relevant de sa compétence; il prendra les décisions nécessaires au titre des articles 103 et 104 C du traité aussi rapidement que possible;
2. est instamment invité à considérer les délais prévus pour l'application de la procédure concernant les déficits excessifs comme des délais maximaux; ainsi, le Conseil, statuant conformément à l'article 104 C paragraphe 7 du traité, recommande que les déficits excessifs soient corrigés le plus rapidement possible après leur apparition et au plus tard l'année suivant leur constatation, sauf circonstances particulières;
3. est invité à décider systématiquement d'infliger des sanctions si un État membre participant ne prend pas les mesures nécessaires pour mettre fin à une situation de déficit excessif selon les recommandations adressées par le Conseil;
4. est instamment invité à demander systématiquement un dépôt non productif d'intérêts lorsque le Conseil décide d'infliger des sanctions à un État membre participant conformément à l'article 104 C paragraphe 11 du traité;
5. est instamment invité à convertir systématiquement un dépôt en amende deux ans après la décision d'infliger des sanctions conformément à l'article 104 C paragraphe 11, sauf s'il estime que le déficit excessif a été corrigé;
6. est invité à exposer systématiquement par écrit les raisons qui justifient une décision de ne pas agir si, à un moment quelconque de la procédure concernant les déficits excessifs ou de la procédure de surveillance des positions budgétaires, le Conseil n'a pas statué sur recommandation de la Commission et dans ce cas, à rendre public le vote de chacun des États membres.

Résolution du Conseil européen sur la croissance et l'emploi (Amsterdam, le 16 juin 1997) (*)

LE CONSEIL EUROPÉEN,

RAPPELANT les conclusions du Conseil européen d'Essen, l'initiative de la Commission intitulée «Action pour l'emploi: un pacte de confiance» et la déclaration de Dublin sur l'emploi,

A ADOPTÉ LES ORIENTATIONS SUIVANTES:

INTRODUCTION

1. Il est impératif de donner une impulsion nouvelle, afin de maintenir résolument l'emploi au premier plan des préoccupations politiques de l'Union européenne. L'Union économique et monétaire et le pacte de stabilité et de croissance renforceront le marché intérieur et favoriseront un environnement macro-économique non inflationniste avec des taux d'intérêt peu élevés, améliorant ainsi les conditions de la croissance économique et les possibilités d'emploi. En outre, il faudra consolider les liens existant entre une union économique et monétaire performante et durable, un marché intérieur fonctionnant de manière satisfaisante et l'emploi. À cette fin, un des objectifs prioritaires devrait être de promouvoir l'existence d'une main-d'œuvre qualifiée, formée et susceptible de s'adapter, et de veiller à ce que les marchés du travail soient aptes à réagir à l'évolution de l'économie. Les réformes structurelles doivent être complètes dans leur portée, par opposition à des mesures limitées ou occasionnelles, afin de traiter d'une manière cohérente la question complexe des incitations à la création et à l'acceptation d'emplois.

Les politiques économiques et sociales se renforcent mutuellement. Il conviendrait de moderniser les régimes de protection sociale, de manière à améliorer leur fonctionnement et à contribuer à la compétitivité, à l'emploi et à la croissance, établissant ainsi une base durable pour la cohésion sociale.

Cette approche, combinée à des politiques axées sur la stabilité, constitue la base d'une économie fondée sur les principes d'insertion, de solidarité, de justice et d'environnement durable, et susceptible de bénéficier à tous les citoyens. L'efficacité économique et l'insertion sociale sont des aspects complémentaires de la société européenne plus unie à laquelle nous aspirons tous.

Compte tenu de cette déclaration de principe, le Conseil européen invite tous les opérateurs économiques et sociaux, notamment les autorités nationales, régionales et locales et les partenaires sociaux, à assumer pleinement leurs responsabilités dans leurs sphères d'activités respectives.

DÉVELOPPER LE PILIER ÉCONOMIQUE

2. Le traité instituant la Communauté européenne, et notamment ses articles 102 A et 103, prévoit une coordination étroite des politiques économiques des États membres, visée à l'article 3 A du traité. Si la responsabilité de la lutte contre le chômage incombe avant tout aux États membres, il nous faut reconnaître la nécessité à la fois

(*) JO C 236 du 2.8.1997, p. 3-4.

d'améliorer l'efficacité de cette coordination et d'en élargir le contenu, en mettant en particulier l'accent sur les politiques de l'emploi. Plusieurs mesures sont nécessaires à cette fin.

3. Il s'agira de renforcer et de développer les grandes orientations des politiques économiques pour en faire un instrument efficace permettant d'assurer une convergence soutenue des performances économiques des États membres. Dans le cadre de politiques macro-économiques saines et durables et sur la base d'une évaluation de la situation économique dans l'Union européenne et dans chaque État membre, une attention accrue sera portée à l'amélioration de la compétitivité européenne, qui constitue une condition nécessaire à la croissance et à l'emploi, de manière à réaliser, parmi d'autres objectifs, la création d'emplois plus nombreux pour les citoyens européens. À cet égard, une attention particulière devrait être accordée à l'efficacité du marché du travail et des produits, aux innovations technologiques, aux possibilités pour les petites et moyennes entreprises de créer des emplois. Il conviendrait également, pour améliorer l'employabilité, d'accorder une attention pleine et entière aux systèmes de formation et d'éducation, y compris l'apprentissage tout au long de la vie, aux mesures d'incitation au travail prévues dans les régimes fiscaux et les régimes d'allocations et à la réduction des coûts non salariaux.

4. Les systèmes d'imposition et de protection sociale devraient être rendus plus favorables à l'emploi, ce qui améliorerait le fonctionnement des marchés de l'emploi. Le Conseil européen souligne qu'il est important pour les États membres de mettre en place un environnement fiscal qui stimule l'entreprise et la création d'emplois. Ces politiques ainsi que d'autres pour l'emploi deviendront un élément essentiel des grandes orientations, compte tenu des politiques nationales de l'emploi et des bonnes pratiques découlant de ces politiques.

5. Le Conseil est donc invité à tenir compte des programmes pluriannuels en matière d'emploi, comme cela est envisagé dans la procédure d'Essen, lorsqu'il définira les grandes orientations, afin de renforcer leurs aspects axés sur l'emploi. Le Conseil peut adresser les recommandations nécessaires aux États membres, conformément à l'article 103 paragraphe 4 du traité.

6. Cette coordination renforcée des politiques économiques complétera la procédure prévue dans le nouveau titre du traité concernant l'emploi, qui prévoit la création d'un comité de l'emploi chargé de travailler en étroite coopération avec le comité de politique économique. Le Conseil devrait faire en sorte que ces dispositions soient suivies d'effet immédiatement. Dans les deux procédures, le Conseil européen jouera son rôle d'intégration et de guide, conformément au traité.

7. L'Union européenne devrait compléter les mesures nationales en examinant systématiquement toutes les politiques communautaires pertinentes qui existent, y compris les réseaux transeuropéens et les programmes de recherche et de développement, en vue d'assurer qu'elles soient axées sur la création d'emplois et sur la croissance économique, tout en respectant les perspectives financières et l'accord interinstitutionnel.

8. Le Conseil européen est convenu de mesures concrètes pour faire progresser au maximum l'achèvement du marché intérieur: rendre les règles plus efficaces, faire face aux principales distorsions de marché qui subsistent encore, éviter une concurrence fiscale préjudiciable, supprimer les obstacles sectoriels à l'intégration des marchés et assurer un marché intérieur au bénéfice de tous les citoyens.

9. Considérant que la mission de la Banque européenne d'investissement, telle qu'elle est définie à l'article 198 E du traité, est de contribuer, en faisant appel au marché des capitaux et à ses ressources propres, au développement équilibré et sans heurt du marché commun dans l'intérêt de la Communauté, nous reconnaissons le rôle important que jouent la Banque européenne d'investissement et le Fonds européen d'investissement dans la création d'emplois en Europe en y ménageant des possibilités d'investissement. Nous invitons instamment la Banque européenne d'investissement à développer ses activités dans ce domaine, en promouvant des projets d'investissement compatibles avec les principes et les pratiques de saine gestion bancaire et, plus particulièrement:

— à examiner la question de l'instauration d'une facilité de financement de projets de haute technologie pour les petites et moyennes entreprises, en coopération avec le Fonds européen d'investissement, en faisant éventuellement appel à du capital-risque, avec la participation du secteur bancaire privé,

— à étudier ses possibilités d'intervention dans les domaines de l'éducation, de la santé, de l'environnement urbain et de la protection de l'environnement,

— à intensifier ses interventions dans le domaine des grands réseaux d'infrastructure en examinant la possibilité d'octroyer des prêts à très long terme, principalement pour les grands projets prioritaires adoptés à Essen.

10. La Commission est invitée à présenter les propositions appropriées afin d'assurer que, à l'expiration du traité instituant la Communauté européenne du charbon et de l'acier en 2002, les recettes provenant des réserves en cours seront utilisées pour un fonds de recherche concernant des secteurs liés à l'industrie du charbon et de l'acier.

11. Cette stratégie globale permettra d'accroître au maximum les efforts que nous déployons pour promouvoir l'emploi et l'insertion sociale et pour lutter contre le chômage. Dans ce contexte, la promotion des emplois, la protection des travailleurs et leur sécurité seront combinées avec la nécessité d'améliorer le fonctionnement des marchés du travail. Cela contribuera également au bon fonctionnement de l'union économique et monétaire.

ENGAGEMENT RENOUVELÉ

12. Le Conseil européen invite toutes les parties, à savoir les États membres, le Conseil et la Commission, à mettre en œuvre ces dispositions avec vigueur et résolution.

Les possibilités offertes aux partenaires sociaux par le chapitre social, qui a été intégré dans le nouveau traité, devraient servir de support aux travaux du Conseil sur l'emploi. Le Conseil européen recommande le dialogue social et le recours intégral au droit communautaire en vigueur en matière de consultation des partenaires sociaux, y compris, le cas échéant, lors des processus de restructuration et en tenant compte des pratiques nationales.

13. Toutes ces politiques permettront aux États membres d'utiliser les forces de la construction européenne pour coordonner efficacement leurs politiques économiques au sein du Conseil de manière à créer un plus grand nombre d'emplois et à ouvrir la voie à une troisième phase fructueuse et durable de l'union économique et monétaire, conformément au traité. Le Conseil européen demande aux partenaires sociaux d'assumer pleinement leurs responsabilités dans leurs domaines d'activité respectifs.

Règlement (CE) n° 1466/97 du Conseil du 7 juillet 1997 relatif au renforcement de la surveillance des positions budgétaires ainsi que de la surveillance et de la coordination des politiques économiques (*)

LE CONSEIL DE L'UNION EUROPÉENNE,

vu le traité instituant la Communauté européenne, et notamment son article 103 paragraphe 5,

vu la proposition de la Commission [1],

statuant conformément à la procédure visée à l'article 189 C du traité [2],

1) considérant que le pacte de stabilité et de croissance est fondé sur l'objectif de finances publiques saines en tant que moyen de renforcer les conditions propices à la stabilité des prix et à une croissance forte et durable, génératrice d'emploi;

2) considérant que le pacte de stabilité et de croissance est constitué du présent règlement qui vise à renforcer la surveillance des positions budgétaires ainsi que la surveillance et la coordination des politiques économiques, du règlement (CE) n° 1467/97 du Conseil [3] visant à accélérer et clarifier la mise en œuvre de la procédure concernant les déficits excessifs, et de la résolution du Conseil européen, du 17 juin 1997, relative au pacte de stabilité et de croissance [4] dans laquelle, conformément à l'article D du traité sur l'Union européenne, des orientations politiques fermes sont définies afin de mettre en œuvre le pacte de stabilité et de croissance d'une manière rigoureuse et rapide et, en particulier, de respecter l'objectif à moyen terme d'une position budgétaire proche de l'équilibre ou excédentaire, auquel tous les États membres ont souscrit, et de prendre les mesures budgétaires correctrices que les États membres jugent nécessaires pour atteindre les objectifs énoncés dans leurs programmes de stabilité et de convergence dès qu'ils disposent d'informations indiquant un dérapage sensible, effectif ou prévisible, par rapport à l'objectif budgétaire à moyen terme;

3) considérant que, pendant la troisième phase de l'union économique et monétaire, les États membres sont tenus, en vertu de l'article 104 C du traité, d'éviter les déficits publics excessifs; que, aux termes du point 5 du protocole n° 11 du traité sur certaines dispositions relatives au Royaume-Uni de Grande-Bretagne et d'Irlande du Nord, l'article 104 C paragraphe 1 du traité ne s'applique pas au Royaume-Uni s'il ne passe pas à la troisième phase; que l'obligation visée à l'article 109 E paragraphe 4 du traité, qui prévoit que les États membres s'efforcent d'éviter les déficits publics excessifs, continuera de s'appliquer au Royaume-Uni;

(*) JO L 209 du 2.8.1997, p. 1-5.

(1) JO C 368 du 6.12.1996, p. 9.

(2) Avis du Parlement européen du 28 novembre 1996 (JO C 380 du 16.12.1996, p. 28), position commune du Conseil du 14 avril 1997 (JO C 146 du 30.5.1997, p. 26) et décision du Parlement européen du 29 mai 1997 (JO C 182 du 16.6.1997).

(3) Voir p. 6 du présent Journal officiel [voir point F 4].

(4) JO C 236 du 2.8.1997, p. 1.

4) considérant que le respect de l'objectif à moyen terme d'une position budgétaire proche de l'équilibre ou excédentaire permettra aux États membres de faire face aux fluctuations conjoncturelles normales tout en maintenant le déficit public dans les limites de la valeur de référence de 3 % du produit intérieur brut;

5) considérant qu'il y a lieu de compléter la procédure de surveillance multilatérale prévue à l'article 103 paragraphes 3 et 4 du traité par un système d'alerte rapide, en vertu duquel le Conseil avertira rapidement un État membre de la nécessité de prendre les mesures budgétaires correctrices indispensables en vue d'empêcher un déficit public de devenir excessif;

6) considérant que la procédure de surveillance multilatérale prévue à l'article 103 paragraphes 3 et 4 du traité devrait, en outre, continuer de porter sur l'ensemble de l'évolution économique dans chacun des États membres et dans la Communauté, ainsi que sur la conformité des politiques économiques avec les grandes orientations économiques visées à l'article 103 paragraphe 2 du traité; que, pour les besoins de la surveillance de cette évolution, il convient de présenter les informations sous forme de programmes de stabilité et de convergence;

7) considérant qu'il est nécessaire de mettre à profit l'expérience utile acquise grâce aux programmes de convergence au cours des deux premières phases de l'union économique et monétaire;

8) considérant que les États membres qui adoptent la monnaie unique, ci-après dénommés «États membres participants», auront, conformément à l'article 109 J du traité, réalisé un degré élevé de convergence durable et, en particulier, auront assuré le caractère durable de la situation de leurs finances publiques; que le maintien de positions budgétaires saines dans ces États membres sera nécessaire pour assurer la stabilité des prix et pour renforcer des conditions propices à une croissance soutenue de la production et de l'emploi; qu'il est nécessaire que les États membres participants présentent des programmes à moyen terme, ci-après dénommés «programmes de stabilité»; qu'il est nécessaire de définir les éléments principaux de ces programmes;

9) considérant que les États membres qui n'adoptent pas la monnaie unique, ci-après dénommés «États membres non participants», devront appliquer des politiques visant un degré élevé de convergence durable; qu'il est nécessaire que ces États membres présentent des programmes à moyen terme, ci-après dénommés «programmes de convergence»; qu'il est nécessaire de définir les principaux éléments de ces programmes de convergence;

10) considérant que, dans sa résolution du 16 juin 1997 sur l'établissement d'un mécanisme de taux de change pendant la troisième phase de l'union économique et monétaire, le Conseil européen a défini des orientations politiques fermes en vertu desquelles un nouveau mécanisme de taux de change est établi pendant la troisième phase de l'union économique et monétaire, ci-après dénommé «MTC 2»; que les monnaies des États membres non participants qui s'intégreront au MTC 2 auront un taux pivot par rapport à l'euro, qui servira de référence pour évaluer l'adéquation de leurs politiques; que le MTC 2 contribuera aussi à protéger ces États membres et ceux ayant adopté l'euro contre des pressions injustifiées s'exerçant sur le marché des changes; que, pour permettre une surveillance appropriée par le Conseil, les États membres non parti-

cipants qui ne s'intégreront pas au MTC 2 présenteront néanmoins, dans leurs programmes de convergence, des politiques axées sur la stabilité, évitant ainsi les distorsions des taux de change réels et les fluctuations excessives des taux de change nominaux;

11) considérant que la convergence durable des données économiques fondamentales est une condition préalable à la stabilité durable des taux de change;

12) considérant qu'il est nécessaire de fixer un calendrier pour la présentation des programmes de stabilité et des programmes de convergence, ainsi que pour leur actualisation;

13) considérant que, dans l'intérêt de la transparence et pour permettre au débat public de s'inscrire dans un contexte concret, il convient que les États membres rendent publics leurs programmes de stabilité et leurs programmes de convergence;

14) considérant que le Conseil, lorsqu'il examine et suit les programmes de stabilité et les programmes de convergence et, en particulier, leur objectif budgétaire à moyen terme et la trajectoire d'ajustement prévue qui doit conduire à la réalisation de cet objectif, devrait tenir compte des caractéristiques conjoncturelles et structurelles pertinentes propres à l'économie de chaque État membre;

15) considérant que, à cet égard, une attention particulière devrait être accordée aux dérapages significatifs des positions budgétaires par rapport aux objectifs budgétaires proches de l'équilibre ou excédentaires; qu'il convient que le Conseil donne rapidement l'alerte pour empêcher qu'un déficit public existant dans un État membre ne devienne excessif; que, en cas de dérapage budgétaire persistant, il conviendra que le Conseil renforce sa recommandation et la rende publique; que, pour les États membres non participants, le Conseil peut adresser des recommandations sur les mesures à prendre pour donner effet à leurs programmes de convergence;

16) considérant que tant les programmes de convergence que les programmes de stabilité conduisent à la réalisation des conditions de la convergence économique visées à l'article 104 C du traité,

A ARRÊTÉ LE PRÉSENT RÈGLEMENT:

SECTION 1

OBJET ET DÉFINITIONS

Article premier

Le présent règlement fixe les dispositions régissant le contenu, la présentation, l'examen et le suivi des programmes de stabilité et des programmes de convergence dans le cadre de la surveillance multilatérale exercée par le Conseil en vue de prévenir, à un stade précoce, l'apparition de déficits excessifs des administrations publiques et de promouvoir la surveillance et la coordination des politiques économiques.

Article 2

Aux fins du présent règlement, on entend par «États membres participants», les États membres qui ont adopté la monnaie unique conformément au traité et par «États membres non participants», ceux qui n'ont pas adopté la monnaie unique.

SECTION 2

PROGRAMMES DE STABILITÉ

Article 3

1. Chaque État membre participant présente au Conseil et à la Commission les informations nécessaires à l'exercice périodique de la surveillance multilatérale visée à l'article 103 du traité sous la forme d'un programme de stabilité qui fournit une base essentielle à la stabilité des prix et à une croissance forte et durable génératrice d'emploi.

2. Un programme de stabilité fournit les informations suivantes:

a) l'objectif à moyen terme d'une position budgétaire proche de l'équilibre ou excédentaire, ainsi que la trajectoire d'ajustement qui doit conduire à la réalisation de cet objectif concernant l'excédent/le déficit des administrations publiques et l'évolution prévisible du ratio d'endettement de l'État;

b) les principales hypothèses concernant l'évolution prévisible de l'économie et les variables économiques importantes qui sont susceptibles d'influer sur la réalisation du programme de stabilité, telles que les dépenses publiques d'investissement, la croissance du produit intérieur brut, en termes réels, l'emploi et l'inflation;

c) une description des mesures budgétaires et des autres mesures de politique économique qui sont mises en œuvre et/ou envisagées pour réaliser les objectifs du programme et, dans le cas des principales mesures budgétaires, une évaluation de leurs effets quantitatifs sur le budget;

d) une analyse de l'incidence que tout changement des principales hypothèses économiques aurait sur la situation budgétaire et la dette.

3. Les informations concernant l'évolution du ratio de l'excédent/du déficit des administrations publiques et du ratio d'endettement, ainsi que les principales hypothèses économiques visées au paragraphe 2 points a) et b) sont établies sur une base annuelle et couvrent, outre l'année en cours et l'année précédente, au moins les trois années suivantes.

Article 4

1. Les programmes de stabilité sont présentés avant le 1er mars 1999. Après cette date, des programmes actualisés sont présentés annuellement. Un État membre adoptant la monnaie unique ultérieurement présente un programme de stabilité dans les six mois qui suivent la décision du Conseil relative à sa participation à la monnaie unique.

2. Les États membres rendent publics leurs programmes de stabilité et leurs programmes actualisés.

Article 5

1. Sur la base des évaluations effectuées par la Commission et par le comité institué à l'article 109 C du traité, et dans le cadre de la surveillance multilatérale prévue à l'article 103 du traité, le Conseil examine si l'objectif budgétaire à moyen terme fixé par le programme de stabilité offre une marge de sécurité pour assurer la prévention d'un déficit excessif, si les hypothèses économiques sur lesquelles se fonde le programme sont réalistes et si les mesures mises en œuvre et/ou envisagées sont suffisantes pour réaliser la trajectoire d'ajustement visée, qui doit conduire à la réalisation de l'objectif budgétaire à moyen terme.

Le Conseil examine, en outre, si le contenu du programme de stabilité favorise une coordination plus étroite des politiques économiques et si les politiques économiques de l'État membre concerné sont conformes aux grandes orientations de politique économique.

2. Le Conseil procède à l'examen du programme de stabilité, tel qu'il est visé au

paragraphe 1, dans les deux mois au maximum suivant la présentation du programme. Le Conseil, agissant sur recommandation de la Commission et après avoir consulté le comité institué à l'article 109 C du traité, rend un avis sur le programme. S'il estime, conformément à l'article 103 du traité, que les objectifs et le contenu d'un programme devraient être renforcés, le Conseil, dans son avis, invite l'État membre concerné à adapter son programme.

3. Les programmes de stabilité actualisés sont examinés par le comité institué à l'article 109 C du traité, sur la base des évaluations effectuées par la Commission; au besoin, les programmes actualisés peuvent également être examinés par le Conseil, conformément à la procédure prévue aux paragraphes 1 et 2 du présent article.

Article 6

1. Dans le cadre de la surveillance multilatérale visée à l'article 103 paragraphe 3 du traité, le Conseil suit la mise en œuvre des programmes de stabilité sur la base d'informations fournies par les États membres participants et des évaluations effectuées par la Commission et par le comité institué à l'article 109 C du traité, notamment en vue d'identifier tout dérapage sensible, effectif ou prévisible, de la position budgétaire par rapport à l'objectif budgétaire à moyen terme ou par rapport à la trajectoire d'ajustement qui doit conduire à la réalisation de cet objectif, tels que fixés dans le programme en ce qui concerne l'excédent/le déficit des finances publiques.

2. Si le Conseil constate un dérapage significatif de la position budgétaire par rapport à l'objectif budgétaire à moyen terme ou par rapport à la trajectoire d'ajustement qui doit conduire à la réalisation de cet objectif, il adresse, conformément à l'article 103 paragraphe 4 du traité, une recommandation à l'État membre concerné, l'invitant à prendre les mesures d'ajustement nécessaires, et ce en vue de donner rapidement l'alerte pour empêcher l'apparition d'un déficit excessif.

3. Si, au cours du suivi ultérieur, le Conseil constate que le dérapage de la position budgétaire par rapport à l'objectif budgétaire à moyen terme ou par rapport à la trajectoire d'ajustement qui doit conduire à la réalisation de cet objectif persiste ou s'aggrave, il adresse, conformément à l'article 103 paragraphe 4 du traité, une recommandation à l'État membre concerné, l'invitant à prendre rapidement des mesures correctrices et peut, ainsi que le prévoit ledit article, rendre sa recommandation publique.

SECTION 3

PROGRAMMES DE CONVERGENCE

Article 7

1. Chaque État membre non participant présente au Conseil et à la Commission les informations nécessaires à l'exercice à intervalles réguliers de la surveillance multilatérale visée à l'article 103 du traité, sous forme d'un programme de convergence, qui fournit une base essentielle à la stabilité des prix et à une croissance durable génératrice d'emplois.

2. Un programme de convergence fournit les informations suivantes, qui concernent en particulier les variables afférentes à la convergence:

a) l'objectif à moyen terme d'une position budgétaire proche de l'équilibre ou excédentaire, ainsi que la trajectoire d'ajustement qui doit conduire à la réalisation de cet objectif concernant l'excédent/le déficit des administrations publiques; l'évolution prévisible du ratio d'endettement de l'État; les objectifs à moyen terme de la politique monétaire; les relations entre ces objectifs et la stabilité des prix et des taux de change;

b) les principales hypothèses concernant l'évolution prévisible de l'économie et les variables économiques importantes qui sont susceptibles d'influer sur la réalisation du programme de convergence, telles que les dépenses publiques d'investissement, la croissance du produit intérieur brut en termes réels, l'emploi et l'inflation;

c) une description des mesures budgétaires et des autres mesures de politique économique qui sont mises en œuvre et/ou envisagées pour réaliser les objectifs du programme et, dans le cas des principales mesures budgétaires, une évaluation de leurs effets quantitatifs sur le budget;

d) une analyse de l'incidence que tout changement des principales hypothèses économiques aurait sur la situation budgétaire et la dette.

3. Les informations concernant l'évolution du ratio de l'excédent/du déficit des administrations publiques et du ratio d'endettement, ainsi que les principales hypothèses économiques visées au paragraphe 2 points a) et b) sont établies sur une base annuelle et couvrent, outre l'année en cours et l'année précédente, au moins les trois années suivantes.

Article 8

1. Les programmes de convergence sont présentés avant le 1er mars 1999. Après cette date, des programmes actualisés sont présentés annuellement.

2. Les États membres rendent publics leurs programmes de convergence et leurs programmes actualisés.

Article 9

1. Sur la base des évaluations effectuées par la Commission et par le comité institué à l'article 109 C du traité, et dans le cadre de la surveillance multilatérale prévue à l'article 103 du traité, le Conseil examine si l'objectif budgétaire à moyen terme fixé par le programme de convergence offre une marge de sécurité pour assurer la prévention d'un déficit excessif, si les hypothèses économiques sur lesquelles se fonde le programme sont réalistes et si les mesures mises en œuvre et/ou envisagées sont suffisantes pour réaliser la trajectoire d'ajustement prévue qui doit conduire à la réalisation de l'objectif à moyen terme et pour parvenir à une convergence durable.

Le Conseil examine, en outre, si le contenu du programme de convergence favorise une coordination plus étroite des politiques économiques et si les politiques économiques de l'État membre concerné sont conformes aux grandes orientations des politiques économiques.

2. Le Conseil procède à l'examen du programme de convergence, tel qu'il est visé au paragraphe 1, dans les deux mois au maximum suivant la présentation du programme. Le Conseil, agissant sur recommandation de la Commission et après avoir consulté le comité institué à l'article 109 C du traité, rend un avis sur le programme. S'il estime, conformément à l'article 103 du traité, que les objectifs et le contenu d'un programme devraient être renforcés, le Conseil, dans son avis, invite l'État membre concerné à adapter son programme.

3. Les programmes de convergence actualisés sont examinés par le comité institué à l'article 109 C du traité, sur la base des évaluations effectuées par la Commission; au besoin, les programmes actualisés peuvent également être examinés par le Conseil, conformément à la procédure prévue aux paragraphes 1 et 2 du présent article.

Article 10

1. Dans le cadre de la surveillance multilatérale visée à l'article 103 paragraphe 3 du traité, le Conseil suit la mise en œuvre des programmes de convergence sur la base d'informations fournies par les États membres non

participants, conformément à l'article 7 paragraphe 2 point a) du présent règlement, et des évaluations effectuées par la Commission et par le comité institué à l'article 109 C du traité, notamment en vue d'identifier tout dérapage significatif, effectif ou prévisible, de la position budgétaire par rapport à l'objectif budgétaire à moyen terme ou par rapport à la trajectoire d'ajustement qui doit conduire à la réalisation de cet objectif, tels que fixés dans le programme en ce qui concerne l'excédent/le déficit des finances publiques.

En outre, le Conseil suit les politiques économiques des États membres non participants à la lumière des objectifs du programme de convergence afin d'assurer que leurs politiques sont axées sur la stabilité et vise donc à éviter les distorsions des taux de change réels et les fluctuations excessives des taux de change nominaux.

2. Si le Conseil constate un dérapage sensible de la position budgétaire par rapport à l'objectif budgétaire à moyen terme ou par rapport à la trajectoire d'ajustement qui doit conduire à la réalisation de cet objectif, il adresse, conformément à l'article 103 paragraphe 4 du traité, une recommandation à l'État membre concerné, l'invitant à prendre les mesures d'ajustement nécessaires, et ce en vue de donner rapidement l'alerte pour empêcher l'apparition d'un déficit excessif.

3. Si, au cours du suivi ultérieur, le Conseil constate que le dérapage de la position budgétaire par rapport à l'objectif budgétaire à moyen terme ou par rapport à la trajectoire d'ajustement qui doit conduire à la réalisation de cet objectif persiste ou s'aggrave, il adresse, conformément à l'article 103 paragraphe 4 du traité, une recommandation à l'État membre concerné, l'invitant à prendre rapidement des mesures correctrices et peut, ainsi que le prévoit ledit article, rendre sa recommandation publique.

SECTION 4

DISPOSITIONS COMMUNES

Article 11

Dans le cadre de la surveillance multilatérale décrite par le présent règlement, le Conseil procède à l'évaluation d'ensemble visée à l'article 103 paragraphe 3 du traité.

Article 12

Conformément à l'article 103 paragraphe 4 second alinéa du traité, le président du Conseil et la Commission font état, dans les rapports qu'ils adressent au Parlement européen, des résultats de la surveillance exercée selon le présent règlement.

Article 13

Le présent règlement entre en vigueur le 1er juillet 1998.

Le présent règlement est obligatoire dans tous ses éléments et directement applicable dans tout État membre.

Fait à Bruxelles, le 7 juillet 1997.

Par le Conseil

Le président

J.-C. JUNCKER

Règlement (CE) n° 1467/97 du Conseil du 7 juillet 1997 visant à accélérer et à clarifier la mise en œuvre de la procédure concernant les déficits excessifs (*)

LE CONSEIL DE L'UNION EUROPÉENNE,

vu le traité instituant la Communauté européenne, et notamment son article 104 C paragraphe 14 deuxième alinéa,

vu la proposition de la Commission [1],

vu l'avis du Parlement européen [2],

vu l'avis de l'Institut monétaire européen,

1) considérant qu'il est nécessaire d'accélérer et de clarifier la procédure concernant les déficits excessifs prévue à l'article 104 C du traité afin de prévenir l'apparition de déficits excessifs des administrations publiques et, s'ils se produisent, d'encourager leur correction rapide; que les dispositions du présent règlement, qui sont adoptées, au titre de l'article 104 C paragraphe 14 deuxième alinéa, aux fins énoncées ci-avant, constituent, avec celles du protocole n° 5 du traité, un nouvel ensemble intégré de règles pour l'application de l'article 104 C;

2) considérant que le pacte de stabilité et de croissance est fondé sur l'objectif de finances publiques saines en tant que moyen de renforcer les conditions propices à la stabilité des prix et à une croissance forte et durable, génératrice d'emploi;

3) considérant que le pacte de stabilité et de croissance est constitué du présent règlement, du règlement (CE) n° 1466/97 du Conseil [3] relatif au renforcement de la surveillance des positions budgétaires ainsi que de la surveillance et de la coordination des politiques économiques, et de la résolution du Conseil européen, du 17 juin 1997, relative au pacte de stabilité et de croissance [4], dans laquelle, conformément à l'article D du traité sur l'Union européenne, des orientations politiques fermes sont définies afin de mettre en œuvre le pacte de stabilité et de croissance d'une manière rigoureuse et rapide et, en particulier, de respecter l'objectif à moyen terme d'une position budgétaire proche de l'équilibre ou excédentaire, auquel tous les États membres ont souscrit, et de prendre les mesures budgétaires correctrices que les États membres jugent nécessaires pour atteindre les objectifs énoncés dans leurs programmes de stabilité et de convergence dès qu'ils disposent d'informations indiquant un dérapage sensible, effectif ou prévisible, par rapport à l'objectif budgétaire à moyen terme;

4) considérant que, pendant la troisième phase de l'union économique et monétaire (UEM), les États membres sont tenus, en vertu de l'article 104 C du traité, d'éviter les déficits publics excessifs; que, aux termes du point 5 du protocole n° 11 du traité, l'article 104 C paragraphes 1, 9 et 11 ne s'applique pas au Royaume-Uni s'il ne passe pas à la troisième phase; que l'obligation visée à l'article 109 E para-

(*) JO L 209 du 2.8.1997, p. 6-11.

(1) JO C 368 du 6.12.1996, p. 12.

(2) JO C 380 du 16.12.1996, p. 29.

(3) Voir p. 1 du présent Journal officiel [voir point F 3].

(4) JO C 236 du 2.8.1997, p. 1.

graphe 4, qui prévoit que les États membres s'efforcent d'éviter les déficits publics excessifs, continuera de s'appliquer au Royaume-Uni;

5) considérant que le Danemark, en application du point 1 du protocole n° 12 du traité, a notifié, dans le contexte de la décision d'Édimbourg du 12 décembre 1992, qu'il ne participera pas à la troisième phase; que, par conséquent, conformément au point 2 dudit protocole, l'article 104 C paragraphes 9 et 11 ne s'applique pas au Danemark;

6) considérant que, pendant la troisième phase de l'UEM, les États membres demeurent responsables de leurs politiques budgétaires nationales, sous réserve des dispositions du traité; que les États membres prendront les mesures nécessaires pour faire face à leurs responsabilités conformément aux dispositions du traité;

7) considérant que l'adhésion à l'objectif à moyen terme d'une position budgétaire proche de l'équilibre ou excédentaire, auquel tous les États membres ont souscrit, contribue à la création des conditions appropriées pour la stabilité des prix et une croissance soutenue génératrice d'emploi dans tous les États membres et leur permettra de faire face aux fluctuations conjoncturelles normales tout en maintenant le déficit public dans les limites de la valeur de référence de 3 % du produit intérieur brut (PIB);

8) considérant que, aux fins du bon fonctionnement de l'UEM, il est nécessaire que la convergence des résultats économiques et budgétaires des États membres ayant adopté la monnaie unique, ci-après dénommés «États membres participants», soit stable et durable; que, pendant la troisième phase de l'UEM, la discipline budgétaire est nécessaire pour sauvegarder la stabilité des prix;

9) considérant que, conformément à l'article 109 K paragraphe 3, l'article 104 C paragraphes 9 et 11 ne s'applique qu'aux États membres participants;

10) considérant qu'il convient de définir la notion de dépassement de la valeur de référence exceptionnel et temporaire figurant à l'article 104 C paragraphe 2 point a); que, à cet égard, le Conseil devrait notamment tenir compte des prévisions budgétaires pluriannuelles émanant de la Commission;

11) considérant que tout rapport élaboré par la Commission en vertu de l'article 104 C paragraphe 3 doit examiner également si le déficit public excède les dépenses publiques d'investissement et tient compte de tous les autres facteurs pertinents, y compris la position économique et budgétaire à moyen terme de l'État membre;

12) considérant qu'il est nécessaire de fixer des délais pour la mise en œuvre de la procédure concernant les déficits excessifs afin de garantir sa mise en œuvre efficace et rapide; qu'il convient, à cet égard, de tenir compte du fait que l'exercice budgétaire au Royaume-Uni ne coïncide pas avec l'année civile;

13) considérant qu'il y a lieu de préciser comment les sanctions prévues à l'article 104 C pourraient être imposées afin de garantir la mise en œuvre effective de la procédure concernant les déficits excessifs;

14) considérant que la surveillance renforcée prévue par le règlement (CE) n° 1466/97 du Conseil et la surveillance des positions budgétaires par la Commission conformément à l'article 104 C paragraphe 2, devraient faciliter la mise en œuvre effective et rapide de la procédure concernant les déficits excessifs;

15) considérant, à la lumière de ce qui précède, au cas où un État membre

participant ne prend pas de mesures suivies d'effet pour corriger un déficit excessif, que la fixation d'un délai maximal de dix mois entre la date de notification des chiffres indiquant l'existence d'un déficit excessif et la décision d'imposer des sanctions, si elle est nécessaire, paraît à la fois faisable et de nature à amener l'État membre participant concerné à prendre des mesures à cet effet; que, dans ce cas, et si la procédure est engagée en mars, des sanctions pourraient être imposées avant la fin de l'année civile où la procédure a commencé;

16) considérant que la recommandation du Conseil en vue de corriger un déficit excessif ou les étapes ultérieures de la procédure concernant les déficits excessifs devraient avoir été anticipées par l'État membre concerné qui aurait reçu un avertissement dans le cadre du système d'alerte rapide; que l'apparition d'un déficit excessif pendant la troisième phase est un fait grave qui exige une action immédiate de tous les intéressés;

17) considérant qu'il y a lieu de suspendre la procédure concernant les déficits excessifs si l'État membre concerné prend des mesures appropriées, en réponse à une recommandation au titre de l'article 104 C paragraphe 7 ou à une mise en demeure au titre de l'article 104 C paragraphe 9, afin d'encourager les États membres à prendre des mesures correspondantes; que la période pendant laquelle la procédure est suspendue ne doit pas être prise en considération pour le délai maximal de dix mois entre la date de notification indiquant l'existence d'un déficit excessif et l'imposition de sanctions; qu'il convient de reprendre immédiatement la procédure si les mesures envisagées ne sont pas mises en œuvre ou si les mesures mises en œuvre s'avèrent inadéquates;

18) considérant que, pour assurer que la procédure concernant les déficits excessifs ait un effet suffisamment dissuasif, il y a lieu d'exiger que l'État membre participant concerné fasse un dépôt ne portant pas intérêt, d'un montant approprié, lorsque le Conseil décide d'imposer une sanction;

19) considérant que la définition de sanctions selon une échelle préétablie est favorable à la sécurité juridique; que le montant du dépôt devrait être rapporté au PIB de l'État membre participant concerné;

20) considérant que, si le fait d'exiger un dépôt ne portant pas intérêt n'amène pas l'État membre participant concerné à corriger son déficit excessif en temps voulu, il convient d'intensifier les sanctions; qu'il est alors indiqué de convertir le dépôt en amende;

21) considérant que l'adoption de mesures appropriées par l'État membre participant concerné en vue de corriger son déficit excessif constitue la première étape vers l'abrogation des sanctions; que des progrès sensibles dans la correction du déficit excessif devraient permettre l'allégement des sanctions conformément à l'article 104 C paragraphe 12; que l'abrogation de toutes les sanctions restantes ne devrait intervenir que lorsque le déficit excessif a été totalement corrigé;

22) considérant que le règlement (CE) n° 3605/93 du Conseil, du 22 novembre 1993, relatif à l'application du protocole sur la procédure concernant les déficits excessifs annexé au traité instituant la Communauté européenne [1] contient des règles détaillées pour la notification des données budgétaires par les États membres;

[1] JO L 332 du 31.12.1993, p. 7.

23) considérant que, conformément à l'article 109 F paragraphe 8 du traité, dans les cas où le traité attribue un rôle consultatif à la Banque centrale européenne (BCE), les références à la BCE sont considérées comme faisant référence à l'Institut monétaire européen avant l'établissement de la BCE,

A ARRÊTÉ LE PRÉSENT RÈGLEMENT:

SECTION 1

DÉFINITIONS ET ÉVALUATIONS

Article premier

1. Le présent règlement arrête les dispositions visant à accélérer et à clarifier la procédure concernant les déficits excessifs, afin de prévenir l'apparition de déficits excessifs des administrations publiques et, s'ils se produisent, de favoriser leur rapide correction.

2. Aux fins du présent règlement, on entend par «États membres participants» les États membres qui ont adopté la monnaie unique conformément au traité et par «États membres non participants» ceux qui n'ont pas adopté la monnaie unique.

Article 2

1. Le dépassement de la valeur de référence fixée pour le déficit public est considéré comme exceptionnel et temporaire au sens de l'article 104 C paragraphe 2 point a) deuxième tiret, s'il résulte d'une circonstance inhabituelle indépendante de la volonté de l'État membre concerné et ayant des effets sensibles sur la situation financière des administrations publiques ou s'il est consécutif à une grave récession économique.

En outre, le dépassement de la valeur de référence est considéré comme temporaire si les prévisions budgétaires établies par la Commission indiquent que le déficit tombera au-dessous de la valeur de référence lorsque la circonstance inhabituelle ou la grave récession aura disparu.

2. Dans le rapport qu'elle élabore conformément à l'article 104 C paragraphe 3, la Commission considère, en principe, qu'un dépassement de la valeur de référence consécutif à une grave récession économique n'est exceptionnel que si le PIB en termes réels enregistre une baisse annuelle d'au moins 2 %.

3. Lorsque le Conseil décide, conformément à l'article 104 C paragraphe 6, s'il y a ou non un déficit excessif, il tient compte, dans son évaluation globale, des observations éventuelles de l'État membre montrant qu'une baisse annuelle du PIB en termes réels de moins de 2 % est néanmoins exceptionnelle eu égard à d'autres éléments d'information allant dans le même sens, en particulier le caractère soudain de la récession ou la baisse cumulative de la production par rapport à l'évolution constatée dans le passé.

SECTION 2

ACCÉLÉRATION DE LA PROCÉDURE CONCERNANT LES DÉFICITS EXCESSIFS

Article 3

1. Dans un délai de deux semaines à compter de l'adoption par la Commission du rapport visé à l'article 104 C paragraphe 3, le comité économique et financier rend un avis conformément à l'article 104 C paragraphe 4.

2. Tenant pleinement compte de l'avis visé au paragraphe 1, la Commission, si elle considère qu'il y a un déficit excessif, adresse au Conseil un avis et une recommandation conformément à l'article 104 C paragraphes 5 et 6.

3. Le Conseil décide s'il y a ou non un déficit excessif conformément à l'article 104 C paragraphe 6, dans un délai de trois mois à compter des dates de notification prévues à l'article 4

paragraphes 2 et 3 du règlement (CE) n° 3605/93. S'il décide, en application de l'article 104 C paragraphe 6, qu'il y a un déficit excessif, le Conseil adresse en même temps des recommandations à l'État membre concerné, conformément à l'article 104 C paragraphe 7.

4. Dans les recommandations qu'il adresse conformément à l'article 104 C paragraphe 7, le Conseil prescrit à l'État membre concerné un délai de quatre mois au maximum pour engager une action suivie d'effets. Il fixe également un délai pour corriger le déficit excessif, qui devrait disparaître dans l'année suivant la constatation de l'existence de ce déficit, sauf circonstances particulières.

Article 4

1. Toute décision du Conseil de rendre publiques ses recommandations, lorsqu'il est constaté qu'aucune action suivie d'effets n'a été prise conformément à l'article 104 C paragraphe 8, est prise immédiatement après l'expiration du délai fixé conformément à l'article 3 paragraphe 4 du présent règlement.

2. Pour établir si une action suivie d'effets a été prise en réponse aux recommandations qu'il a formulées conformément à l'article 104 C paragraphe 7, le Conseil fonde sa décision sur des décisions annoncées publiquement par le gouvernement de l'État membre concerné.

Article 5

Toute décision du Conseil de mettre l'État membre participant concerné en demeure de prendre des mesures visant à réduire le déficit, conformément à l'article 104 C paragraphe 9, est prise dans un délai d'un mois à compter de la décision du Conseil constatant qu'aucune action suivie d'effets n'a été prise, conformément à l'article 104 C paragraphe 8.

Article 6

Lorsque les conditions régissant l'application de l'article 104 C paragraphe 11 sont remplies, le Conseil décide d'imposer des sanctions conformément à l'article 104 C paragraphe 11. Toute décision en ce sens doit être prise au plus tard deux mois après la décision du Conseil de mettre l'État membre participant concerné en demeure de prendre des mesures, conformément à l'article 104 C paragraphe 9.

Article 7

Si un État membre participant ne donne pas suite aux décisions successives du Conseil conformément à l'article 104 C paragraphes 7 et 9, la décision du Conseil d'imposer des sanctions, conformément à l'article 104 C paragraphe 11, est prise dans un délai de dix mois à compter des dates de notification prévues par le règlement (CE) n° 3605/93 et visées à l'article 3 paragraphe 3 du présent règlement. Une procédure accélérée est mise en œuvre en cas de déficit prévu et délibéré, dont le Conseil décide qu'il est excessif.

Article 8

Toute décision tendant à intensifier les sanctions conformément à l'article 104 C paragraphe 11, autres que la conversion des dépôts en amendes visée à l'article 14 du présent règlement est prise au plus tard dans les deux mois suivant les dates de notification prévues par le règlement (CE) n° 3605/93. Toute décision du Conseil d'abroger tout ou partie de ses décisions en application de l'article 104 C paragraphe 12, est prise le plus rapidement possible et, en tout cas, au plus tard dans les deux mois suivant les dates de notification prévues par le règlement (CE) n° 3605/93.

SECTION 3

SUSPENSION ET SURVEILLANCE

Article 9

1. La procédure concernant les déficits excessifs est suspendue:

— si l'État membre concerné prend des mesures en réponse aux recommandations adressées conformément à l'article 104 C paragraphe 7,

— si l'État membre participant concerné prend des mesures en réponse à la mise en demeure adressée conformément à l'article 104 C paragraphe 9.

2. La période pendant laquelle la procédure est suspendue n'est prise en considération ni pour le délai de dix mois visé à l'article 7 ni pour le délai de deux mois visé à l'article 6 du présent règlement.

Article 10

1. La Commission et le Conseil surveillent la mise en œuvre des mesures prises:

— par l'État membre concerné en réponse aux recommandations adressées conformément à l'article 104 C paragraphe 7,

— par l'État membre participant concerné en réponse à la mise en demeure adressée conformément à l'article 104 C paragraphe 9.

2. Si un État membre participant ne met pas en œuvre les mesures qu'il a prises ou si, de l'avis du Conseil, les mesures s'avèrent inadéquates, le Conseil prend immédiatement une décision au titre de l'article 104 C paragraphe 9 ou 11 respectivement.

3. Si les chiffres réels, conformément au règlement (CE) n° 3605/93, indiquent qu'un déficit excessif n'a pas été corrigé par un État membre participant dans les délais prescrits dans les recommandations adressées en application de l'article 104 C paragraphe 7, ou dans la mise en demeure adressée en vertu de l'article 104 C paragraphe 9, le Conseil prend immédiatement une décision au titre de l'article 104 C paragraphe 9 ou paragraphe 11 respectivement.

SECTION 4

SANCTIONS

Article 11

Lorsqu'il décide d'infliger des sanctions à un État membre participant conformément à l'article 104 C paragraphe 11, le Conseil exige en principe un dépôt ne portant pas intérêt. Le Conseil peut décider de compléter ce dépôt par les mesures prévues à l'article 104 C paragraphe 11 premier et deuxième tirets.

Article 12

1. Lorsque le déficit excessif résulte du non-respect du critère relatif au rapport concernant le déficit public défini à l'article 104 C paragraphe 2 point a), le montant du premier dépôt comprend un élément fixe égal à 0,2 % du PIB et un élément variable égal au dixième de la différence entre le déficit exprimé en pourcentage du PIB de l'année précédente et la valeur de référence de 3 % du PIB.

2. Chacune des années suivantes, jusqu'à ce que la décision constatant l'existence d'un déficit excessif ait été abrogée, le Conseil évalue si l'État membre participant concerné a pris des mesures suivies d'effets en réponse à la mise en demeure adressée par le Conseil conformément à l'article 104 C paragraphe 9. Lors de cette évaluation annuelle, le Conseil décide, conformément à l'article 104 C paragraphe 11, et sans préjudice de l'article 13 du présent règlement, de renforcer les sanctions, à moins que l'État membre participant concerné n'ait donné suite à sa mise en demeure. S'il est décidé d'exiger un dépôt supplémentaire, celui-ci est égal au

dixième de la différence entre le déficit exprimé en pourcentage du PIB de l'année précédente et la valeur de référence de 3 % du PIB.

3. Tout dépôt visé aux paragraphes 1 et 2 n'excède pas le plafond de 0,5 % du PIB.

Article 13

Un dépôt est en principe converti en amende par le Conseil, conformément à l'article 104 C paragraphe 11, si, dans les deux années suivant la décision d'exiger de l'État membre participant concerné qu'il fasse un dépôt, le déficit excessif n'a pas, de l'avis du Conseil, été corrigé.

Article 14

Conformément à l'article 104 C paragraphe 12, le Conseil abroge les sanctions visées à l'article 104 C paragraphe 11 premier et deuxième tirets, en fonction de l'importance des progrès réalisés par l'État membre participant concerné dans la correction du déficit excessif.

Article 15

Conformément à l'article 104 C paragraphe 12, le Conseil abroge toutes les sanctions en vigueur si la décision constatant l'existence d'un déficit excessif est abrogée. Les amendes infligées conformément à l'article 13 du présent règlement ne sont pas remboursées à l'État membre participant concerné.

Article 16

Les dépôts visés aux articles 11 et 12 du présent règlement sont constitués auprès de la Commission. Les intérêts sur les dépôts et les amendes visées à l'article 13 du présent règlement font partie des autres recettes au sens de l'article 201 du traité et sont répartis entre les États membres n'étant pas en situation de déficit excessif établi conformément à l'article 104 C paragraphe 6, proportionnellement à leur part dans le produit national brut (PNB) global des États membres éligibles.

SECTION 5

DISPOSITIONS TRANSITOIRES ET FINALES

Article 17

Aux fins du présent règlement et tant que l'exercice budgétaire au Royaume-Uni ne coïncide pas avec l'année civile, les dispositions des sections 2, 3 et 4 du présent règlement s'appliquent au Royaume-Uni selon les modalités figurant en annexe.

Article 18

Le présent règlement entre en vigueur le 1er janvier 1999.

Le présent règlement est obligatoire dans tous ses éléments et directement applicable dans tout État membre.

Fait à Bruxelles, le 7 juillet 1997.

Par le Conseil

Le président

J.-C. JUNCKER

ANNEXE

DÉLAIS APPLICABLES AU ROYAUME-UNI

1. Afin d'assurer l'égalité de traitement de tous les États membres, le Conseil, lorsqu'il prend les décisions visées aux sections 2, 3 et 4 du présent règlement, tient compte des particularités de l'exercice budgétaire au Royaume-Uni afin de prendre les décisions concernant le Royaume-Uni à un moment de son exercice budgétaire similaire à celui auquel des décisions ont été ou seront prises pour les autres États membres.

2. Les dispositions reproduites dans la colonne I ci-dessous sont remplacées par celles figurant dans la colonne II.

Colonne I	Colonne II
«trois mois à compter des dates de notification prévues à l'article 4 paragraphes 2 et 3 du règlement (CE) n° 3605/93 du Conseil» *(article 3 paragraphe 3)*	«cinq mois après la fin de l'exercice budgétaire au cours duquel le déficit est apparu»
«l'année suivant la constatation» *(article 3 paragraphe 4)*	«l'exercice budgétaire suivant la constatation»
«dix mois à compter des dates de notification prévues par le règlement (CE) n° 3605/93 du Conseil et visées à l'article 3 paragraphe 3 du présent règlement» *(article 7)*	«douze mois à compter de la fin de l'exercice budgétaire au cours duquel le déficit est apparu»
«l'année précédente» *(article 12 paragraphe 1)*	«l'exercice budgétaire précédent»

Partie G

Mécanisme de change pendant la troisième phase de l'Union économique et monétaire

Résolution du Conseil européen sur l'établissement d'un mécanisme de taux de change pendant la troisième phase de l'Union économique et monétaire (Amsterdam, le 16 juin 1997) (*)

Se fondant sur les accords intervenus lors de ses réunions de Florence et de Dublin, le Conseil européen décide ce qui suit.

UN MÉCANISME DE TAUX DE CHANGE SERA MIS EN PLACE LORSQUE LA TROISIÈME PHASE DE L'UNION ÉCONOMIQUE ET MONÉTAIRE COMMENCERA LE 1er JANVIER 1999.

Dès le début de la troisième phase de l'union économique et monétaire, le système monétaire européen actuel sera remplacé par le mécanisme de taux de change tel que défini dans la présente résolution. Les procédures de fonctionnement seront fixées dans un accord entre la Banque centrale européenne et les banques centrales nationales des États membres ne participant pas à la zone euro.

Le mécanisme de taux de change liera à l'euro les monnaies des États membres ne participant pas à la zone euro. L'euro sera au centre du nouveau mécanisme. Le mécanisme fonctionnera dans le cadre nécessaire des politiques axées sur la stabilité conformément au traité instituant la Communauté européenne, lesquelles constituent l'élément central de l'union économique et monétaire.

1. PRINCIPES ET OBJECTIFS

1.1. Une stabilité durable des taux de change passe nécessairement par une convergence durable des données économiques fondamentales. À cette fin, tous les États membres, au cours de la troisième phase de l'union économique et monétaire, doivent mener des politiques monétaires rigoureuses et responsables, orientées vers la stabilité des prix. Pour assurer une stabilité durable des taux de change, il est au moins aussi essentiel que tous les États membres mènent des politiques budgétaires et structurelles saines.

1.2. Un environnement économique stable est nécessaire pour assurer le bon fonctionnement du marché unique et pour développer les investissements, la croissance et l'emploi, et il répond donc à l'intérêt de tous les États membres. Le marché unique ne doit pas être compromis par des désalignements des taux de change réels ou par des fluctuations excessives des taux de change nominaux entre l'euro et les autres monnaies de l'Union européenne (UE), ce qui perturberait les flux commerciaux entre les États membres. En outre, conformément à l'article 109 M du traité, chaque État membre est tenu de traiter sa politique de change comme un problème d'intérêt commun. La surveillance des politiques macro-économiques des États membres exercée par le Conseil au titre de l'article 103 du traité sera organisée notamment dans le but d'éviter de tels désalignements ou fluctuations.

1.3. Le mécanisme de taux de change contribuera à assurer que les États membres ne participant pas à la zone euro mais participant au mécanisme orientent leur politique vers la stabilité, favorisera la convergence et appuiera ainsi les efforts qu'ils déploient pour adopter l'euro. Le mécanisme servira de référence pour ces

(*) JO C 236 du 2.8.1997, p. 5-6.

États membres dans la conduite de politiques économiques saines en général et de politiques monétaires saines en particulier. En même temps, le mécanisme contribuera aussi à protéger ces États membres et ceux ayant adopté l'euro contre des pressions injustifiées s'exerçant sur les marchés des changes. En pareil cas, il peut aider les États membres ne participant pas à la zone euro mais participant au mécanisme, dont les monnaies subissent des pressions, à conjuguer le recours à des mesures politiques appropriées, y compris des mesures relatives aux taux d'intérêt, et une intervention coordonnée.

1.4. Le mécanisme contribuera aussi à ce que les États membres qui veulent adopter l'euro après le 1er janvier 1999 soient traités sur un pied d'égalité avec ceux qui l'adoptent dès le début, en ce qui concerne le respect des critères de convergence.

1.5. Le mécanisme de taux de change fonctionnera sans préjudice de l'objectif principal de la Banque centrale européenne (BCE) et des banques centrales nationales, qui consiste à maintenir la stabilité des prix. Il conviendrait de veiller à ce que les ajustements des taux pivots soient effectués en temps utile afin d'éviter des désalignements importants.

1.6. La participation au mécanisme de taux de change sera facultative pour les États membres ne participant pas à la zone euro. Toutefois, on peut s'attendre à ce que les États membres faisant l'objet d'une dérogation participent au mécanisme. Un État membre qui ne participe pas dès le début au mécanisme de taux de change peut y participer ultérieurement.

1.7. Le mécanisme de taux de change sera fondé sur des taux pivots définis par rapport à l'euro. La marge de fluctuation standard sera relativement large. Par la mise en œuvre de politiques économiques et monétaires axées sur la stabilité, les taux pivots resteront la référence pour les États membres ne participant pas à la zone euro mais participant au mécanisme.

1.8. En outre, une certaine souplesse est permise, en particulier afin de pouvoir s'adapter aux différents degrés, rythmes et stratégies de convergence économique des États membres ne participant pas à la zone euro qui s'intègrent au mécanisme. La coopération en matière de politique de taux de change peut être encore renforcée, par exemple en prévoyant la possibilité de liens de taux de change plus étroits entre l'euro et les autres monnaies participant au mécanisme de taux de change, lorsque et dans la mesure où cela est approprié à la lumière des progrès réalisés en matière de convergence. L'existence de liens plus étroits de cette nature, en particulier s'ils impliquent des marges de fluctuation plus étroites, n'affecterait en rien l'interprétation du critère du taux de change prévu à l'article 109 J du traité.

2. PRINCIPALES CARACTÉRISTIQUES

2.1. Un taux pivot par rapport à l'euro sera déterminé pour la monnaie de chacun des États membres ne participant pas à la zone euro mais participant au mécanisme de taux de change. Il y aura une marge de fluctuation standard d'environ 15 % de part et d'autre des taux pivots. L'intervention à la marge se fera en principe de manière automatique et illimitée, avec des financements à très court terme disponibles. Toutefois, la BCE et les banques centrales des autres participants pourraient suspendre l'intervention si cela était contraire à leur objectif principal. Dans leur décision, elles tiendraient dûment compte de tous les facteurs pertinents et, en particulier, de la nécessité de maintenir la stabilité des prix et la crédibilité du fonctionnement du mécanisme de taux de change.

2.2. Comme il sera précisé dans l'accord fixant les procédures de fonctionnement du mécanisme de taux de change qui doit être conclu entre la BCE et les banques centrales nationales, l'utilisation souple des taux d'intérêt sera une caractéristique importante du mécanisme et il sera possible de procéder à des interventions intramarginales coordonnées.

2.3. Les décisions relatives aux taux pivots et à la marge de fluctuation standard seront prises d'un commun accord par les ministres des États membres participant à la zone euro, la BCE et les ministres et les gouverneurs des banques centrales des États membres ne participant pas à la zone euro mais participant au nouveau mécanisme, suivant une procédure commune associant la Commission et après consultation du comité économique et financier. Les ministres et gouverneurs des banques centrales des États membres ne participant pas au mécanisme de taux de change seront associés à la procédure mais n'auront pas le droit de vote. Toutes les parties à l'accord commun, y compris la BCE, auront le droit d'engager une procédure confidentielle visant à réexaminer les taux pivots.

2.4. Au cas par cas, des marges de fluctuation plus étroites que la marge standard, définies par un accord formel et soutenues en principe par un financement et une intervention automatiques, peuvent être fixées à la demande d'un État membre ne participant pas à la zone euro. La décision de resserrer la marge de fluctuation serait prise par les ministres des États membres participant à la zone euro, la BCE et le ministre et le gouverneur de la banque centrale de l'État membre concerné ne participant pas à la zone euro, suivant une procédure commune associant la Commission et après consultation du comité économique et financier. Les ministres et les gouverneurs des banques centrales des autres États membres seront associés à la procédure mais n'auront pas le droit de vote.

2.5. La marge standard et les marges plus étroites n'affectent en rien l'interprétation de l'article 109 J paragraphe 1 troisième tiret du traité.

2.6. Les modalités du mécanisme de financement à très court terme seront fixées dans un accord entre la BCE et les banques centrales nationales, en s'inspirant très largement des dispositions actuelles. L'Institut monétaire européen (IME) a élaboré un tel accord comportant les procédures de fonctionnement requises par la présente résolution. L'IME le présentera à la BCE et aux banques centrales nationales des États membres ne participant pas à la zone euro le jour de la mise en place de la BCE.

Accord du 1er septembre 1998 fixant entre la Banque centrale européenne et les banques centrales nationales des États membres n'appartenant pas à la zone euro les modalités de fonctionnement d'un mécanisme de taux de change pendant la troisième phase de l'Union économique et monétaire (*)

LA BANQUE CENTRALE EUROPÉENNE (CI-APRÈS DÉNOMMÉE «LA BCE») ET LES BANQUES CENTRALES NATIONALES DES ÉTATS MEMBRES N'APPARTENANT PAS À LA ZONE EURO (CI-APRÈS DÉNOMMÉS RESPECTIVEMENT «LES BCN N'APPARTENANT PAS À LA ZONE EURO» ET «LES ÉTATS MEMBRES N'APPARTENANT PAS À LA ZONE EURO»),

considérant que le Conseil européen est convenu, dans sa résolution du 16 juin 1997 (ci-après dénommée «la résolution»), de mettre en place un mécanisme de taux de change (ci-après dénommé «le MCE II») lorsque la troisième phase de l'Union économique et monétaire commencera le 1er janvier 1999;

considérant que, aux termes de ladite résolution,

— le Système monétaire européen actuel sera remplacé par le MCE II,

— un environnement économique stable est nécessaire pour assurer le bon fonctionnement du marché unique et pour développer les investissements, la croissance et l'emploi, et il répond donc à l'intérêt de tous les États membres. Le marché unique ne doit pas être compromis par des désalignements des taux de change réels ou par des fluctuations excessives des taux de change nominaux entre l'euro et les autres monnaies de l'Union européenne, ce qui perturberait les flux commerciaux entre les États membres. En outre, conformément à l'article 109 M du traité instituant la Communauté européenne, chaque État membre est tenu de traiter sa politique de change comme un problème d'intérêt commun,

— le MCE II contribuera à assurer que les États membres n'appartenant pas à la zone euro mais participant au mécanisme (ci-après dénommés «les États membres participants n'appartenant pas à la zone euro») orientent leur politique vers la stabilité et favorisera la convergence, appuyant ainsi les efforts qu'ils déploient pour adopter l'euro,

— la participation au MCE II sera facultative pour les États membres n'appartenant pas à la zone euro. Toutefois, on peut attendre des États membres faisant l'objet d'une dérogation qu'ils participent au mécanisme. Un État membre qui ne participe pas dès le début au MCE II peut y participer ultérieurement,

— le MCE II fonctionnera sans préjudice de l'objectif principal de la BCE et des BCN n'appartenant pas à la zone euro, qui consiste à maintenir la stabilité des prix,

— un cours pivot par rapport à l'euro sera déterminé pour la monnaie de chacun des États membres n'appartenant pas à la zone euro mais participant au mécanisme de taux de change (ci-après dénommée «la monnaie participante n'appartenant pas à la zone euro»),

— il y aura une marge de fluctuation standard de 15 % de part et d'autre des cours pivots,

— il conviendrait de veiller à ce que les ajustements des cours pivots soient effectués en temps utile afin d'éviter des désalignements importants. Ainsi, toutes les parties à

(*) JO C 345 du 13.11.1998, p. 6-12.

l'accord commun sur les cours pivots, y compris la BCE, auront le droit d'engager une procédure confidentielle visant à réexaminer les cours pivots,

— l'intervention à la marge se fera en principe de manière automatique et illimitée, avec des financements à très court terme. Toutefois, la BCE et les BCN des autres participants (ci-après dénommées «les BCN participantes n'appartenant pas à la zone euro») pourraient suspendre l'intervention si cela était contraire à leur objectif principal, qui est de maintenir la stabilité des prix. Dans leur décision, elles tiendraient dûment compte de tous les facteurs pertinents et, en particulier, de la nécessité de maintenir la stabilité des prix et la crédibilité du MCE II,

— la coopération en matière de politique de change peut être encore renforcée, par exemple en prévoyant la possibilité de liens de change plus étroits entre l'euro et les autres monnaies participant au MCE II, lorsque et dans la mesure où cela serait approprié à la lumière des progrès réalisés en matière de convergence;

considérant que les interventions constitueront un instrument de soutien, venant compléter d'autres mesures, notamment la mise en œuvre de politiques budgétaires et monétaires propices à la convergence économique et à la stabilité des taux de change. Il sera possible de recourir à des interventions intramarginales coordonnées, décidées d'un commun accord entre la BCE et la BCN participante concernée n'appartenant pas à la zone euro, parallèlement à d'autres mesures appropriées, dont l'utilisation souple des taux d'intérêt, prises par cette dernière;

considérant qu'il faut permettre une souplesse suffisante, afin notamment de pouvoir s'adapter aux différents degrés, rythmes et stratégies de convergence économique des États membres n'appartenant pas à la zone euro;

considérant que le présent accord n'exclut pas la mise en place, sur une base bilatérale, de marges de fluctuation supplémentaires et la conclusion d'accords en matière d'intervention entre des États membres n'appartenant pas à la zone euro,

SONT CONVENUES DES DISPOSITIONS QUI SUIVENT:

I. COURS PIVOTS ET MARGES DE FLUCTUATION

Article premier

Cours pivots bilatéraux et cours d'intervention entre l'euro et les monnaies participantes n'appartenant pas à la zone euro

1.1. Les parties au présent accord participent à la notification conjointe des cours pivots bilatéraux au marché, ainsi que toute modification qui leur est apportée, entre les monnaies participantes n'appartenant pas à la zone euro et l'euro, tels qu'ils ont été établis suivant la procédure commune définie au paragraphe 2.3 de la résolution.

1.2. En concordance avec les marges de fluctuation définies conformément aux dispositions des paragraphes 2.1, 2.3 et 2.4 de la résolution, la BCE et chaque BCN participante n'appartenant pas à la zone euro établissent, d'un commun accord, les cours plafond et plancher bilatéraux entre l'euro et les monnaies participantes n'appartenant pas à la zone euro, pour les interventions automatiques. La BCE et les BCN participantes n'appartenant pas à la zone euro communiquent conjointement ces taux au marché, et ceux-ci sont cotés conformément à la convention figurant à l'annexe I.

II. INTERVENTIONS

Article 2

Dispositions générales

2.1. Les interventions s'effectueront en principe en euros et dans les monnaies participantes n'appartenant pas à la zone euro. La BCE et les BCN participantes n'appartenant pas à la zone euro se communiqueront mutuellement des informations sur toutes les interventions de change destinées à préserver la cohésion du MCE II.

2.2. La BCE et les BCN n'appartenant pas à la zone euro se communiqueront aussi mutuellement des informations concernant toutes les autres interventions de change.

Article 3

Interventions aux marges

3.1. Les interventions aux marges seront en principe automatiques et sans limitation de montant. La BCE et les BCN participantes n'appartenant pas à la zone euro pourront cependant suspendre les interventions automatiques si celles-ci sont susceptibles d'entrer en conflit avec leur objectif principal, qui est de maintenir la stabilité des prix.

3.2. Pour prendre sa décision quant à l'opportunité de suspendre les interventions, la BCE ou une BCN participante n'appartenant pas à la zone euro prendra dûment en considération tous les autres éléments pertinents, notamment le fonctionnement crédible du MCE II. La BCE et/ou la BCN participante concernée n'appartenant pas à la zone euro fonderont toute décision sur des faits concrets et tiendront compte également, à cet égard, des éventuelles conclusions émanant des autres organes compétents. La BCE et/ou la BCN participante concernée n'appartenant pas à la zone euro feront part, le plus tôt possible et de manière strictement confidentielle, aux autres autorités monétaires concernées et aux autorités monétaires des autres États membres participants n'appartenant pas à la zone euro de toute intention de suspendre leurs interventions.

3.3. Une procédure de paiement après paiement, définie à l'annexe I, est appliquée en cas d'intervention aux marges.

Article 4

Interventions intramarginales coordonnées

La BCE et les BCN participantes n'appartenant pas à la zone euro peuvent décider de procéder à des interventions intramarginales coordonnées.

Article 5

Accord préalable aux interventions et aux autres opérations

5.1. L'accord préalable de la Banque centrale émettrice de la monnaie d'intervention est requis lorsqu'une Banque centrale a l'intention d'utiliser la monnaie de la première pour des montants qui dépassent les limites établies par accord commun, en liaison avec toutes les interventions facultatives, y compris les interventions intramarginales unilatérales, impliquant l'achat ou la vente de monnaies participantes.

5.2. L'accord préalable est également requis pour les opérations autres que les interventions qui concernent au moins une monnaie participante n'appartenant pas à la zone euro ou l'euro et dont l'importance est de nature à influencer le taux de change des deux monnaies concernées. Dans de tels cas, les deux Banques centrales concernées conviennent d'une approche qui réduira au minimum les problèmes, en prévoyant éventuellement un règlement direct, total ou partiel, entre les deux parties.

III. MÉCANISME DE FINANCEMENT À TRÈS COURT TERME

Article 6

Dispositions générales

6.1. Pour les besoins des interventions en euros et dans les monnaies participantes n'appartenant pas à la zone euro, la BCE et chaque BCN participante n'appartenant pas à la zone euro s'ouvrent mutuellement des facilités de crédit à très court terme. L'échéance initiale d'une opération de financement à très court terme est de trois mois.

6.2. Les opérations de financement conclues au titre de ces facilités prennent la forme d'achats et de ventes de monnaies participantes au comptant, qui donnent lieu à des créances et à des engagements correspondants, libellés dans la monnaie du créancier, entre la BCE et les BCN participantes n'appartenant pas à la zone euro. La date de valeur des opérations de financement coïncide avec la date de valeur des interventions sur le marché. La BCE enregistre toutes les transactions effectuées dans le cadre de ces facilités.

Article 7

Financement des interventions aux marges

7.1. Le financement à très court terme est en principe mis à disposition automatiquement et sans limitation de montant pour financer les interventions en monnaies participantes qui sont effectuées aux marges.

7.2. La Banque centrale débitrice utilise ses réserves de change de manière appropriée avant de recourir au mécanisme.

7.3. La BCE et les BCN participantes n'appartenant pas à la zone euro peuvent susprendre le financement automatique si celui-ci est susceptible d'entrer en conflit avec leur objectif principal, qui est de maintenir la stabilité des prix. La suspension du financement automatique est soumise aux dispositions du point 3.2 du présent accord.

Article 8

Financement des interventions intramarginales

Pour les besoins des interventions intramarginales, le financement à très court terme peut être mis à disposition, avec l'accord de la Banque centrale émettrice de la monnaie d'intervention, dans les conditions suivantes:

a) le montant cumulatif du financement mis à la disposition de la Banque centrale débitrice ne doit pas dépasser le plafond prévu pour cette dernière à l'annexe II;

b) la Banque centrale débitrice doit utiliser ses réserves de change de manière appropriée avant de recourir au mécanisme.

Article 9

Rémunération

9.1. Les encours d'opérations de financement à très court terme seront rémunérés au taux représentatif à trois mois de la monnaie du créancier, relevé sur le marché monétaire interne le jour de l'opération de financement initiale ou, dans le cas d'un renouvellement en application des articles 10 et 11 du présent accord, aux taux à trois mois de la monnaie du créancier, relevé sur le marché monétaire le jour où l'opération de financement initiale devant être renouvelée vient à échéance.

9.2. Les intérêts courus sont réglés dans la monnaie du créancier, à l'échéance initiale de l'opération de financement, ou, le cas échéant, le jour de la liquidation anticipée d'un solde débiteur. Dans le cas du renouvellement du financement en application des articles 10 et 11 du présent accord, les intérêts sont capitalisés à la fin de chaque période de trois mois et sont versés le jour du remboursement définitif du solde débiteur.

9.3. En vue de l'application du point 9.1 du présent accord, chaque BCN participante n'appartenant pas à la zone euro communique à la BCE le taux représentatif à trois mois du marché monétaire interne. La BCE utilise un taux représentatif à trois mois de l'euro, ayant cours sur le marché monétaire interne, et le communique aux BCN participantes n'appartenant pas à la zone euro.

Article 10

Renouvellement automatique

À l'initiative de la Banque centrale débitrice, l'échéance initiale d'une opération de financement pourra être reportée pour trois mois.

Toutefois:

a) l'échéance initiale ne peut être renouvelée automatiquement qu'une fois pour trois mois au maximum;

b) l'encours total de l'endettement résultant de l'application du présent article ne peut à aucun moment dépasser le plafond prévu pour la Banque centrale débitrice à l'annexe II, qui fixe le plafond pour chaque Banque centrale.

Article 11

Renouvellement par accord commun

11.1. Toute dette dépassant le plafond prévu à l'annexe II peut être renouvelée une fois pour trois mois avec l'accord de la Banque centrale créditrice.

11.2. Toute dette déjà renouvelée automatiquement pour trois mois peut faire l'objet d'un second renouvellement pour trois mois, avec l'accord de la Banque centrale créditrice.

Article 12

Remboursement anticipé

Tout solde débiteur enregistré au titre des articles 6, 10 et 11 du présent accord peut être réglé à tout moment par anticipation à l'initiative de la Banque centrale débitrice.

Article 13

Compensation des créances et engagements réciproques

Les créances et engagements réciproques entre la BCE et une BCN participante n'appartenant pas à la zone euro issus des opérations prévues aux articles 6 à 12 du présent accord peuvent faire l'objet d'une compensation par accord commun entre les deux parties concernées.

Article 14

Moyens de règlement

14.1. À l'échéance des opérations de financement ou dans le cas d'un remboursement anticipé, le règlement s'effectuera en principe au moyen des avoirs libellés dans la monnaie du créancier.

14.2. Cette disposition s'applique sans préjudice des autres formes de règlement convenues entre Banques centrales créditrices et débitrices.

IV. LE RENFORCEMENT DE LA COOPÉRATION DANS LE DOMAINE DES CHANGES

Article 15

Renforcement de la coopération en matière de change

15.1. Il est possible de renforcer la coopération dans le domaine de la politique de change entre les BCN participantes n'appartenant pas à la zone euro et la BCE; en particulier, un resserrement des liens en matière de change peut être décidé au cas par cas, à l'initiative de l'État membre participant intéressé n'appartenant pas à la zone euro.

15.2. Au cas par cas, des marges de fluctuation plus étroites que la marge standard, définies par un accord formel et soutenues en principe par des interventions et des financements automatiques, peuvent être fixées à la demande de l'État membre participant concerné n'appartenant pas à la zone euro, conformément à la procédure prévue au paragraphe 2.4 de la résolution.

15.3. D'autres types de dispositifs de change plus étroits revêtant un caractère informel peuvent également être mis en place entre la BCE et les BCN participantes n'appartenant pas à la zone euro.

Article 17

Réexamen des cours pivots et de la participation à des marges de fluctuation plus étroites

17.1. Toutes les parties à l'accord commun conclu conformément au paragraphe 2.3 de la résolution, notamment la BCE, auront le droit d'engager une procédure confidentielle visant à réexaminer les cours pivots.

17.2. Dans le cas de marges de fluctuation plus étroites que la marge standard, définies par un accord formel, toutes les parties à la décision conjointe, prise conformément au paragraphe 2.4 de la résolution, notamment la BCE, auront le droit d'engager un réexamen confidentiel du bien-fondé de la participation de la monnaie considérée à la marge plus étroite.

V. SURVEILLANCE DU FONCTIONNEMENT DU SYSTÈME

Article 16

Missions du Conseil général de la BCE

16.1. Le Conseil général de la BCE supervisera le fonctionnement du MCE II et sera l'instance qui assurera la coordination des politiques monétaires et des politiques de change ainsi que la gestion des mécanismes d'intervention et de financement définis dans le présent accord. Il surveillera attentivement et en permanence la viabilité des rapports de change bilatéraux entre chaque monnaie participante n'appartenant pas à la zone euro et l'euro.

16.2. Le Conseil général de la BCE procédera à l'examen périodique des conditions d'application du présent accord à la lumière de l'expérience acquise.

VI. NON-PARTICIPATION

Article 18

Applicabilité

Les dispositions de l'article 1er, du point 2.1 et des articles 3, 4, 6 à 15 et 17 du présent accord ne s'appliquent pas aux BCN n'appartenant pas à la zone euro, qui ne participent pas au MCE II.

Article 19

Coopération dans le cadre de la concertation

Les BCN n'appartenant pas à la zone euro et qui ne participent pas au MCE II coopèrent avec la BCE et les BCN participantes n'appartenant pas à la zone euro dans le cadre de la concertation et des autres échanges d'informations nécessaires au bon fonctionnement du MCE II.

VII. DISPOSITIONS FINALES

Article 20

Dispositions finales

20.1. Le présent accord remplace, avec effet au 1er janvier 1999, l'accord du 13 mars 1979, modifié par l'acte du 10 juin 1985 et l'acte du 10 novembre 1987, fixant les modalités de fonctionnement du Système monétaire européen.

20.2. Le présent accord est établi en un exemplaire dûment signé dans chacune des versions allemande, anglaise et française. Une copie certifiée conforme à l'original, dans chaque langue, sera remise à chaque Banque centrale par les soins de la BCE, qui est chargée de conserver les originaux. Le présent accord sera traduit dans toutes les autres langues officielles de la Communauté et publié dans la série C du *Journal officiel des Communautés européennes.*

ANNEXE I

CONVENTION POUR LA COTATION DES MONNAIES PARTICIPANT AU MCE II ET PROCÉDURE DE PAIEMENT APRÈS PAIEMENT APPLICABLE EN CAS D'INTERVENTION AUX MARGES

A) Convention concernant la cotation

Pour toutes les monnaies des États membres n'appartenant pas à la zone euro mais participant au MCE II, le taux de change appliqué pour le cours pivot bilatéral vis-à-vis de l'euro est coté en utilisant l'euro comme monnaie de base. Le taux de change exprime la valeur de 1 euro avec six chiffres significatifs pour toutes les monnaies.

Le même convention s'applique pour la cotation des cours d'intervention supérieurs et inférieurs vis-à-vis de l'euro des monnaies des États membres n'appartenant pas à la zone euro mais participant au MCE II. Les cours d'intervention sont déterminés en ajoutant la marge de fluctuation convenue, exprimée en pourcentage, aux cours pivots bilatéraux, ou en la retranchant. Les taux obtenus sont arrondis au sixième chiffre significatif.

B) Procédure de paiement après paiement

En cas d'intervention aux marges, une procédure de paiement après paiement sera appliquée par la BCE et les BCN de la zone euro. Les BCN n'appartenant pas à la zone euro mais participant au MCE II appliqueront cette procédure lorsqu'elles joueront le rôle de correspondant pour les BCN de la zone euro et pour la BCE, conformément aux dispositions prévues par la présente annexe; les BCN n'appartenant pas à la zone euro mais participant au MCE II peuvent, si elles le jugent bon, adopter la procédure de paiement après paiement lors du règlement des interventions aux marges qu'elles ont effectuées pour leur propre compte.

i) *Principes généraux*

— La procédure de paiement après paiement est appliquée lorsqu'il est procédé, dans le cadre du MCE II, à des interventions aux marges entre l'euro et les monnaies des États membres n'appartenant pas à la zone euro mais participant au MCE II,

— pour être admises à participer aux interventions aux marges dans le cadre du MCE II, les contreparties sont tenues d'entretenir un compte dans les livres de la BCN concernée. Elles sont également tenues de posséder une adresse SWIFT et/ou d'échanger des clés télégraphiques authentifiées avec la BCN concernée ou avec la BCE. En outre, les contreparties éligibles peuvent effectuer directement avec la BCE des interventions aux marges au sein du MCE II,

— les BCN n'appartenant pas à la zone euro mais participant au MCE II jouent le rôle de correspondant pour les BCN de la zone euro et pour la BCE,

— lorsqu'il est procédé à des interventions aux marges, la BCN concernée ou la BCE n'effectue le paiement au titre d'une opération donnée qu'après avoir reçu confirmation, par son correspondant, que le montant dû a été porté au crédit de son compte. Les contreparties doivent procéder à temps au paiement de manière à ce que les BCN et la BCE puissent remplir leurs obligations de paiement respectives. En conséquence, les contreparties sont tenues d'effectuer le paiement avant l'expiration d'un délai fixé à l'avance.

ii) *Délai fixé aux contreparties pour le versement des fonds*

Les contreparties doivent verser les montants dus au titre des interventions au plus tard à 13 heures, heure de la BCE (Central European Time), le jour de la date de valeur.

ANNEXE II

PLAFONDS FIXÉS POUR L'ACCÈS AU FINANCEMENT À TRÈS COURT TERME VISÉ AUX ARTICLES 8, 10 ET 11 DE L'ACCORD DU 1ER SEPTEMBRE 1998

Avec effet au 1er janvier 1999

(en millions d'euros)

Banques centrales parties au présent accord	Plafonds [1]
Danmarks Nationalbank	520
Banque de Grèce	300
Sveriges Riksbank	990
Bank of England	3 480
Banque centrale européenne	néant

[1] Pour les Banques centrales ne participant pas au MCE II, les montants indiqués ont une valeur théorique.

BCN agissant pour le compte de la zone euro	Plafonds
Nationale Bank van België/Banque nationale de Belgique	néant
Deutsche Bundesbank	néant
Banco de España	néant
Banque de France	néant
Central Bank of Ireland	néant
Banca d'Italia	néant
Banque centrale du Luxembourg	néant
De Nederlandsche Bank	néant
Oesterreichische Nationalbank	néant
Banco de Portugal	néant
Suomen Pankki	néant

Partie H

Aspects externes de l'euro

H 1

Résolution du Conseil européen du 13 décembre 1997 sur la coordination des politiques économiques au cours de la troisième phase de l'UEM et sur les articles 109 et 109 B du traité CE (*)

[Les points I et III de cette résolution sont repris au point E 1 de ce Compendium.]

II. MISE EN ŒUVRE DES DISPOSITIONS DU TRAITÉ RELATIVES À LA POLITIQUE DE CHANGE, À LA POSITION EXTÉRIEURE ET À LA REPRÉSENTATION DE LA COMMUNAUTÉ (ARTICLE 109 DU TRAITÉ)

7. Le Conseil européen reconnaît la responsabilité qui incombera à la Communauté du fait de l'introduction de l'euro, l'une des principales monnaies du système monétaire mondial. La contribution que la Communauté apportera par l'intermédiaire du SEBC, dans le strict respect de la répartition des compétences et des procédures établies par le traité, sera de créer un pôle de stabilité des prix. De son côté, le Conseil européen est déterminé à jouer pleinement son rôle en contribuant à jeter les fondements d'une économie prospère et performante dans la Communauté, dans le respect du principe d'une économie ouverte où la concurrence est libre, favorisant une répartition efficace des ressources, et dans le respect des principes énoncés à l'article 3 A du traité. Le Conseil européen a la conviction que ces conditions formeront la base d'une monnaie forte et respectée.

8. Le Conseil devrait surveiller l'évolution du taux de change de l'euro à la lumière d'une large gamme de données économiques. La Commission devrait fournir des analyses au Conseil, et le Comité économique et financier devrait préparer les travaux du Conseil. Il est important d'appliquer pleinement les dispositions du traité pour assurer entre le Conseil et la BCE un échange de vues et d'informations sur le taux de change de l'euro. Même si les taux de change doivent être considérés en général comme la résultante de toutes les autres politiques économiques, le Conseil peut, dans des circonstances exceptionnelles, par exemple en cas de désalignement manifeste, formuler des orientations générales de politique de change vis-à-vis des monnaies non communautaires, conformément à l'article 109, paragraphe 2, du traité. Ces orientations générales devraient toujours respecter l'indépendance du SEBC et être conformes à l'objectif principal du SEBC, qui est d'assurer la stabilité des prix.

9. Le Conseil devrait arrêter la position de la Communauté au niveau international en ce qui concerne des questions qui revêtent un intérêt particulier pour l'UEM, conformément à l'article 109, paragraphe 4, du traité. À cet égard, il s'agira tant des relations bilatérales entre l'Union européenne et des pays tiers que des travaux se déroulant dans des enceintes internationales ou des groupements informels d'États. Cette disposition a une portée nécessairement limitée, puisque seuls les États membres faisant partie de la zone «euro», votent dans le cadre de l'article 109.

(*) JO C 35 du 2.2.1998, p. 1-4.

10. Le Conseil et la Banque centrale européenne rempliront leurs tâches dans la représentation de la Communauté au niveau international de manière efficace et dans le respect de la répartition des compétences prévue au traité. En ce qui concerne les éléments de politique économique autres que la politique monétaire et de taux de change, les États membres devraient continuer à présenter leurs politiques en dehors du cadre communautaire, tout en tenant pleinement compte de l'intérêt de la Communauté. La Commission sera associée à la représentation externe dans la mesure nécessaire pour lui permettre d'exercer le rôle que lui assignent les dispositions du traité.

La représentation dans les organisations internationales devrait être conforme aux règles de ces dernières. Les relations entre la Communauté et le Fonds monétaire international (FMI), notamment, devraient être régies par la disposition, contenue dans les statuts du Fonds, selon laquelle seuls des pays peuvent être membres de cette institution. Les États membres devraient, en leur qualité de membres du Fonds monétaire international (FMI), contribuer à mettre sur pied des arrangements pratiques qui faciliteraient la surveillance par le FMI et l'exposé des positions de la Communauté, y compris de l'avis du SEBC, dans les instances du Fonds.

H 2

Rapport du Conseil au Conseil européen sur l'état de préparation à la troisième phase de l'UEM, notamment en ce qui concerne la représentation extérieure de la Communauté (annexe II aux conclusions de la présidence du Conseil européen de Vienne des 11 et 12 décembre 1998) (*)

Après plusieurs années d'intenses travaux préparatoires, l'Union européenne est prête à aborder la troisième phase de l'UEM le 1er janvier 1999. Onze de ses États membres adopteront l'euro comme monnaie. Un travail considérable a été accompli pour réaliser la convergence. Le Conseil «Ecofin» a également mis au point, pour approbation par les chefs d'État ou de gouvernement, le cadre d'une Union économique et monétaire fonctionnant bien, y compris le pacte de stabilité et de croissance ainsi que des procédures relatives à la coordination des politiques économiques (voir annexe). Le point en suspens, pour lequel les décisions restent à prendre, concerne la représentation extérieure de la Communauté. Lors du Conseil européen de Luxembourg, en décembre 1997, les chefs d'État ou de gouvernement avaient donné un important élan à ce travail, et, à Cardiff, ils avaient demandé au Conseil de «prendre les mesures nécessaires pour assurer d'une manière efficace la représentation extérieure de la zone constituée par les participants à l'euro».

Dans ses travaux consacrés à la représentation extérieure, le Conseil a bénéficié d'une aide substantielle de la part de la Commission et du SEBC/de la BCE, dans les domaines relevant de leurs compétences respectives. Il a été saisi en particulier d'une proposition de la Commission sur la représentation et la prise de position de la Communauté au niveau international dans le contexte de l'Union économique et monétaire.

La représentation extérieure de la Communauté dans la troisième phase de l'UEM impliquera des changements dans l'organisation actuelle des enceintes internationales. Il conviendra dès lors de persuader les pays et institutions tiers d'accepter les solutions proposées par l'Union européenne. Le Conseil considère qu'une approche pragmatique, qui réduirait autant que possible l'adaptation des règles et pratiques actuelles, pourrait avoir le plus de chances de réussir, à condition, bien entendu, que cette approche aboutisse à une reconnaissance satisfaisante du rôle de l'euro.

Il découle du traité qu'une distinction doit être établie entre la représentation:

— de la Communauté au niveau international en ce qui concerne les questions intéressant particulièrement l'Union économique et monétaire (article 109, paragraphe 4)

et

— pour des matières qui ne relèvent pas de la compétence de la Communauté mais pour lesquelles il peut être approprié que les États membres formulent des conceptions communes.

En ce qui concerne le premier titre du paragraphe 4 — la représentation de la Communauté au niveau international en ce qui concerne les questions intéressant particulièrement l'UEM — le Conseil estime que, s'il faut tenter de parvenir rapidement à des solutions pragmatiques avec nos partenaires internationaux, il faut aussi les développer à terme dans le respect des principes suivants:

— la Communauté doit parler d'une seule voix;

(*) *Bulletin de l'Union européenne*, 12-1998, p. 25-28.

— la Communauté doit être représentée au niveau du Conseil/ministériel et au niveau bancaire central [1];

— la Commission «sera associée à la représentation extérieure de la Communauté dans la mesure nécessaire pour lui permettre de s'acquitter du rôle que lui attribue le traité» [2].

En ce qui concerne le second tiret — matière qui ne relève pas de la compétence de la Communauté —, le Conseil a estimé qu'il était utile de parvenir à des solutions pragmatiques pour la représentation extérieure.

Dans la recherche de solutions pragmatiques, le Conseil a axé ses travaux sur trois domaines importants:

— la représentation au sein du groupe des ministres des finances et des gouverneurs du G7,

— la représentation au Fonds monétaire international,

— la composition des délégations «Ecofin» pour les missions dans les pays tiers.

1. REPRÉSENTATION AU SEIN DU GROUPE DES MINISTRES DES FINANCES ET DES GOUVERNEURS DU G7

En ce qui concerne la participation de la Banque centrale européenne à la représentation de la Communauté au sein du groupe des ministres des finances et des gouverneurs du G7, les partenaires non européens ont déjà accepté que le président de la BCE participe aux réunions du groupe pour les discussions qui concernent l'UEM, par exemple, la surveillance multilatérale et les questions de taux de change, ainsi que pour l'approbation des parties pertinentes de la déclaration publiée.

En ce qui concerne la représentation de la Communauté au niveau ministériel pour les questions concernant l'UEM, le Conseil est convenu de proposer aux autres partenaires du G7 d'inviter à se joindre à eux le président du Conseil «Ecofin» ou, si le président vient d'un État membre ne faisant pas partie de la zone euro, le président du groupe EUR-11. Si le président vient d'un pays de la zone euro qui ne fait pas partie du G7, il assisterait aux réunions en plus des membres du Conseil «Ecofin» de la zone euro déjà présents.

Pendant une phase transitoire, l'un des ministres de la zone euro qui participent en permanence aux travaux du G7 assistera le président du Conseil «Ecofin»/du groupe EUR-11 par roulement pour une période de un an de manière à assurer une meilleure continuité.

En ce qui concerne la participation de la Commission à la représentation de la Communauté, le Conseil est convenu de proposer aux autres partenaires du G7 qu'un représentant de la Commission soit membre de la délégation de la Communauté pour assister le président du Conseil «Ecofin» ou du groupe EUR-11.

À la lumière des décisions prises sur les points précédents, il faudra ensuite se pencher sur la participation aux réunions préparatoires (suppléants). Le Conseil est convenu qu'il y a lieu d'assurer, en tant que partie intégrante de la représentation de la Communauté au G7, la préparation informelle des questions concernant l'UEM au sein du groupe EUR-11 avant les réunions. Le Conseil a également souligné la nécessité de disposer d'un réseau de communication efficace entre ses membres.

À cette fin, on étudiera la possibilité de mettre en place un réseau moderne d'instruments de communication (audio- et vidéoconférence)

(1) L'article 6.1 du protocole sur le SEBC et la BCE prévoit ce qui suit: «Dans le domaine de la coopération internationale concernant les missions confiées au SEBC, la BCE décide la manière dont le SEBC est représenté.» L'article 6.3 ajoute: «Les articles 6.1 et 6.2 s'appliquent sans préjudice de l'article 109, paragraphe 4, du traité.»

(2) Point 10, dernière phrase, de la résolution du Conseil européen de Luxembourg.

entre les quinze ministères de l'économie et des finances, la Commission européenne, la BCE et le secrétariat du comité économique et financier, en s'efforçant de faire avancer rapidement les travaux. Cette procédure ne peut pas, bien entendu, être utilisée pour l'adoption de tout acte juridiquement contraignant.

Les solutions retenues pour le groupe des ministres des finances et des gouverneurs du G7 serviront de base à la recherche de solutions pour d'autres enceintes.

Le Conseil a reconnu que le G7 débattra fréquemment de questions internationales allant au-delà de la compétence de la Communauté et de l'intérêt particulier des onze États membres faisant partie de la zone euro et concernant tous les États membres. Même pour ces questions, qui relèvent de la compétence des États membres, il conviendra peut-être de formuler et de présenter des conceptions communes. L'examen et la formulation, lors de récentes sessions du Conseil «Ecofin», de conceptions communes sur des sujets tels que la Russie et le système financier international pourraient servir de modèle. Ces conceptions communes constitueront en tout état de cause des positions qui sont adoptées par le G7 et d'autres enceintes.

2. REPRÉSENTATION AU FONDS MONÉTAIRE INTERNATIONAL

Le Conseil estime que, pour la présentation des questions concernant spécifiquement l'UEM, il peut être nécessaire de rechercher des solutions pragmatiques n'exigeant pas une modification des statuts du FMI:

— une première mesure nécessaire a déjà été prise; le conseil d'administration du FMI a accepté d'accorder à la BCE un statut d'observateur en son sein;

— deuxièmement, le point de vue de la Communauté européenne/de l'UEM serait présenté au conseil du FMI par le membre compétent du bureau du directeur exécutif de l'État membre exerçant la présidence du groupe EUR-11, assisté par un représentant de la Commission.

3. COMPOSITION DES DÉLÉGATIONS «ECOFIN»/DU GROUPE EUR-11 POUR LES MISSIONS DANS LES PAYS TIERS

La composition des délégations «Ecofin»/du groupe EUR-11 pour les missions dans les pays tiers peut varier en fonction des circonstances et des objectifs. Il appartient au président du Conseil/du groupe EUR-11 de prendre les dispositions nécessaires.

RAPPORT AU CONSEIL EUROPÉEN SUR LA COORDINATION DES POLITIQUES ÉCONOMIQUES (ANNEXE À L'ANNEXE II)

Nécessité d'une coordination des politiques économiques

Le passage à la troisième phase de l'Union économique et monétaire établira des liens plus étroits entre les économies des États membres adoptant l'euro. Ceux-ci partageront une politique monétaire unique et un taux de change unique. Les politiques économiques, ainsi que la détermination des salaires, sont cependant du ressort national, sous réserve des dispositions de l'article 104 C du traité et du pacte de stabilité et de croissance. Dans la mesure où l'évolution économique sur le plan national a des répercussions sur les perspectives d'inflation dans la zone euro, elle influera sur la situation monétaire dans cette zone. C'est la raison fondamentale pour laquelle le passage à une monnaie unique nécessitera un renforcement de la surveillance et de la coordination, par la Communauté, des politiques économiques des États membres de la zone euro. En outre, l'objectif d'une étroite coordination doit être un équilibre approprié du dosage des politiques monétaire et budgétaire afin de contribuer à la réalisation des objectifs de la Communauté énoncés à l'article 2 du traité.

Il existera également une forte interdépendance économique et monétaire avec les États membres non participants, car ils participent tous au marché unique. La nécessité d'assurer davantage de convergence et le bon fonctionnement du marché unique requièrent donc que tous les États membres soient intégrés dans la coordination des politiques économiques. L'interdépendance sera particulièrement forte pour les États membres qui ne font pas partie de la zone euro et qui voudront participer au nouveau mécanisme de change.

Accord sur la coordination des politiques économiques

Le Conseil «Ecofin» a reconnu la nécessité d'un renforcement de la coordination des politiques économiques nationales et a étudié la question en détail dans son rapport au Conseil européen de Luxembourg en décembre 1997. Ce dernier a approuvé le rapport et a adopté une résolution concernant, entre autres, la coordination des politiques économiques au cours de la troisième phase de l'UEM. Par ailleurs, lors de sa réunion de Cardiff en juin dernier, le Conseil européen, estimant que le seul moyen de permettre à tous les citoyens européens de tirer pleinement parti de l'UEM et du marché unique européen est de mettre en œuvre une stratégie de promotion de l'emploi par un renforcement de la compétitivité et de la cohésion économique et sociale dans un contexte de stabilité macroéconomique, a énoncé les éléments essentiels de la stratégie de l'Union européenne pour poursuivre les réformes économiques, afin de promouvoir la croissance, la prospérité, l'emploi et l'insertion sociale, et a pris note avec satisfaction de la détermination des États membres à assurer une coordination efficace de leurs politiques économiques.

Domaines concernés par la coordination des politiques économiques

Entre-temps, presque tous les éléments de la coordination des politiques économiques ont été mis en place et sont déjà à l'œuvre. Les mécanismes se révèlent efficaces, notamment depuis que le Conseil s'est engagé dans un véritable processus de coordination sur une base annuelle. Dans le respect du principe de subsidiarité, il donnera toute l'attention voulue à l'évolution et aux politiques économiques au niveau national, y compris aux politiques salariales, eu égard à leur contribution à la réalisation des objectifs de la Communauté. Il s'attachera principalement à celles des politiques qui sont à même d'influer sur la situation monétaire et financière dans l'ensemble de la zone euro et sur le taux de change de l'euro ou d'affecter le bon fonctionnement du marché intérieur ainsi que la situation dans la Communauté en matière d'investissements, d'emploi et de croissance. Cela inclut:

— la surveillance étroite de l'évolution macroéconomique dans les États membres afin d'assurer une convergence soutenue;

— la surveillance étroite de l'évolution du taux de change de l'euro et des autres monnaies de l'UE, eu égard au fait que, en général, elle doit être considérée comme le résultat de toutes les autres politiques économiques;

— la surveillance renforcée des situations et des politiques budgétaires, conformément au traité et au pacte de stabilité et de croissance;

— la surveillance de l'évolution des salaires nominaux et réels au regard des grandes orientations des politiques économiques;

— l'examen attentif des plans nationaux pour l'emploi, en s'attachant en particulier aux politiques actives du marché de l'emploi conformément aux lignes directrices pour les politiques de l'emploi et à l'échange des meilleures pratiques;

— la surveillance des politiques structurelles menées par les États membres sur les marchés du travail, des produits et des services, ainsi que des tendances en matière de coûts et de prix, notamment dans la mesure où elles pèsent sur les possibilités d'obtenir une croissance non inflationniste durable et de créer des emplois.

Modalités de la coordination des politiques économiques

Le Conseil appliquera intégralement et efficacement les instruments que prévoit le traité en matière de coordination des politiques économiques. Son activité sera axée sur les grandes orientations des politiques économiques, adoptées conformément à l'article 103, paragraphe 2. Il s'agira d'en faire un instrument efficace au service d'une convergence soutenue entre les États membres. Les politiques et l'évolution économiques dans chacun des États membres et dans la Communauté seront surveillées étroitement dans le cadre de la surveillance multilatérale conformément à l'article 103, paragraphe 3, du traité et mesurées à l'aune des grandes orientations des politiques économiques.

Au besoin, conformément à l'article 103, paragraphe 4, le Conseil adressera des recommandations à un État membre lorsque les politiques économiques de cet État ne sont pas conformes aux grandes orientations des politiques économiques ou qu'elles risquent de compromettre le bon fonctionnement de l'UEM.

Afin de tenir compte des besoins particuliers de coordination des États membres participant à la zone euro, le groupe EUR-11 a été créé et a déjà tenu plusieurs réunions qui ont permis un dialogue fructueux. En septembre 1998, les États membres non participants ont également été invités afin de débattre de questions d'intérêt commun.

Il faudra aussi, pour que la Communauté connaisse une évolution économique harmonieuse pendant la troisième phase de l'UEM, que s'instaure entre le Conseil et la Banque centrale européenne un dialogue permanent et fructueux, qui fasse intervenir la Commission et qui respecte, à tous égards, l'indépendance du SEBC. Le Conseil et le groupe EUR-11 ont entamé ce dialogue et sont prêts à s'y engager davantage au besoin.

Afin de susciter un dialogue fructueux et d'informer les partenaires sociaux européens sur le cadre de politique macroéconomique axé sur la stabilité, le Conseil «Ecofin» les a régulièrement invités à un échange de vues.

Mise en œuvre des nouvelles modalités de coordination des politiques économiques

Outre les travaux réguliers consacrés aux grandes orientations des politiques économiques, le Conseil a commencé au printemps dernier un examen attentif des plans nationaux pour l'emploi. À l'invitation du Conseil européen de Cardiff, le Conseil mettra en outre en place une procédure légère selon laquelle les États membres et la Commission élaboreront en fin d'année des rapports succincts exposant, dans leurs domaines de compétence respectifs, l'état des marchés des produits et des capitaux. Tout en respectant pleinement la subsidiarité, cette procédure contribuera à l'échange des meilleures pratiques et permettra de compléter les informations déjà contenues dans les plans nationaux pour l'emploi et les programmes de stabilité/convergence. Elle est mise en œuvre cette année pour la première fois.

Conformément à la déclaration du 1er mai, le Conseil a étudié attentivement, cet été, l'évolution actuelle et les perspectives des politiques budgétaires des États membres. Pour l'instant, le Conseil examine les programmes de stabilité et de convergence sous l'angle de leur conformité avec les grandes orientations des politiques économiques, les exigences du pacte de stabilité et de croissance et les engagements contenus dans la déclaration du Conseil du 1er mai.

Les résultats de l'analyse de ces différents rapports devraient entrer dans la mise à jour annuelle des grandes orientations des politiques économiques et contribuer à en faire un instrument efficace au cœur du processus de coordination des politiques économiques.

Des efforts soutenus sont nécessaires pour mettre pleinement en œuvre les orientations et pour tenir dûment compte du nouvel environnement politique au moment du passage à la troisième phase de l'UEM. L'ambition d'assurer une coordination effective des politiques économiques exigera une participation plus active de tous les acteurs de ce processus, notamment des ministres réunis au sein du groupe EUR-11, du Conseil et des chefs d'État ou de gouvernement.

Décision du Conseil du 23 novembre 1998 concernant les questions de change relatives au franc CFA et au franc comorien (98/683/CE) (*)

LE CONSEIL DE L'UNION EUROPÉENNE,

vu le traité instituant la Communauté européenne, et notamment son article 109, paragraphe 3,

vu la recommandation de la Commission,

vu l'avis de la Banque centrale européenne ([1]),

1) considérant que, conformément au règlement (CE) n° 974/98 du Conseil du 3 mai 1998 concernant l'introduction de l'euro ([2]), l'euro remplacera la monnaie de chaque État membre participant, au taux de conversion, à compter du 1er janvier 1999;

2) considérant que la Communauté sera compétente pour les questions monétaires et de change dans les États membres adoptant l'euro à compter de cette même date;

3) considérant que le Conseil décide des arrangements appropriés relatifs aux négociations et à la conclusion des accords sur des questions se rapportant au régime monétaire ou de change;

4) considérant que la France a conclu avec l'UEMOA (Union économique et monétaire ouest-africaine), la CEMAC (Communauté économique et monétaire de l'Afrique centrale) et les Comores plusieurs accords destinés à garantir la convertibilité en franc français, à parité fixe, du franc CFA et du franc comorien ([3]);

5) considérant que l'euro remplacera le franc français le 1er janvier 1999;

6) considérant que la convertibilité du franc CFA et du franc comorien est garantie par un engagement budgétaire des autorités françaises; que les autorités françaises ont assuré que les accords signés avec l'UEMOA, la CEMAC et les Comores n'avaient pas d'implications financières substantielles pour la France;

7) considérant que ces accords ne sont pas susceptibles d'influer sur la politique monétaire et de change de la zone euro;

(*) JO L 320 du 28.11.1998, p. 58-59.

([1]) Avis émis le 23 septembre 1998 (non encore publié au Journal officiel).

([2]) JO L 139 du 11.5.1998, p. 1.

([3]) Convention de coopération monétaire du 23 novembre 1972 entre les États membres de la Banque des États de l'Afrique centrale (BEAC) et la République française, dans sa version modifiée; convention de compte d'opérations du 13 mars 1973 entre le ministre de l'économie et des finances de la République française et le président du conseil de l'administration de la Banque des États de l'Afrique centrale, dans sa version modifiée; accord de coopération du 4 décembre 1973 entre la République française et les républiques membres de l'Union monétaire ouest-africaine, dans sa version modifiée; Convention de compte d'opérations du 4 décembre 1973 entre le ministre de l'économie et des finances de la République française et le président du Conseil des ministres de l'Union monétaire ouest-africaine, dans sa version modifiée; accord de coopération monétaire du 23 novembre 1979 entre la République française et la République fédérale islamique des Comores, dans sa version modifiée; convention de compte d'opérations du 23 novembre 1979 entre le ministre de l'économie et des finances de la République française et le ministre des finances, de l'économie et du plan de la République fédérale des Comores, dans sa version modifiée.

que, sous leur forme actuelle, et dans l'état actuel de leur mise en œuvre, ces accords ne risquent donc pas de faire obstacle au bon fonctionnement de l'Union économique et monétaire; que rien dans ces accords ne peut être interprété comme impliquant l'obligation pour la Banque centrale européenne et les banques centrales nationales de soutenir la convertibilité du CFA ou du franc comorien; que les modifications des accords existants n'entraîneront aucune obligation pour la BCE ou les banques centrales nationales;

8) considérant que la France et les pays africains signataires des accords souhaitent maintenir les accords actuels après le remplacement du franc français par l'euro; qu'il est opportun que la France puisse maintenir ces accords après le remplacement du franc français par l'euro et que la France et les pays africains signataires de ces accords conservent la responsabilité de leur mise en œuvre;

9) considérant qu'il est nécessaire que la Communauté soit informée régulièrement de la mise en œuvre de ces accords et des modifications envisagées;

10) considérant que la modification ou la mise en œuvre d'accords existants se fera sans préjudice de l'objectif essentiel de la stabilité des prix de la politique communautaire de change, conformément à l'article 3 A, pargraphe 2, du traité;

11) considérant qu'il convient que les organes communautaires compétents puissent se prononcer avant toute modification de la nature ou de la portée des accords actuels; que cela s'applique aux modifications concernant les parties à l'accord et le principe de la libre convertibilité à parité fixe entre l'euro et les francs CFA et comorien, cette convertibilité étant garantie par un engagement budgétaire du Trésor français;

12) considérant que la décision ne doit pas créer de précédent s'agissant des arrangements qui pourraient être décidés à l'avenir au sujet de la négociation et de la conclusion d'accords similaires concernant le régime monétaire ou le régime de change par la Communauté avec d'autres États ou organisations internationales;

13) considérant que, sans préjudice des compétences et des accords communautaires dans le domaine de l'Union économique et monétaire, les États membres peuvent négocier dans les instances internationales et conclure des accords internationaux,

A ARRÊTÉ LA PRÉSENTE DÉCISION:

Article premier

Après le remplacement du franc français par l'euro, la France peut maintenir les accords sur des questions de change qui la lient actuellement à l'UEMOA (Union économique et monétaire ouest-africaine), à la CEMAC (Communauté économique et monétaire de l'Afrique centrale) et aux Comores.

Article 2

La France et les pays africains signataires de ces accords conservent la responsabilité de la mise en œuvre de ces accords.

Article 3

Les autorités françaises compétentes tiennent la Commission, la Banque centrale européenne et le Comité économique et financier régulièrement informés de la mise en œuvre de ces accords. Les autorités françaises informent le Comité économique et financier préalablement à toute modification de la parité entre l'euro et les francs CFA et comorien.

Article 4

La France peut négocier et conclure des modifications des accords actuels dans la mesure où la nature ou la portée de ces accords n'est pas changée. Elle en informe au préalable la Commission, la Banque centrale européenne et le comité économique et financier.

Article 5

La France soumet à la Commission, à la Banque centrale européenne et au comité économique et financier tout projet tendant à modifier la nature ou la portée de ces accords. Ces projets doivent être approuvés par le Conseil sur recommandation de la Commission et après consultation de la Banque centrale européenne.

Article 6

La présente décision entre en vigueur le 1er janvier 1999.

Article 7

La République française est destinataire de la présente décision.

Fait à Bruxelles, le 23 novembre 1998.

Par le Conseil

Le président

R. EDLINGER

Décision du Conseil du 21 décembre 1998 concernant les questions de change relatives à l'escudo cap-verdien (98/744/CE) (*)

LE CONSEIL DE L'UNION EUROPÉENNE,

vu le traité instituant la Communauté européenne, et notamment son article 109, paragraphe 3,

vu la recommandation de la Commission,

vu l'avis de la Banque centrale européenne (1),

1) considérant que, conformément au règlement (CE) n° 974/98 du Conseil du 3 mai 1998 concernant l'introduction de l'euro (2), l'euro remplacera la monnaie de chaque État membre participant, au taux de conversion, à compter du 1er janvier 1999;

2) considérant que la Communauté sera compétente, à compter de cette même date, pour les questions monétaires et de change dans les États membres adoptant l'euro;

3) considérant que le Conseil décide des arrangements relatifs aux négociations et à la conclusion d'accords sur des questions se rapportant au régime monétaire ou de change;

4) considérant que la République portugaise a conclu avec la République du Cap-Vert un accord (3) destiné à assurer la convertibilité en escudo portugais, à parité fixe, de l'escudo cap-verdien;

5) considérant que l'escudo portugais sera remplacé par l'euro le 1er janvier 1999;

6) considérant que la convertibilité de l'escudo cap-verdien est assurée par une facilité de crédit limitée offerte par le gouvernement portugais; que le gouvernement portugais a donné l'assurance que l'accord conclu avec le Cap-Vert n'a pas d'implications financières substantielles pour le Portugal;

7) considérant que cet accord n'est pas susceptible d'influer notablement sur la politique monétaire et de change de la zone euro; que, sous sa forme actuelle, et dans l'état actuel de sa mise en œuvre, cet accord ne risque donc pas de faire obstacle au bon fonctionnement de l'Union économique et monétaire; que rien dans cet accord ne peut être interprété comme imposant à la BCE ou à une banque centrale nationale, quelle qu'elle soit, l'obligation de soutenir la convertibilité de l'escudo cap-verdien; qu'il est nécessaire que les modifications apportées à l'accord existant n'imposent aucune obligation à la BCE ou aux banques centrales nationales;

8) considérant que le Portugal et le Cap-Vert souhaitent maintenir l'accord actuel après le remplacement de l'escudo portugais par l'euro; qu'il est donc opportun que le Portugal puisse maintenir cet accord après ce remplacement et que le Portugal et le Cap-Vert assument l'entière responsabilité de la mise en œuvre de l'accord;

(*) JO L 358 du 31.12.1998, p. 111-112.

(1) Avis rendu le 17.12.1998 (non encore paru au Journal officiel).

(2) JO L 139 du 11.5.1998, p. 1.

(3) Acordo de cooperação cambial entre a República Portuguesa e a República de Cabo Verde. (Decreto n° 24/98, de 15 de Julho de 1998).

9) considérant qu'il est nécessaire que la Communauté soit informée régulièrement de la mise en œuvre de cet accord et des modifications qu'il est envisagé d'y apporter;

10) considérant qu'il y a lieu que la modification et la mise en œuvre de cet accord s'effectuent sans préjudice de l'objectif principal de la politique de change de la Communauté, qui est le maintien de la stabilité des prix, conformément à l'article 3 A, paragraphe 2, du traité;

11) considérant qu'il convient que les organes communautaires compétents puissent se prononcer avant toute modification de la nature ou de la portée de l'accord actuel; que cela s'applique en particulier au principe de la libre convertibilité à parité fixe entre l'euro et l'escudo cap-verdien, convertibilité qui est assurée par une facilité de crédit limitée offerte par le gouvernement portugais;

12) considérant que, sans préjudice des compétences communautaires et des accords communautaires concernant l'Union économique et monétaire, les États membres peuvent négocier au sein des organismes internationaux et conclure des accords internationaux;

13) considérant qu'il importe que la présente décision ne crée pas de précédent s'agissant des arrangements qui pourraient être décidés à l'avenir au sujet de la négociation et de la conclusion d'accords similaires concernant le régime monétaire ou le régime de change par la Communauté avec d'autres États ou organisations internationales,

A ARRÊTÉ LA PRÉSENTE DÉCISION:

Article premier

Lors du remplacement de l'escudo portugais par l'euro, la République portugaise est autorisée à maintenir l'accord sur les questions de change qui la lie actuellement à la République du Cap-Vert.

Article 2

Le Portugal et le Cap-Vert restent seuls responsables de la mise en œuvre de cet accord.

Article 3

Les autorités portugaises compétentes tiennent la Commission, la Banque centrale européenne et le Comité économique et financier régulièrement informés de la mise en œuvre de l'accord. Les autorités portugaises informent le Comité économique et financier préalablement à toute modification de la parité entre l'euro et l'escudo cap-verdien.

Article 4

Le Portugal peut négocier et arrêter des modifications à l'accord actuel dans la mesure où elles ne changent pas la nature ou la portée de l'accord. Il en informe au préalable la Commission, la Banque centrale européenne et le Comité économique et financier.

Article 5

Le Portugal soumet à la Commission, à la Banque centrale européenne et au Comité économique et financier tout projet tendant à modifier la nature ou la portée de cet accord.

Ces projets doivent être approuvés par le Conseil, statuant sur recommandation de la Commission et après consultation de la Banque centrale européenne.

Article 6

La présente décision entre en vigueur le 1er janvier 1999.

Article 7

La République portugaise est destinataire de la présente décision.

Fait à Bruxelles, le 21 décembre 1998.

Par le Conseil

Le président

M. BARTENSTEIN

Décision du Conseil du 31 décembre 1998 sur la position à adopter par la Communauté en ce qui concerne un accord sur les relations monétaires avec la Principauté de Monaco (1999/96/CE) (*)

LE CONSEIL DE L'UNION EUROPÉENNE,

vu le traité instituant la Communauté européenne, et notamment son article 109, paragraphe 3,

vu la recommandation de la Commission,

vu l'avis de la Banque centrale européenne,

1) considérant que, conformément au règlement (CE) nº 974/98 du Conseil du 3 mai 1998 concernant l'introduction de l'euro (1), l'euro remplacera la monnaie de chaque État membre participant, au taux de conversion, à compter du 1er janvier 1999;

2) considérant que la Communauté sera compétente pour les questions monétaires et de taux de change à compter de cette même date;

3) considérant que le Conseil décide des arrangements relatifs aux négociations et à la conclusion des accords sur des questions se rapportant au régime monétaire ou de change;

4) considérant que la France entretient des relations monétaires particulières avec la Principauté de Monaco, qui sont fondées sur différents instruments juridiques (2); que les établissements financiers situés dans la Principauté de Monaco ont accès aux facilités de refinancement de la Banque de France et qu'ils participent à certains systèmes de paiement français dans les mêmes conditions que les banques françaises;

5) considérant que l'euro se substituera au franc français le 1er janvier 1999;

6) considérant que, conformément à la déclaration nº 6 annexée à l'acte final du traité sur l'Union européenne, la Communauté s'engage à faciliter la renégociation des arrangements existant avec la Principauté de Monaco dans la mesure où l'introduction de la monnaie unique rend celle-ci nécessaire;

7) considérant que les arrangements entre la France et la Principauté de Monaco, dans leur forme actuelle, doivent être modifiés ou, le cas échéant, remplacés dès que possible, en tenant compte des compétences que le traité confère à la Communauté pour les questions monétaires et de taux de change;

8) considérant que, compte tenu des liens économiques étroits entre la Principauté de Monaco et la Communauté, il convient qu'elles concluent un accord concernant les billets et les pièces, l'accès aux systèmes de paiement et le statut juridique de l'euro dans la Principauté de Monaco; que, eu égard aux liens historiques existant entre la France et la Principauté de Monaco, il convient que la France négocie et puisse

(*) JO L 30 du 4.2.1999, p. 31-32.

(1) JO L 139 du 11.5.1998, p. 1.

(2) Ordonnance monégasque fixant le cours légal et le cours forcé des monnaies et billets du 2 janvier 1925; convention franco-monégasque relative au contrôle des changes, 14 avril 1945; échange de lettres entre la France et Monaco du 18 mai 1963 relatif à la réglementation bancaire dans la Principauté, telle que modifiée par l'échange de lettres du 27 novembre 1987.

conclure le nouvel accord au nom de la Communauté;

9) considérant que pour permettre à la Principauté de Monaco d'avoir la même monnaie que la France, il convient que la Principauté de Monaco puisse utiliser l'euro en tant que monnaie officielle et attribuer le cours légal aux billets et pièces en euros émis par le Système européen de banques centrales et par les États membres ayant adopté l'euro;

10) considérant qu'il est important que la Principauté de Monaco veille à ce que les dispositions communautaires sur les pièces et billets libellés en euros soient applicables sur son territoire; que ces pièces et billets doivent faire l'objet d'une protection appropriée contre la contrefaçon; qu'il est important que la Principauté de Monaco prenne toutes les mesures nécessaires pour combattre la contrefaçon et coopérer avec la Communauté dans ce domaine;

11) considérant que la Banque centrale européenne (BCE) et les banques centrales nationales peuvent effectuer tous les types d'opérations bancaires avec les établissements financiers situés dans des pays tiers; que la BCE et les banques centrales nationales peuvent, dans des conditions appropriées, permettre aux établissements financiers de pays tiers d'accéder à leurs systèmes de paiement; que l'accord entre la Communauté et la Principauté de Monaco ne doit imposer aucune obligation à la BCE ou aux banques centrales nationales;

12) considérant que la Commission et la BCE, pour les domaines relevant de sa compétence, devront être pleinement associées à ces négociations; qu'il convient que la France soumette le projet d'accord au Comité économique et financier pour avis; que ce projet devra être soumis au Conseil si la Commission, la BCE ou le Comité économique et financier le jugent nécessaire;

13) considérant que les arrangements existant entre la France et la Principauté de Monaco doivent être modifiés ou, le cas échéant, remplacés afin d'éviter toute incohérence entre ces arrangements et l'accord conclu par la Communauté et la Principauté de Monaco concernant leurs relations monétaires,

A ARRÊTÉ LA PRÉSENTE DÉCISION:

Article premier

La France informe la Principauté de Monaco de la nécessité de modifier dès que possible les arrangements qui les lient pour ce qui est des questions monétaires et lui propose d'entamer des négociations en vue d'un nouvel accord.

Article 2

La position à adopter par la Communauté dans les négociations avec la Principauté de Monaco en vue d'un accord sur les questions mentionnées ci-après repose sur les principes énoncés aux articles 3 à 6.

Article 3

1. La Principauté de Monaco est autorisée à utiliser l'euro comme monnaie officielle.

2. La Principauté de Monaco est autorisée à attribuer le cours légal aux billets et aux pièces en euros.

Article 4

La Principauté de Monaco s'engage à ne pas émettre de billets, de pièces ou de substituts monétaires d'aucune sorte, à moins que les conditions de l'émission n'aient été définies en accord avec la Communauté.

Article 5

1. La Principauté de Monaco s'engage à faire en sorte que les dispositions communautaires sur les pièces et billets en euros soient applicables sur son territoire.

2. La Principauté de Monaco s'engage à coopérer étroitement avec la Communauté en ce qui concerne les mesures de lutte contre la contrefaçon des pièces et billets en euros.

Article 6

Les établissements financiers situés dans la Principauté de Monaco peuvent accéder aux systèmes de paiement au sein de la zone euro, dans des conditions appropriées à définir avec l'accord de la BCE.

Ils peuvent être soumis aux obligations de la BCE relatives aux réserves obligatoires et à la collecte d'informations statistiques.

Article 7

La France conduit les négociations avec la Principauté de Monaco sur les questions visées aux articles 3 à 6 au nom de la Communauté. La Commission est pleinement associée aux négociations. La BCE y est pleinement associée pour les domaines relevant de sa compétence.

La France soumet le projet d'accord au Comité économique et financier pour avis.

Article 8

La France est habilitée à conclure l'accord au nom de la Communauté, à moins que la Commission, la BCE ou le Comité économique et financier estiment qu'il doit être soumis au Conseil.

Article 9

La France veille à revoir les arrangements en vigueur avec la Principauté de Monaco afin de les rendre compatibles avec l'accord conclu entre la Communauté et la Principauté de Monaco concernant leurs relations monétaires.

Article 10

La République française est destinataire de la présente décision.

Fait à Bruxelles, le 31 décembre 1998.

Par le Conseil

Le président

R. EDLINGER

Décision du Conseil du 31 décembre 1998 sur la position à adopter par la Communauté en ce qui concerne un accord sur les relations monétaires avec la République de Saint-Marin (1999/97/CE) (*)

LE CONSEIL DE L'UNION EUROPÉENNE,

vu le traité instituant la Communauté européenne, et notamment son article 109, paragraphe 3,

vu la recommandation de la Commission,

vu l'avis de la Banque centrale européenne,

1) considérant que, conformément au règlement (CE) n° 974/98 du Conseil du 3 mai 1998 concernant l'introduction de l'euro (¹), l'euro remplacera la monnaie de chaque État membre participant, au taux de conversion, à compter du 1er janvier 1999;

2) considérant que la Communauté sera compétente, à compter de cette même date, pour les questions monétaires et de taux de change dans les États membres adoptant l'euro;

3) considérant que le Conseil décide des arrangements relatifs aux négociations et à la conclusion d'accords sur des questions se rapportant au régime monétaire ou de change;

4) considérant que l'Italie a conclu avec la République de Saint-Marin plusieurs accords comprenant des dispositions sur les questions monétaires (²);

5) considérant que l'euro remplacera la lire italienne à compter du 1er janvier 1999;

6) considérant que dans la déclaration n° 6 annexée à l'acte final du traité sur l'Union européenne, la Communauté s'engage à faciliter la renégociation des arrangements conclus avec la République de Saint-Marin, dans la mesure où l'introduction de la monnaie unique rend celle-ci nécessaire;

7) considérant que les accords entre l'Italie et la République de Saint-Marin, dans leur forme actuelle, doivent être modifiés ou, le cas échéant, remplacés dès que possible, en tenant compte des compétences que le traité confère à la Communauté pour les questions monétaires et de taux de change;

8) considérant que, compte tenu des liens économiques étroits qui existent entre la République de Saint-Marin et la Communauté, il convient qu'elles concluent un accord concernant les billets et les pièces, l'accès aux systèmes de paiement et le statut juridique de l'euro dans la République de Saint-Marin; que, eu égard aux liens historiques existant entre l'Italie et la République de Saint-Marin, il convient que l'Italie négocie et puisse conclure le nouvel accord au nom de la Communauté;

9) considérant que pour permettre à la République de Saint-Marin d'avoir la même monnaie que l'Italie, il convient que la République de Saint-Marin puisse

(*) JO L 30 du 4.2.1999, p. 33-34.

(¹) JO L 139 du 11.5.1998, p. 1.

(²) Convenzione di amicizia e di buon vicinato fra San Marino e l'Italia del 31 marzo 1939, modificata, Convenzione monetaria tra la Repubblica italiana e la Repubblica di San Marino, 21-XII-1991; Convenzione in materia di rapporti finanziari e valutari tra la Repubblica italiana e la Reppublica di San Marino con atto aggiuntivo corredato da Processo verbale firmato a Roma il 4 marzo 1994.

utiliser l'euro en tant que monnaie officielle et attribuer le cours légal aux billets et pièces en euros émis par le Système européen de banques centrales et par les États membres ayant adopté l'euro;

10) considérant qu'il est important que la République de Saint-Marin veille à ce que les dispositions communautaires sur les pièces et billets libellés en euros soient applicables sur son territoire; que ces pièces et billets doivent faire l'objet d'une protection appropriée contre la contrefaçon; qu'il est important que la République de Saint-Marin prenne toutes les mesures nécessaires pour combattre la contrefaçon et coopérer avec la Communauté dans ce domaine;

11) considérant que la Banque centrale européenne (BCE) et les banques centrales nationales peuvent effectuer tous les types d'opérations bancaires avec les établissements financiers situés dans des pays tiers; que la BCE et les banques centrales nationales peuvent, dans des conditions appropriées, permettre aux établissements financiers de pays tiers d'accéder à leurs systèmes de paiement; que l'accord entre la Communauté et la République de Saint-Marin ne doit imposer aucune obligation à la BCE ou aux banques centrales nationales;

12) considérant que la Commission et la BCE, pour les domaines relevant de leur compétence, devront être pleinement associées à ces négociations; qu'il convient que l'Italie soumette le projet d'accord au Comité économique et financier pour avis; que ce projet devra être soumis au Conseil si la Commission, la BCE ou le Comité économique et financier le jugent nécessaire;

13) considérant que les accords existant entre l'Italie et la République de Saint-Marin doivent être modifiés ou, le cas échéant, remplacés afin d'éviter toute incohérence entre ces accords et l'accord conclu par la Communauté et la République de Saint-Marin concernant leurs relations monétaires,

A ARRÊTÉ LA PRÉSENTE DÉCISION:

Article premier

L'Italie informe la République de Saint-Marin de la nécessité de modifier dès que possible les accords qui les lient pour ce qui est des questions monétaires et lui propose d'entamer des négociations en vue d'un nouvel accord.

Article 2

La position à adopter par la Communauté dans les négociations avec la République de Saint-Marin en vue d'un accord sur les questions mentionnées ci-après repose sur les principes énoncés aux articles 3 à 6.

Article 3

1. La République de Saint-Marin est autorisée à utiliser l'euro comme monnaie officielle.

2. La République de Saint-Marin est autorisée à attribuer le cours légal aux billets et aux pièces en euros.

Article 4

La République de Saint-Marin s'engage à ne pas émettre de billets, de pièces ou de substituts monétaires d'aucune sorte, à moins que les conditions de l'émission n'aient été définies en accord avec la Communauté. Cela ne préjuge pas le droit de la République de Saint-Marin de continuer à émettre des pièces en or libellées en scudi.

Article 5

1. La République de Saint-Marin s'engage à faire en sorte que les dispositions communau-

taires sur les pièces et billets en euros soient applicables sur son territoire.

2. La République de Saint-Marin s'engage à coopérer étroitement avec la Communauté en ce qui concerne les mesures de lutte contre la contrefaçon des pièces et billets en euros.

Article 6

Les établissements financiers situés dans la République de Saint-Marin peuvent accéder aux systèmes de paiement au sein de la zone euro, dans des conditions appropriées à définir avec l'accord de la BCE.

Article 7

L'Italie conduit les négociations avec la République de Saint-Marin sur les questions visées aux articles 3 à 6, au nom de la Communauté. La Commission est pleinement associée aux négociations. La BCE y est pleinement associée pour les domaines relevant de sa compétence. L'Italie soumet le projet d'accord au Comité économique et financier pour avis.

Article 8

L'Italie est habilitée à conclure l'accord au nom de la Communauté, à moins que la Commission, la Banque centrale européenne ou le Comité économique et financier estiment qu'il doit être soumis au Conseil.

Article 9

L'Italie veille à ce que les accords en vigueur avec la République de Saint-Marin soient compatibles avec l'accord conclu par la Communauté et la République de Saint-Marin concernant leurs relations monétaires.

Article 10

La République italienne est destinataire de la présente décision.

Fait à Bruxelles, le 31 décembre 1998.

Par le Conseil

Le président

R. EDLINGER

Décision du Conseil du 31 décembre 1998 sur la position à adopter par la Communauté en ce qui concerne un accord sur les relations monétaires avec la Cité du Vatican (1999/98/CE) (*)

LE CONSEIL DE L'UNION EUROPÉENNE,

vu le traité instituant la Communauté européenne, et notamment son article 109, paragraphe 3,

vu la recommandation de la Commission,

vu l'avis de la Banque centrale européenne,

1) considérant que, conformément au règlement (CE) n° 974/98 du Conseil du 3 mai 1998 concernant l'introduction de l'euro (1), l'euro remplacera la monnaie de chaque État membre participant, au taux de conversion, à compter du 1er janvier 1999;

2) considérant que la Communauté sera compétente, à compter de cette même date, pour les questions monétaires et de taux de change dans les États membres adoptant l'euro;

3) considérant que le Conseil décide des arrangements relatifs aux négociations et à la conclusion d'accords sur des questions se rapportant au régime monétaire ou de change;

4) considérant que l'Italie a conclu avec la Cité du Vatican un accord comportant des dispositions sur les questions monétaires (2);

5) considérant que l'euro remplacera la lire italienne à compter du 1er janvier 1999;

6) considérant que dans la déclaration n° 6 annexée à l'acte final du traité sur l'Union européenne, la Communauté s'engage à faciliter la renégociation des arrangements conclus avec la Cité du Vatican, dans la mesure où l'introduction de la monnaie unique rend celle-ci nécessaire;

7) considérant que l'accord entre l'Italie et la Cité du Vatican, dans sa forme actuelle, doit être modifié ou, le cas échéant, remplacé dès que possible, en tenant compte des compétences que le traité confère à la Communauté pour les questions monétaires et de taux de change;

8) considérant que, compte tenu des relations économiques étroites qu'entretiennent la Cité du Vatican et la Communauté, il convient qu'elles concluent un accord sur les billets et les pièces, l'accès aux systèmes de paiement et le statut juridique de l'euro dans la Cité du Vatican; que, eu égard aux liens historiques existant entre l'Italie et la Cité du Vatican, il convient que l'Italie négocie et puisse conclure le nouvel accord au nom de la Communauté;

9) considérant que pour permettre à la Cité du Vatican d'avoir la même monnaie que l'Italie, il convient que la Cité du Vatican puisse utiliser l'euro en tant que monnaie officielle et attribuer le cours légal aux billets et pièces en euros émis par le Système européen de banques centrales et par les États membres ayant adopté l'euro;

10) considérant qu'il est important que la Cité du Vatican veille à ce que les dispositions communautaires sur les pièces et billets

(*) JO L 30 du 4.2.1999, p. 35-36.

(1) JO L 139 du 11.5.1998, p. 1.

(2) Convenzione monetaria tra la Repubblica italiana e lo Stato della Città del Vaticano, il 3 dicembre 1991.

libellés en euros soient applicables sur son territoire; que ces pièces et billets doivent faire l'objet d'une protection appropriée contre la contrefaçon; qu'il est important que la Cité du Vatican prenne toutes les mesures nécessaires pour combattre la contrefaçon et coopérer avec la Communauté dans ce domaine;

11) considérant que la Banque centrale européenne (BCE) et les banques centrales nationales peuvent effectuer tous les types d'opérations bancaires avec les établissements financiers situés dans des pays tiers; que la BCE et les banques centrales nationales peuvent, dans des conditions appropriées, permettre aux établissements financiers de pays tiers d'accéder à leurs systèmes de paiement; que l'accord entre la Communauté et la Cité du Vatican ne doit imposer aucune obligation à la BCE ou aux banques centrales nationales;

12) considérant que la Commission et la BCE, pour les domaines relevant de sa compétence, devront être pleinement associées à ces négociations; qu'il convient que l'Italie soumette le projet d'accord au Comité économique et financier pour avis; que ce projet devra être soumis au Conseil si la Commission, la BCE ou le Comité économique et financier le jugent nécessaire;

13) considérant que l'accord existant entre l'Italie et la Cité du Vatican doit être modifié ou, le cas échéant, remplacé afin d'éviter toute incohérence entre cet accord et l'accord conclu par la Communauté et la Cité du Vatican concernant leurs relations monétaires,

A ARRÊTÉ LA PRÉSENTE DÉCISION:

Article premier

L'Italie informe la Cité du Vatican de la nécessité de modifier dès que possible l'accord qui les lie pour ce qui est des questions monétaires et lui propose d'entamer des négociations en vue d'un nouvel accord.

Article 2

La position à adopter par la Communauté dans les négociations avec la Cité du Vatican en vue d'un accord sur les questions mentionnées ci-après repose sur les principes énoncés aux articles 3 à 6.

Article 3

1. La Cité du Vatican est autorisée à utiliser l'euro comme monnaie officielle.

2. La Cité du Vatican est autorisée à attribuer le cours légal aux billets et aux pièces en euros.

Article 4

La Cité du Vatican s'engage à ne pas émettre de billets, de pièces ou de substituts monétaires d'aucune sorte, à moins que les conditions de l'émission n'aient été définies en accord avec la Communauté. Cela ne préjuge pas le droit de la Cité du Vatican de continuer à émettre des pièces de collection.

Article 5

1. La Cité du Vatican s'engage à faire en sorte que les dispositions communautaires sur les pièces et billets en euros soient applicables sur son territoire.

2. La Cité du Vatican s'engage à coopérer étroitement avec la Communauté en ce qui concerne les mesures de lutte contre la contrefaçon des pièces et billets en euros.

Article 6

Les établissements financiers situés dans la Cité du Vatican peuvent accéder aux systèmes de paiement au sein de la zone euro, dans des conditions appropriées à définir avec l'accord de la BCE.

Article 7

L'Italie conduit les négociations avec la Cité du Vatican sur les questions visées aux articles 3 à 6, au nom de la Communauté. La Commission est pleinement associée aux négociations. La BCE y est pleinement associée pour les domaines relevant de sa compétence. L'Italie soumet le projet d'accord au Comité économique et financier pour avis.

Article 8

L'Italie est habilitée à conclure l'accord au nom de la Communauté, à moins que la Commission, la BCE ou le Comité économique et financier estiment qu'il doit être soumis au Conseil.

Article 9

L'Italie veille à ce que l'accord en vigueur avec la Cité du Vatican soit compatible avec l'accord conclu par la Communauté et la Cité du Vatican concernant leurs relations monétaires.

Article 10

La République italienne est destinataire de la présente décision.

Fait à Bruxelles, le 31 décembre 1998.

Par le Conseil

Le président

R. EDLINGER

H 8

Décision du Conseil du 31 décembre 1998 sur les arrangements monétaires relatifs aux collectivités territoriales françaises de Saint-Pierre-et-Miquelon et Mayotte (1999/95/CE) (*)

LE CONSEIL DE L'UNION EUROPÉENNE,

vu le traité instituant la Communauté européenne, et notamment son article 109 L, paragraphe 4, troisième phrase,

vu la proposition de la Commission,

vu l'avis de la Banque centrale européenne,

1) considérant que, conformément au règlement (CE) n° 974/98 du Conseil du 3 mai 1998 concernant l'introduction de l'euro ([1]), l'euro remplacera la monnaie de chaque État membre participant, au taux de conversion, à compter du 1er janvier 1999;

2) considérant que la Communauté sera compétente pour les questions monétaires et de taux de change dans les États membres adoptant l'euro à compter de cette même date;

3) considérant que l'euro remplacera le franc français le 1er janvier 1999;

4) considérant que les collectivités territoriales françaises de Saint-Pierre-et-Miquelon et Mayotte font partie intégrante de la France; qu'elles ne font pas partie de la Communauté; que le régime monétaire de Saint-Pierre-et-Miquelon et Mayotte n'est pas précisé dans le traité; qu'il est nécessaire de clarifier ce régime; que ces collectivités territoriales devraient avoir la même monnaie que la France métropolitaine;

5) considérant que les pièces et les billets libellés en francs français sont mis en circulation par l'Institut d'émission des départements d'outre-mer à Saint-Pierre-et-Miquelon et à compter du 1er janvier 1999 à Mayotte; que les établissements financiers installés sur le territoire de ces collectivités ont accès aux facilités de refinancement et en franc français offertes par l'Institut d'émission des départements d'outre-mer; que la France compte modifier en temps voulu les statuts et le rôle de l'Institut d'émission des départements d'outre-mer pour les rendre compatibles avec les tâches qui ont été assignées au Système européen de banques centrales (SEBC) par le traité et le protocole n° 3;

6) considérant que l'euro doit devenir la monnaie de ces collectivités; que la France doit donner cours légal aux billets et pièces en francs français ainsi qu'aux billets et pièces en euros émis par le SEBC et par les États membres adoptant l'euro;

7) considérant que, à partir du 1er janvier 1999, le SEBC définit et met en œuvre la politique monétaire de la Communauté; que la Banque centrale européenne (BCE) et les banques centrales nationales peuvent effectuer tous les types d'opérations bancaires avec les établissements financiers situés dans des pays tiers; qu'elles peuvent aussi effectuer ces opérations dans les territoires d'un État membre qui ne font pas partie de la Communauté; qu'elles devraient user de cette prérogative en ce qui concerne les deux collectivités en question; que, afin d'assurer l'unicité de la politique monétaire du SEBC et des conditions de concurrence égales pour les établissements financiers

(*) JO L 30 du 4.2.1999, p. 29-30.

([1]) JO L 139 du 11.5.1998, p. 1.

situés dans la zone euro, il convient de rendre applicables à Saint-Pierre-et-Miquelon et Mayotte les dispositions du droit communautaire actuel et futur nécessaires au fonctionnement de l'Union économique et monétaire;

8) considérant que les arrangements monétaires relatifs à Saint-Pierre-et-Miquelon et Mayotte doivent être arrêtés par la France dans le cadre de sa législation nationale,

A ARRÊTÉ LA PRÉSENTE DÉCISION:

Article premier

L'euro est la monnaie de Saint-Pierre-et-Miquelon et Mayotte.

Article 2

1. La France continue d'attribuer le cours légal aux billets et pièces libellés en francs français à Saint-Pierre-et-Miquelon et Mayotte au plus tard jusqu'au 30 juin 2002.

2. À compter du 1er janvier 2002, la France attribue le cours légal aux billets et pièces libellés en euros à Saint-Pierre-et-Miquelon et Mayotte.

Article 3

La BCE et les banques centrales nationales peuvent assurer les fonctions et les opérations du SEBC à Saint-Pierre-et-Miquelon et Mayotte, telles qu'elles sont définies au chapitre IV et à l'article 16 des statuts du SEBC et de la BCE.

Article 4

La France, en accord avec la Commission et la BCE, s'assure que les dispositions du droit communautaire qui sont ou seront nécessaires au fonctionnement de l'Union économique et monétaire sont appliquées à Saint-Pierre-et-Miquelon et Mayotte.

Article 5

La présente décision entre en vigueur le 1er janvier 1999.

Article 6

La République française est destinataire de la présente décision.

Fait à Bruxelles, le 31 décembre 1998.

Par le Conseil

Le président

R. EDLINGER

Partie I

Textes concernant la Banque centrale européenne

I 1

Statuts du Système européen de banques centrales et de la Banque centrale européenne

Le texte de ces statuts est repris au point A 3.

Décision prise d'un commun accord par les gouvernements des États membres au niveau des chefs d'État ou de gouvernement, adoptant la monnaie unique du 26 mai 1998 portant nomination du président de la Banque centrale européenne, de son vice-président ainsi que des autres membres de son directoire (98/345/CE) (*)

LES CHEFS D'ÉTAT OU DE GOUVERNEMENT DES ÉTATS MEMBRES DE LA COMMUNAUTÉ EUROPÉENNE ADOPTANT LA MONNAIE UNIQUE,

sous la présidence de M. Viktor KLIMA, chancelier fédéral de la République d'Autriche,

vu le traité instituant la Communauté européenne, et notamment son article 109 A, paragraphe 2, et son article 109, paragraphe 1, deuxième tiret, ainsi que l'article 50 du protocole sur les statuts du Système européen de banques centrales et de la Banque centrale européenne,

vu la recommandation du Conseil (1),

vu l'avis du Parlement européen (2),

vu l'avis du Conseil de l'Institut monétaire européen (3),

DÉCIDENT:

Article premier

1. Wim DUISENBERG est nommé président de la Banque centrale européenne, pour une durée de huit ans.

2. Christian NOYER est nommé vice-président de la Banque centrale européenne, pour une durée de quatre ans.

3. Otmar ISSING est nommé membre du directoire de la Banque centrale européenne pour une durée de huit ans.

4. Tommaso PADOA-SCHIOPPA est nommé membre du directoire de la Banque centrale européenne pour une durée de sept ans.

5. Eugenio DOMINGO SOLANS est nommé membre du directoire de la Banque centrale européenne pour une durée de six ans.

6. Mme Sirkka HÄMÄLÄINEN est nommé membre du directoire de la Banque centrale européenne pour une durée de cinq ans.

Les nominations prennent effet à compter du 1er juin 1998.

Article 2

La présente décision est publiée au *Journal officiel des Communautés européennes.*

Fait à Bruxelles, le 26 mai 1998.

Le président

V. KLIMA

(*) JO L 154 du 28.5.1998, p. 33-34.

(1) JO 139 du 11.5.1998, p. 36.

(2) Avis rendu le 13 mai 1998 (non encore paru au Journal officiel).

(3) Avis rendu le 5 mai 1998 (non encore paru au Journal officiel).

Décision prise du commun accord des représentants des gouvernements des États membres réunis au niveau des chefs d'État ou de gouvernement relative à la fixation des sièges de certains organismes et services des Communautés européennes ainsi que d'Europol (*)

LES REPRÉSENTANTS DES GOUVERNEMENTS DES ÉTATS MEMBRES, RÉUNIS AU NIVEAU DES CHEFS D'ÉTAT OU DE GOUVERNEMENT,

vu l'article 216 du traité instituant la Communauté économique européenne, l'article 77 du traité instituant la Communauté européenne du charbon et de l'acier et l'article 189 du traité instituant la Communauté européenne de l'énergie atomique,

vu le règlement (CEE) n° 1210/90 du Conseil, du 7 mai 1990, relatif à la création de l'Agence européenne pour l'environnement et du Réseau européen d'information et d'observation pour l'environnement (1), et notamment son article 21,

vu le règlement (CEE) n° 1360/90 du Conseil, du 7 mai 1990, portant création d'une Fondation européenne pour la formation (2), et notamment son article 19,

vu la décision du 18 décembre 1991, par laquelle la Commission a approuvé la création de l'Office d'inspection vétérinaire et phytosanitaire,

vu le règlement (CEE) n° 302/93 du Conseil, du 8 février 1993, portant création d'un Observatoire européen des drogues et des toxicomanies (3), et notamment son article 19,

vu le règlement (CEE) n° 2309/93 du Conseil, du 22 juillet 1993, qui institue notamment une Agence européenne pour l'évaluation des médicaments (4), et notamment son article 74,

considérant que, comme suite au programme d'action que la Commission a adopté le 20 novembre 1989, relatif à la mise en place de la charte communautaire des droits sociaux fondamentaux des travailleurs, le Conseil européen a prévu la création de l'Agence pour la santé et la sécurité au travail;

considérant que le traité sur l'Union européenne, signé le 7 février 1992, et qui entrera en vigueur le 1er novembre 1993, prévoit la création de l'Institut monétaire européen et de la Banque centrale européenne;

considérant que les institutions des Communautés européennes prévoient de créer un Office de l'harmonisation dans le marché intérieur (marques, dessins et modèles);

considérant que, comme suite aux conclusions du Conseil européen de Maastricht, les États membres envisagent de conclure une convention sur Europol (Office européen de police), qui créera Europol et qui se substituera également à l'accord ministériel en date du 2 juin 1993, qui a mis en place l'unité drogues Europol;

considérant qu'il convient de fixer le siège de ces différents organismes et services;

rappelant les décisions des 8 avril 1965 et 12 décembre 1992,

(*) JO C 323 du 30.11.1993, p. 1-5.
(1) JO L 120 du 11.5.1990, p. 1.
(2) JO L 131 du 23.5.1990, p. 1.
(3) JO L 36 du 12.2.1993, p. 1.
(4) JO L 214 du 24.8.1993, p. 1.

DÉCIDENT:

Article premier

a) L'Agence européenne de l'environnement a son siège dans la région de Copenhague.

b) La Fondation européenne pour la formation a son siège à Turin.

c) L'Office d'inspection vétérinaire et phytosanitaire aura son siège dans une ville en Irlande que le gouvernement irlandais désignera.

d) L'Observatoire européen des drogues a son siège à Lisbonne.

e) L'Agence européenne d'évaluation des médicaments a son siège à Londres.

f) L'Agence pour la santé et la sécurité au travail aura son siège en Espagne, dans une ville que le gouvernement espagnol désignera.

g) L'Institut monétaire européen et la future Banque centrale européenne auront leur siège à Francfort.

h) L'Office de l'harmonisation dans le marché intérieur (marques, dessins et modèles), y compris ses chambres de recours, aura son siège en Espagne, dans une ville que le gouvernement espagnol désignera.

i) Europol, de même que l'unité drogues Europol, auront leur siège à La Haye.

Article 2

La présente décision, qui sera publiée au *Journal officiel des Communautés européennes,* entre en vigueur à la date de ce jour.

Hecho en Bruselas, el veintinueve de octubre de mil novecientos noventa y tres.

Udfærdiget i Bruxelles den niogtyvende oktober nitten hundrede og tre og halvfems.

Geschehen zu Brüssel am neunundzwanzigsten Oktober neunzehnhundertdreiundneunzig.

Έγινε στις Βρυξέλλες, στις είκοσι εννέα Οκτωβρίου χίλια εννιακόσια ενενήντα τρία

Done at Brussels on the twenty-ninth day of October in the year one thousand nine hundred and ninety-three.

Fait à Bruxelles, le vingt-neuf octobre mil neuf cent quatre-vingt-treize.

Fatto a Bruxelles, addì ventinove ottobre millenovecentonovantatré.

Gedaan te Brussel, de negenentwintigste oktober negentienhonderd drieënnegentig.

Feito em Bruxelas, em vinte e nove de Outubro de mil novecentos e noventa e três.

Pour le gouvernement du royaume de Belgique
Voor de Regering van het Koninkrijk België

For regeringen for Kongeriget Danmark

Für die Regierung der Bundesrepublik Deutschland

Για την κυβέρνηση της Ελληνικής Δημοκρατίας

Por el Gobierno del Reino de España

Pour la République française

Thar ceann Rialtas na hÉireann
For the Government of Ireland

Per il governo della Repubblica italiana

Pour le gouvernement du grand-duché de Luxembourg

Voor de Regering van het Koninkrijk der Nederlanden

Pelo Governo da República Portuguesa

For the Government of the United Kingdom of Great Britain and Northern Ireland

DÉCLARATIONS

En adoptant la décision ci-dessus en date du 29 octobre 1993, les représentants des gouvernements des États membres ont adopté d'un commun accord les déclarations suivantes.

— Le siège du Centre européen pour le développement de la formation professionnelle a été fixé à Berlin par le règlement (CEE) n° 337/75 du Conseil, du 10 février 1975, arrêté, sur proposition de la Commission et après consultation du Parlement européen, par le Conseil statuant à l'unanimité. Les représentants des gouvernements des États membres invitent les institutions de la Communauté européenne à prévoir que ce siège soit fixé aussitôt que possible à Thessalonique.
  La Commission a déclaré être prête à formuler rapidement une proposition en ce sens.

— Il sera créé auprès des services de traduction de la Commission, installés à Luxembourg, un centre de traduction des organes de l'Union, qui assure les services de traduction nécessaires au fonctionnement des organismes et services dont les sièges sont fixés par la décision ci-dessus en date du 29 octobre 1993, à l'exception des traducteurs de l'Institut monétaire européen.

— Les États membres s'engagent à soutenir la candidature de Luxembourg pour le siège de la Cour d'appel commune en matière de brevet communautaire, prévue par le protocole sur le règlement des litiges en matière de contrefaçon et de validité des brevets communautaires annexé à l'accord en matière de brevets communautaires du 15 décembre 1989.

À l'occasion de la conférence des représentants des gouvernements des États membres, la Commission a confirmé qu'elle entend consolider l'implantation de ses services qui sont implantés à Luxembourg.

Finalement, les États membres ont constaté que des moyens budgétaires sont disponibles pour permettre à la Fondation européenne pour l'amélioration des conditions de vie et de travail à Dublin de remplir un certain nombre de nouvelles tâches.

Décision du Conseil du 5 juin 1998 relative aux données statistiques devant servir à déterminer la clé de répartition pour la souscription au capital de la Banque centrale européenne (98/382/CE) (*)

LE CONSEIL DE L'UNION EUROPÉENNE,

vu le traité instituant la Communauté européenne, et notamment l'article 29, paragraphe 2 du protocole sur les statuts du système européen de banques centrales et de la Banque centrale européenne, annexé au traité,

vu la proposition de la Commission (1),

vu l'avis du Parlement européen (2),

vu l'avis de l'Institut monétaire européen (3),

statuant conformément à la procédure prévue à l'article 106, paragraphe 6, du traité et à l'article 42 dudit protocole,

1) considérant que la Banque centrale européenne (BCE) sera instituée dès que son directoire sera nommé;

2) considérant que le capital initial de la BCE, qui devient opérationnel dès l'établissement de celle-ci, s'élève à 5 milliards d'écus;

3) considérant que les banques centrales nationales sont seules autorisées à souscrire et à détenir le capital de la BCE;

4) considérant que la clé de répartition pour la souscription au capital de la BCE sera déterminée lorsque la BCE sera instituée;

5) considérant que les données statistiques à utiliser pour fixer la clé de répartition seront fournies par la Commission conformément aux règles adoptées par le Conseil;

6) considérant qu'il est nécessaire de définir la nature et les sources des données à utiliser, ainsi que la méthode de calcul de la pondération des banques centrales nationales dans la clé de répartition;

7) considérant que la directive 89/130/CEE, Euratom du Conseil du 13 février 1989 relative à l'harmonisation de l'établissement du produit national brut aux prix du marché (4), institue une procédure d'adoption par les États membres des données relatives au produit intérieur brut aux prix du marché; que les États membres doivent prendre toutes les dispositions nécessaires pour que ces données soient transmises à la Commission,

DÉCIDE:

Article premier

Les données statistiques devant servir à déterminer la clé de répartition pour la souscription au capital de la BCE sont fournies par la Commission conformément aux règles définies dans les articles suivants.

Article 2

La population et le produit intérieur brut aux prix du marché, ci-après dénommé «PIBpm», sont définis conformément à la version du système européen de comptes économiques intégrés (SEC) utilisée pour l'application de la

(*) JO L 171 du 17.6.1998, p. 33-34.

(1) JO C 118 du 17.4.1998, p. 13.

(2) Avis rendu le 28 mai 1998 (non encore paru au Journal officiel).

(3) Avis rendu le 6 avril 1998 (non encore paru au Journal officiel).

(4) JO L 49 du 21.2.1989, p. 26.

directive 89/130/CEE, Euratom. Le PIBpm est le PIBpm tel que défini à l'article 2 de cette directive.

Article 3

Les données relatives à la population portent sur l'année 1996. On utilise la moyenne de la population totale sur l'ensemble de l'année, conformément à la recommandation contenue dans le SEC.

Article 4

Les données relatives au PIBpm portent sur chacune des années 1991 à 1995. Elles sont exprimées, pour chaque État membre, en monnaie nationale aux prix courants.

Article 5

Les données relatives à la population sont recueillies par la Commission (Eurostat) auprès des États membres.

Article 6

Les données relatives au PIBpm pour les années 1991 à 1995 résultent de l'application de la directive 89/130/CEE, Euratom.

Article 7

1. La part d'un État membre dans la population de la Communauté correspond à sa part dans la somme des populations des États membres, exprimée en pourcentage.

2. Les données annuelles relatives au PIBpm de chaque État membre qui sont exprimées en monnaie nationale sont converties en écus. Le taux de change utilisé à cette fin correspond à la moyenne des taux de change de l'ensemble des jours ouvrables de l'année. Le taux de change quotidien est le taux calculé par la Commission et publié dans la série «C» du *Journal officiel des Communautés européennes.*

3. La part d'un État membre dans le PIBpm de la Communauté correspond à sa part dans la somme des PIBpm des États membres sur cinq ans, exprimée en pourcentage.

Article 8

La pondération d'une banque centrale nationale dans la clé de répartition est égale à la moyenne arithmétique des parts de l'État membre concerné dans la population et dans le PIBpm de la Communauté.

Article 9

Les différentes étapes du calcul reposent sur suffisamment de chiffres pour en garantir la précision. La pondération des banques centrales nationales dans la clé de répartition est exprimée par un nombre à quatre décimales.

Article 10

Les données visées dans la présente décision sont communiquées par la Commission à la BCE le plus rapidement possible après sa mise en place.

Fait à Luxembourg, le 5 juin 1998.

Par le Conseil

Le président

G. BROWN

Décision du Conseil du 29 juin 1998 relative à la consultation de la Banque centrale européenne par les autorités nationales au sujet de projets de réglementation (98/415/CE) (*)

LE CONSEIL DE L'UNION EUROPÉENNE,

vu le traité instituant la Communauté européenne, notamment son article 105, paragraphe 4, et l'article 4 du protocole sur les statuts du Système européen de banques centrales et de la Banque centrale européenne, annexé au traité,

vu la proposition de la Commission (1),

vu l'avis du Parlement européen (2),

vu l'avis de l'Institut monétaire européen (3),

statuant conformément à la procédure prévue à l'article 106, paragraphe 6, du traité et à l'article 42 dudit protocole,

1) considérant que la Banque centrale européenne (BCE), sera instituée dès que son directoire sera nommé;

2) considérant que le traité stipule que la BCE est consultée par les autorités nationales sur tout projet de réglementation relevant de son domaine de compétence; qu'il appartient au Conseil de fixer les limites et les conditions de cette consultation;

3) considérant qu'il est nécessaire que cette obligation de consultation imposée aux autorités des États membres ne porte pas préjudice aux responsabilités de ces autorités dans les matières faisant l'objet des projets en question; qu'il convient que les États membres consultent la BCE sur tout projet de réglementation relevant de ses domaines de compétence conformément à l'article 105, paragraphe 4, du traité; que la liste des domaines particuliers figurant à l'article 2 de la présente décision n'est pas exhaustive; que le sixième tiret de l'article 2 de cette décision est sans préjudice de la présente répartition de compétences quant aux politiques relatives au contrôle prudentiel des établissements de crédit et à la stabilité du système financier;

4) considérant que les fonctions et activités monétaires du Système européen de banques centrales (SEBC), sont définies dans les statuts du SEBC et de la BCE; que les banques centrales des États membres participants font partie intégrante du SEBC et doivent agir conformément aux orientations et instructions de la BCE; que, durant la troisième phase de l'Union économique monétaire (UEM), les autorités des États membres non participants doivent consulter la BCE sur les projets de réglementation concernant les instruments de la politique monétaire;

5) considérant que tant qu'un État membre ne participe pas à la politique monétaire du SEBC, les décisions prises par les autorités de cet État membre dans le cadre de la mise en œuvre de sa politique monétaire ne sont pas visées par la présente décision;

6) considérant que la consultation de la BCE ne doit pas allonger indûment les procédures d'adoption des projets de réglementation dans les États membres; que les délais dans lesquels la BCE doit rendre son avis

(*) JO L 189 du 3.7.1998, p. 42-43.

(1) JO C 118 du 17.4.1998, p. 11.

(2) JO C 195 du 22.6.1998.

(3) Avis rendu le 6 avril 1998 (non encore paru au Journal officiel).

doivent cependant lui permettre d'examiner avec le soin requis les textes qui lui sont transmis; que, dans des cas d'extrême urgence, pour lesquels les raisons seront indiquées, par exemple en raison de la sensibilité des marchés, les États membres peuvent fixer un délai inférieur à un mois et reflétant l'urgence de la situation; que, dans ces cas notamment, un dialogue entre les autorités nationales et la BCE devrait permettre de tenir compte des intérêts de chacun;

7) considérant que, en vertu des paragraphes 5 et 8 du protocole n° 11 annexé au traité, la présente décision ne s'applique pas au Royaume-Uni de Grande-Bretagne et d'Irlande du Nord, à condition et tant que cet État membre ne passe pas à la troisième phase de l'UEM;

8) considérant que, entre la date d'établissement de la BCE et le début de la troisième phase de l'UEM, les autorités nationales doivent consulter la BCE, conformément à la décision 93/717/CE ([1]) et à l'article 109 L, paragraphe 2, du traité,

A ARRÊTÉ LA PRÉSENTE DÉCISION:

Article premier

1. Aux fins de la présente décision, on entend par:

«État membre participant», un État membre ayant adopté la monnaie unique conformément au traité;

«projets de réglementation», les projets relatifs à des dispositions qui, une fois qu'elles ont un caractère obligatoire et sont applicables d'une manière générale sur le territoire d'un État membre, fixent des règles qui visent un nombre indéterminé de cas et s'adressent à un nombre indéterminé de personnes physiques ou morales.

2. Ne sont pas considérés comme des projets de réglementation, les projets relatifs à des dispositions dont l'objet exclusif est la transposition de directives communautaires dans le droit des États membres.

Article 2

1. Les autorités des États membres consultent la BCE sur tout projet de réglementation relevant de son domaine de compétence en vertu du traité, et notamment en ce qui concerne:

— les questions monétaires,

— les moyens de paiement,

— les banques centrales nationales,

— la collecte, l'établissement et la diffusion de données statistiques en matière monétaire, financière, bancaire, de systèmes de paiement et de balance des paiements,

— les systèmes de paiement et de règlement,

— les règles applicables aux établissements financiers dans la mesure où elles ont une incidence sensible sur la stabilité des établissements et marchés financiers.

2. En outre, les autorités des États membres autres que les États membres participants consultent la BCE sur tout projet de réglementation concernant les instruments de la politique monétaire.

3. Dès qu'elle reçoit un projet de réglementation, la BCE indique à l'autorité nationale qui la consulte si, à son avis, ce projet relève de son domaine de compétence.

Article 3

1. Si elles le jugent nécessaire, les autorités nationales qui élaborent un projet de réglementation peuvent fixer à la BCE, pour la présentation de son avis, un délai qui ne peut être inférieur à un mois à compter de la date à

([1]) JO L 332 du 31.12.1993, p. 14.

laquelle la demande d'avis est notifiée au président de la BCE.

2. Le délai prévu peut être réduit en cas d'extrême urgence. Dans ce cas, l'autorité qui consulte indique les raisons de cette urgence.

3. La BCE peut demander, en temps utile, que le délai soit prolongé d'une durée maximale de quatre semaines. L'autorité qui la consulte ne peut refuser d'accéder à cette demande sans motif raisonnable.

4. À l'expiration du délai imparti, l'autorité nationale qui procède à la consultation peut passer outre à l'absence d'avis. Si l'avis de la BCE est reçu après expiration du délai, les États membres veillent néanmoins à ce qu'il soit porté à la connaissance des autorités visées à l'article 4.

Article 4

Chaque État membre arrête les mesures nécessaires pour assurer le respect effectif de la présente décision. À cette fin, il veille à ce que la BCE soit consultée en temps utile pour permettre à l'autorité qui prend l'initiative d'un projet de réglementation de tenir compte de l'avis de la BCE avant de prendre sa décision sur le fond et à ce que l'avis rendu par la BCE soit porté à la connaissance de l'autorité qui doit adopter les dispositions concernées, s'il s'agit d'une autre autorité que celle qui les a élaborées.

Article 5

1. La présente décision s'applique à compter du 1er janvier 1999.

2. La décision 93/717/CE est abrogée à compter du 1er janvier 1999.

Article 6

Les États membres sont destinataires de la présente décision.

Fait à Luxembourg, le 29 juin 1998.

Par le Conseil

Le président

R. COOK

Règlement (CE) n° 2531/98 du Conseil du 23 novembre 1998 concernant l'application de réserves obligatoires par la Banque centrale européenne (*)

LE CONSEIL DE L'UNION EUROPÉENNE,

vu le protocole (n° 3) sur les statuts du Système européen de banques centrales et de la Banque centrale européenne (ci-après dénommés «statuts»), et notamment leur article 19.2,

vu la recommandation de la Banque centrale européenne (ci-après dénommée «BCE») ([1]),

vu l'avis du Parlement européen ([2]),

vu l'avis de la Commission ([3]),

statuant conformément à la procédure prévue à l'article 106, paragraphe 6, du traité instituant la Communauté européenne (ci-après dénommé «traité») et à l'article 42 des statuts, ainsi qu'aux conditions énoncées à l'article 43.1 des statuts, et au point 8 du protocole (n° 11) sur certaines dispositions relatives au Royaume-Uni de Grande-Bretagne et d'Irlande du Nord;

1) considérant que l'article 19.2, en liaison avec l'article 43.1 des statuts, le paragraphe 8 du protocole n° 11 et le paragraphe 2 du protocole (n° 12) sur certaines dispositions relatives au Danemark ne doivent conférer aucun droit et n'imposent aucune obligation à un État membre non participant;

2) considérant que l'article 19.2 des statuts énonce que le Conseil définit notamment la base des réserves minimales et les rapports maximaux autorisés entre ces réserves et leur base;

3) considérant que l'article 19.2 des statuts prévoit également que le Conseil définit les sanctions appropriées en cas de non-respect de ces obligations; que des sanctions spécifiques sont fixées dans le présent règlement; que le présent règlement se réfère au règlement (CE) n° 2532/98 du Conseil du 23 novembre 1998 concernant les pouvoirs de la Banque centrale européenne en matière de sanctions ([4]) pour les principes et procédures relatifs à l'imposition de sanctions et qu'il prévoit une procédure de sanctions simplifiée pour l'application de sanctions dans le cas de certains types d'infractions; que, en cas de conflit entre les dispositions du règlement (CE) n° 2532/98 et les dispositions du présent règlement qui permettent à la BCE d'infliger des sanctions, ce sont les dispositions du présent règlement qui prévalent;

4) considérant que l'article 19.1 des statuts prévoit que le conseil des gouverneurs de la BCE peut établir des prescriptions quant au calcul et à la détermination des réserves minimales requises;

5) considérant que, pour être un instrument efficace de gestion du marché monétaire et de contrôle monétaire, le système d'imposition de réserves minimales doit être struc-

(*) JO L 318 du 27.11.1998, p. 1-3.

([1]) JO C 246 du 6.8.1998, p. 6.

([2]) JO C 328 du 26.10.1998.

([3]) Avis rendu le 8 octobre 1998 (non encore paru au Journal officiel).

([4]) Voir page 4 du présent Journal officiel [voir point I 7].

turé de manière à doter la BCE de la capacité et de la souplesse nécessaires pour imposer des exigences en matière de réserves dans le contexte et en fonction de conditions économiques et financières variables dans les États membres participants; que, à cet égard, la BCE doit avoir une flexibilité suffisante pour pouvoir s'adapter aux nouvelles technologies en matière de paiement telles que le développement de la monnaie électronique; que la BCE peut imposer des réserves minimales pour les exigibilités résultant de postes hors bilan, en particulier celles qui, prises séparément ou combinées à d'autres postes de bilan ou hors bilan, sont comparables aux exigibilités inscrites au bilan, afin de limiter la possibilité de contourner les dispositions;

6) considérant que, pour fixer les modalités précises en matière d'imposition de réserves minimales, et notamment pour déterminer les taux effectifs des réserves, toute forme de rémunération des réserves, les exemptions éventuelles aux réserves minimales ou les modifications éventuelles de ces obligations applicables à une catégorie spécifique ou à des catégories spécifiques d'institutions, la BCE est tenue d'agir dans le respect des objectifs du Système européen de banques centrales (ci-après dénommé «SEBC»), tels qu'ils sont définis à l'article 105, paragraphe 1, du traité et repris à l'article 2 des statuts; que cela implique notamment le principe consistant à ne pas provoquer un mouvement important et inopportun de délocalisation ou de désintermédiation; que l'imposition de ces réserves minimales peut constituer un élément de la définition et de la mise en œuvre de la politique monétaire de la Communauté, qui constituent une des missions fondamentales du SEBC, telles que définies à l'article 105, paragraphe 2, premier tiret, du traité, et reprises dans l'article 3.1, premier tiret, des statuts;

7) considérant que les sanctions prévues en cas de non-respect des obligations définies dans le présent règlement n'affectent pas la possibilité qu'a le SEBC d'arrêter les dispositions appropriées d'exécution dans le cadre de ses relations avec les contreparties, prévoyant notamment l'exclusion partielle ou totale d'une institution des opérations de politique monétaire en cas de manquements graves aux exigences de réserves minimales;

8) considérant que le SEBC et la BCE ont été chargés de préparer les instruments de la politique monétaire de manière à ce qu'ils soient pleinement opérationnels lors de la troisième phase de l'Union économique et monétaire (ci-après dénommée «troisième phase»); qu'un élément essentiel de préparation est l'adoption, avant la troisième phase, des règlements de la BCE imposant aux institutions de constituer des réserves minimales à compter du 1er janvier 1999; qu'il est souhaitable d'informer, en 1998, les intervenants du marché des modalités détaillées que la BCE peut juger nécessaire d'adopter pour la mise en œuvre du système de réserves minimales; qu'il est donc nécessaire de doter la BCE, à compter de la date d'entrée en vigueur du présent règlement, d'un pouvoir réglementaire;

9) considérant que les dispositions du présent règlement ne peuvent être appliquées intégralement et efficacement que si les États membres participants adoptent, conformément à l'article 5 du traité, les mesures nécessaires pour garantir que leurs autorités nationales sont habilitées à collaborer pleinement avec la BCE et à lui apporter un soutien total lors de la collecte et de la vérification des informations statistiques, telles que prévues par le présent règlement,

A ARRÊTÉ LE PRÉSENT RÈGLEMENT:

Article premier

Définitions

Aux fins du présent règlement, on entend par:

1) «État membre participant»: un État membre qui a adopté la monnaie unique conformément au traité;

2) «banque centrale nationale»: la banque centrale d'un État membre participant;

3) «institution»: toute entité d'un État membre participant à laquelle la BCE peut imposer, aux termes de l'article 19.1 des statuts, de constituer des réserves minimales;

4) «taux de réserves»: le pourcentage de la base des réserves minimales que la BCE peut fixer conformément à l'article 19.1 des statuts;

5) «sanctions»: les amendes, astreintes, intérêts de pénalisation et dépôts non productifs d'intérêts.

Article 2

Droit d'exempter des institutions

La BCE peut, sur une base non discriminatoire, exempter certaines institutions des réserves minimales conformément aux critères qu'elle aura établis.

Article 3

Base des réserves obligatoires

1. La base des réserves minimales dont la BCE peut imposer la constitution aux institutions en application de l'article 19.1 des statuts comprend, sous réserve des dispositions des paragraphes 2 et 3 du présent article:

i) des exigibilités de l'institution résultant de l'acceptation de fonds ainsi que

ii) des exigibilités liées à des postes hors bilan à l'exclusion toutefois

iii) de tout ou partie des exigibilités à l'égard d'une autre institution, selon des modalités que la BCE précisera et

iv) des exigibilités vis-à-vis de la BCE ou d'une banque centrale nationale.

2. Pour les exigibilités revêtant la forme de titres de créance négociables, la BCE peut préciser, comme alternative au paragraphe 1, point iii), que tout ou partie des exigibilités d'une institution envers une autre seront déduites de la base des réserves minimales de l'institution à laquelle elles sont dues.

3. La BCE peut, sur une base non discriminatoire, autoriser la déduction de certains types d'actifs des catégories d'exigibilités entrant dans la base des réserves minimales.

Article 4

Taux de réserves

1. Les taux de réserves que la BCE peut fixer en application de l'article 19.1 des statuts ne peuvent excéder 10 % des exigibilités entrant dans la base des réserves obligatoires, mais ils peuvent être de 0 %.

2. Sous réserve du paragraphe 1, la BCE peut, sur une base non discriminatoire, fixer des taux de réserves différents pour des catégories spécifiques d'exigibilités entrant dans la base des réserves minimales.

Article 5

Pouvoir réglementaire

Aux fins des articles 2, 3 et 4, la BCE arrête, le cas échéant, des règlements ou des décisions.

Article 6

Droit de collecter et de vérifier les informations

1. La BCE a le droit de collecter auprès des institutions les informations nécessaires à l'ap-

plication des réserves minimales. Ces informations sont traitées de façon confidentielle.

2. La BCE a le droit de vérifier l'exactitude et la qualité des informations fournies par les institutions pour établir qu'elles respectent les exigences en matière de réserves minimales. La BCE notifie à l'institution sa décision de vérifier les données ou de procéder à leur collecte obligatoire.

3. Le droit de vérifier les données comprend le droit:

a) d'exiger la production de documents;

b) d'examiner les livres et archives des institutions;

c) de prendre des copies ou d'obtenir des extraits de ces livres et archives et

d) d'obtenir des explications écrites ou orales.

Lorsqu'une institution fait obstacle à la collecte et/ou à la vérification des informations, l'État membre participant dans lequel se situent les locaux concernés apporte l'aide nécessaire, notamment en garantissant l'accès aux locaux de l'institution, afin que les droits susmentionnés puissent être exercés.

4. La BCE peut déléguer aux banques centrales nationales l'exécution des droits auxquels font référence les paragraphes 1 à 3. Conformément à l'article 34.1, premier tiret, des statuts, la BCE est habilitée à préciser dans un règlement les conditions d'exercice du droit de vérification.

Article 7

Sanctions en cas de non-respect

1. Lorsqu'une institution manque totalement ou partiellement à l'exigence de constituer les réserves minimales qui lui sont imposées en application du présent règlement et des règlements ou décisions de la BCE y afférents, la BCE peut imposer une des sanctions suivantes:

a) un paiement d'intérêts à un taux allant jusqu'à 5 points en pourcentage au-dessus du taux de prêt marginal du SEBC ou représentant deux fois le taux de prêt marginal du SEBC, appliqué dans les deux cas au montant des réserves minimales que l'institution concernée n'a pas constituées;

b) l'obligation pour l'institution concernée de constituer un dépôt non rémunéré auprès de la BCE ou des banques centrales nationales allant jusqu'à trois fois le montant des réserves obligatoires que l'établissement concerné n'a pas constituées. La durée du dépôt n'excède pas la période durant laquelle l'établissement ne remplit pas son obligation de constitution de réserves minimales.

2. Chaque fois qu'une sanction est infligée conformément au paragraphe 1, les principes et procédures définis dans le règlement (CE) n° 2532/98 sont applicables. Cependant, l'article 2, paragraphes 1 et 3, et l'article 3, paragraphes 1, 2, 3 et 4, dudit règlement ne sont pas applicables et les périodes visées à son article 3, paragraphes 6, 7 et 8, sont réduites à quinze jours.

3. Lorsqu'un établissement ne satisfait pas aux obligations résultant du présent règlement ou des règlements et décisions de la BCE y afférents, autres que celles qui sont définies au paragraphe 1 précité, les sanctions relatives à ce manquement ainsi que les limites et conditions d'application de ces sanctions sont celles définies dans le règlement (CE) n° 2532/98.

Article 8

Dispositions finales

Le présent règlement entre en vigueur le jour de sa publication au *Journal officiel des Communautés européennes.*

L'article 5 est applicable à compter de la date d'entrée en vigueur du présent règlement. Les autres articles sont applicables à compter du 1er janvier 1999.

Le présent règlement est obligatoire dans tous ses éléments et directement applicable dans tout État membre.

Fait à Bruxelles, le 23 novembre 1998.

Par le Conseil

Le président

R. EDLINGER

Règlement (CE) nº 2532/98 du Conseil du 23 novembre 1998 concernant les pouvoirs de la Banque centrale européenne en matière de sanctions (*)

LE CONSEIL DE L'UNION EUROPÉENNE,

vu le traité instituant la Communauté européenne (ci-après dénommé «traité»), et notamment son article 108 A, paragraphe 3, et l'article 34.3 du protocole (nº 3) sur les statuts du Système européen de banques centrales et de la Banque centrale européenne (ci-après dénommés «statuts»),

vu la recommandation de la Banque centrale européenne (ci-après dénommée «BCE») ([1]),

vu l'avis du Parlement européen ([2]),

vu l'avis de la Commission ([3]),

statuant conformément à la procédure prévue à l'article 106, paragraphe 6, du traité et à l'article 42 des statuts, ainsi qu'aux conditions énoncées à l'article 109 K, paragraphe 5 du traité, et au paragraphe 7 du protocole (nº 11) sur certaines dispositions relatives au Royaume-Uni de Grande-Bretagne et d'Irlande du Nord,

1) considérant que le présent règlement, conformément à l'article 34.3 des statuts, en liaison avec l'article 43.1 des statuts, le paragraphe 8 du protocole (nº 11) et le paragraphe 2 du protocole (nº 12) sur certaines dispositions relatives au Danemark, ne confère aucun droit et n'impose aucune obligation à un État membre non participant;

2) considérant que, en vertu de l'article 34.3 des statuts, le Conseil précise les limites et conditions dans lesquelles la BCE est habilitée à infliger aux entreprises des amendes et des astreintes en cas de manquement aux obligations au titre de ses règlements et de ses décisions;

3) considérant que les infractions aux obligations découlant des règlements et décisions de la BCE peuvent concerner divers domaines de compétence de la BCE;

4) considérant qu'il est souhaitable, afin de garantir une conception uniforme en matière d'application des sanctions dans les divers domaines de compétence de la BCE, que toutes les dispositions générales et de procédure permettant d'infliger de telles sanctions fassent l'objet d'un règlement unique du Conseil; que d'autres règlements du Conseil prévoient des sanctions spécifiques dans des domaines particuliers et se réfèrent au présent règlement pour les principes et procédures relatifs à l'application de ces sanctions;

5) considérant que, pour assurer l'efficacité du régime de gestion des sanctions, le présent règlement doit laisser une certaine autonomie à la BCE, en ce qui concerne les procédures adéquates et leur mise en œuvre dans les limites et conditions établies par le présent règlement;

6) considérant que le Système européen de banques centrales (ci-après dénommé «SEBC»), et la BCE ont été chargés de se préparer afin d'être pleinement opérationnels lors de la troisième phase de l'Union

(*) JO L 318 du 27.11.1998, p. 4-7.

([1]) JO C 246 du 6.8.1998, p. 9.

([2]) JO C 328 du 26.10.1998.

([3]) Avis rendu le 8 octobre 1998 (non encore paru au Journal officiel).

économique et monétaire (ci-après dénommée «troisième phase»); qu'une préparation en temps utile est essentielle pour permettre au SEBC d'accomplir ses tâches au cours de la troisième phase; qu'un élément essentiel de préparation est l'adoption, avant la troisième phase, du régime d'application des sanctions aux entreprises qui ne respectent pas les obligations qui leur incombent en vertu des règlements et décisions de la BCE; qu'il est souhaitable d'informer dès que possible les intervenants du marché des modalités détaillées dont la BCE jugerait l'adoption nécessaire pour l'application des sanctions; qu'il est donc nécessaire de doter la BCE, à compter de la date d'entrée en vigueur du présent règlement, d'un pouvoir réglementaire;

7) considérant que les dispositions du présent règlement ne peuvent être appliquées efficacement que si les États membres participants adoptent, conformément à l'article 5 du traité, les mesures nécessaires pour garantir que leurs autorités sont habilitées à collaborer pleinement avec la BCE et à lui apporter un soutien total dans la mise en œuvre de la procédure d'infractions, telle que prévue par le présent règlement;

8) considérant que la BCE doit avoir recours aux banques centrales nationales pour assurer les missions du SEBC dans la mesure jugée possible et adéquate;

9) considérant que les décisions arrêtées en vertu du présent règlement et comportant des obligations pécuniaires forment un titre exécutoire, conformément à l'article 192 du traité,

A ARRÊTÉ LE PRÉSENT RÈGLEMENT:

Article premier

Définitions

Aux fins du présent règlement, on entend par:

1) «État membre participant»: un État membre qui a adopté la monnaie unique conformément au traité;

2) «banque centrale nationale»: la banque centrale d'un État membre participant;

3) «entreprises»: les personnes physiques ou morales, privées ou publiques, à l'exception des personnes publiques dans l'exercice de leurs fonctions d'autorité publique, résidant ou établies dans un État membre participant, qui sont soumises aux obligations découlant des règlements et décisions de la BCE, ainsi que leurs succursales ou autres établissements permanents situés dans un État membre participant et dont l'administration centrale ou le siège social est installé en dehors d'un État membre participant;

4) «infraction»: le non-respect par une entreprise d'une obligation découlant d'un règlement ou d'une décision de la BCE;

5) «amende»: le montant forfaitaire qu'une entreprise est tenue de verser à titre de sanction;

6) «astreintes»: les montants qu'une entreprise est tenue de verser à titre de sanction, dans le cas d'une infraction continue, et qui sont calculés pour chaque jour d'infraction continue suivant la notification à l'entreprise d'une décision, conformément à l'article 3, paragraphe 1, deuxième alinéa, requérant la cessation d'une telle infraction;

7) «sanctions»: les amendes et les astreintes infligées en conséquence d'une infraction.

Article 2

Sanctions

1. Sauf dispositions contraires prévues dans des règlements spécifiques du Conseil, la BCE peut infliger aux entreprises des amendes et des astreintes dans les limites suivantes:

a) amendes: la limite supérieure est de 500 000 euros et

b) astreintes: la limite supérieure est de 10 000 euros par jour d'infraction. Les astreintes peuvent être infligées sur une période maximale de six mois suivant la notification à l'entreprise de la décision prévue à l'article 3, paragraphe 1.

2. Lorsqu'elle décide d'infliger ou non une sanction et qu'elle détermine la sanction appropriée, la BCE est guidée par le principe de proportionnalité.

3. La BCE tient compte, le cas échéant, des circonstances spécifiques, telles que:

a) d'une part, la bonne foi et le degré d'ouverture de l'entreprise dans l'interprétation et l'application de l'obligation découlant d'un règlement ou d'une décision de la BCE ainsi que la diligence et la coopération dont elle fait preuve ou, d'autre part, toute preuve de fraude volontaire de la part des responsables de l'entreprise;

b) la gravité des conséquences de l'infraction;

c) la répétition, la fréquence ou la durée de l'infraction commise par cette entreprise;

d) les avantages tirés de l'infraction par l'entreprise;

e) la taille économique de l'entreprise et

f) les sanctions préalables infligées par d'autres autorités à la même entreprise et fondées sur les mêmes faits.

4. Chaque fois que l'infraction porte sur le non-respect d'une obligation, l'application d'une sanction ne dispense pas l'entreprise de respecter ladite obligation, à moins que la décision adoptée conformément à l'article 3, paragraphe 4, énonce explicitement le contraire.

Article 3

Règles de procédure

1. La décision d'engager ou non une procédure d'infraction est prise par le directoire de la BCE, qui agit de sa propre initiative ou à la suite d'une motion transmise à cet effet par la banque centrale nationale de l'État membre dans la juridiction duquel l'infraction présumée a été commise. Une telle décision peut également être prise par la banque centrale nationale de l'État membre dans la juridiction duquel l'infraction présumée a été commise, que ce soit de sa propre initiative ou à la suite d'une motion transmise à cet effet par la BCE.

La décision d'engager une procédure d'infraction est notifiée par écrit à l'entreprise concernée, à l'autorité de surveillance compétente et à la banque centrale nationale de l'État membre dans la juridiction duquel l'infraction présumée a été commise ou à la BCE. La notification détaille les allégations portées à l'encontre de l'entreprise et indique les éléments de preuve sur lesquels se fondent ces allégations. Le cas échéant, la décision exige la cessation de l'infraction présumée et notifie à l'entreprise concernée qu'elle est susceptible de devoir payer des astreintes.

2. La décision visée au paragraphe 1 peut exiger de l'entreprise qu'elle se soumette à une procédure d'infraction. Dans le cadre de cette procédure, la BCE ou, selon le cas, la banque centrale nationale a le droit:

a) d'exiger la production de documents;

b) d'examiner les livres et les archives de l'entreprise;

c) de prendre des copies ou d'obtenir des extraits de ces livres et archives et

d) d'obtenir des explications écrites ou orales.

Lorsqu'une entreprise fait obstacle à la mise en œuvre de la procédure d'infraction, l'État membre participant dans lequel se situent les locaux concernés apporte le soutien nécessaire, notamment en faisant en sorte que la BCE ou la banque centrale nationale ait accès aux locaux de l'entreprise, afin que les droits susmentionnés puissent être exercés.

3. L'entreprise concernée a le droit d'être entendue par la BCE ou, selon le cas, par la banque centrale nationale. Il lui est accordé un délai qui ne peut être inférieur à trente jours pour présenter sa défense.

4. Dès que possible après avoir été saisi par la banque centrale nationale qui a engagé la procédure d'infraction ou après consultation de la banque centrale nationale de l'État membre dans la juridiction duquel l'infraction présumée a été commise, le directoire de la BCE adopte une décision motivée sur la question de savoir si une entreprise a commis une infraction en précisant la sanction éventuelle à infliger.

5. Cette décision est notifiée par écrit à l'entreprise concernée, qui est informée de son droit de demander le réexamen. La décision est également notifiée aux autorités de surveillance compétentes et à la banque centrale nationale de l'État membre dans la juridiction duquel l'infraction a été commise.

6. L'entreprise concernée a le droit de demander un réexamen par le conseil des gouverneurs de la BCE de la décision prise par le directoire. Cette demande doit être présentée dans les trente jours suivant la réception de la notification de cette décision et contenir toutes les informations et allégations à l'appui de la demande. Elle est adressée par écrit au conseil des gouverneurs de la BCE.

7. Toute décision du conseil des gouverneurs de la BCE en réponse à une demande présentée en vertu du paragraphe 6 comporte les motifs de cette décision et est notifiée par écrit à l'entreprise concernée, aux autorités de surveillance compétentes de cette entreprise et à la banque centrale nationale de l'État membre dans la juridiction duquel l'infraction a été commise. La notification doit informer l'entreprise de son droit de recours. À défaut de décision du conseil des gouverneurs de la BCE dans un délai de deux mois suivant la demande, l'entreprise concernée peut former un recours contre la décision du directoire, conformément au traité.

8. Aucune sanction n'est exécutée à l'encontre de l'entreprise avant que la décision ne devienne définitive, ce qui est le cas:

a) lorsque le délai de trente jours visé au paragraphe 6 s'est écoulé sans que l'entreprise n'ait adressé une demande de réexamen au conseil des gouverneurs de la BCE ou

b) lorsque le conseil des gouverneurs notifie sa décision à l'entreprise, ou lorsque le délai visé au paragraphe 7 s'est écoulé sans que le conseil des gouverneurs n'ait pris de décision.

9. Les recettes provenant des sanctions infligées par la BCE appartiennent à la BCE.

10. Si l'infraction porte exclusivement sur une mission confiée au SEBC en vertu du traité et des statuts, une procédure d'infraction ne peut être engagée que sur la base du présent règlement, nonobstant l'existence d'une loi ou d'un règlement national prévoyant éventuellement une procédure distincte. Si une infraction porte également sur un ou plusieurs domaines ne relevant pas des compétences du SEBC, le droit d'engager une procédure d'infraction en vertu du présent règlement est indépendant du droit qu'aurait une autorité nationale compétente d'engager des procédures distinctes pour ce qui est des domaines ne relevant pas des compétences du SEBC. La présente disposition n'affecte pas l'application du droit pénal et des compétences en matière de surveillance prudentielle dans les États membres participants.

11. Une entreprise supporte les coûts de la procédure d'infraction s'il a été décidé qu'elle a commis une infraction.

Article 4

Délais

1. Le droit de prendre la décision d'engager une procédure d'infraction, comme prévu par le présent règlement, expire un an après que la BCE ou la banque centrale nationale de l'État membre dans la juridiction duquel l'infraction présumée a été commise a eu connaissance pour la première fois de l'existence de cette infraction présumée et, dans tous les cas, cinq ans après que l'infraction a été commise ou, dans le cas d'une infraction continue, cinq ans après sa cessation.

2. Le droit de prendre la décision d'infliger une sanction à la suite d'une infraction, comme prévu par le présent règlement, expire un an après que la décision a été prise d'engager la procédure décrite à l'article 3, paragraphe 1.

3. Le droit de lancer une procédure d'exécution expire six mois après que la décision est devenue exécutoire en vertu de l'article 3, paragraphe 8.

Article 5

Voie de recours

La Cour de justice des Communautés européennes a une compétence de pleine juridiction au sens de l'article 172 du traité en ce qui concerne le réexamen des décisions définitives imposant une sanction.

Article 6

Dispositions générales et pouvoir réglementaire

1. En cas de conflit entre les dispositions du présent règlement et les dispositions d'autres règlements du Conseil permettant à la BCE d'infliger des sanctions, ce sont les dispositions de ces derniers qui prévalent.

2. Sous réserve des limites et conditions prévues par le présent règlement, la BCE peut adopter des règlements afin de préciser les modalités d'application des sanctions conformément au présent règlement, ainsi que des principes directeurs pour la coordination et l'harmonisation des procédures de mise en œuvre de la procédure d'infraction.

Article 7

Dispositions finales

Le présent règlement entre en vigueur le jour de sa publication au *Journal officiel des Communautés européennes.*

L'article 6, paragraphe 2, est applicable à compter de la date d'entrée en vigueur du présent règlement. Les autres articles sont applicables à compter du 1er janvier 1999.

Le présent règlement est obligatoire dans tous ses éléments et directement applicable dans tout État membre.

Fait à Bruxelles, le 23 novembre 1998.

Par le Conseil

Le président

R. EDLINGER

Règlement (CE) n° 2533/98 du Conseil du 23 novembre 1998 concernant la collecte d'informations statistiques par la Banque centrale européenne (*)

LE CONSEIL DE L'UNION EUROPÉENNE,

vu le protocole (n° 3) sur les statuts du Système européen de banques centrales et de la Banque centrale européenne (ci-après dénommés «statuts»), et notamment leur article 5.4,

vu la recommandation de la Banque centrale européenne (ci-après dénommée «BCE») ([1]),

vu l'avis du Parlement européen ([2]),

vu l'avis de la Commission ([3]),

statuant conformément à la procédure prévue à l'article 106, paragraphe 6, du traité instituant la Communauté européenne et à l'article 42 des statuts,

1) considérant que, en vertu de l'article 5.1 des statuts, la BCE, assistée par les banques centrales nationales, collecte, soit auprès des autorités nationales compétentes, soit directement auprès des agents économiques, les informations statistiques nécessaires à l'accomplissement des missions du Système européen de banques centrales (ci-après dénommé «SEBC»); que, afin de faciliter l'accomplissement de ces missions, qui sont définies à l'article 105 du traité, et notamment la mise en œuvre de la politique monétaire, ces informations statistiques sont utilisées essentiellement pour la production de statistiques agrégées, pour lesquelles l'identité des agents économiques pris individuellement est sans objet, mais qu'elles peuvent aussi être utilisées au niveau des agents économiques pris individuellement; que l'article 5.2 des statuts énonce que les banques centrales nationales exécutent, dans la mesure du possible, les missions décrites à l'article 5.1 des statuts; que l'article 5.4 des statuts énonce que le Conseil définit les personnes physiques et morales soumises aux obligations de déclaration, le régime de confidentialité et les dispositions adéquates d'exécution; que, aux fins de l'article 5.1 des statuts, les banques centrales nationales peuvent coopérer avec les autres autorités compétentes, et notamment avec les instituts statistiques nationaux et les autorités de surveillance des marchés;

2) considérant que, pour que les informations statistiques soient un outil efficace dans l'accomplissement des missions du SEBC, les définitions et procédures régissant leur collecte doivent être structurées de manière à ce que la BCE ait la possibilité de disposer, en temps voulu, et avec suffisamment de souplesse, de statistiques de grande qualité qui reflètent l'évolution des conditions économiques et financières, et tiennent compte de la charge imposée aux agents déclarants; que, ce faisant, il convient non seulement de veiller à l'accomplissement des missions du SEBC et à son indépendance mais également de s'attacher à réduire au maximum la charge imposée aux agents déclarants;

(*) JO L 318 du 27.11.1998, p. 8-19.

([1]) JO C 246 du 6.8.1998, p. 12.

([2]) JO C 328 du 26.10.1998.

([3]) Avis rendu le 8 octobre 1998 (non encore paru au Journal officiel).

3) considérant qu'il est par conséquent souhaitable de définir une population de référence soumise à déclaration, en termes de catégories d'unités économiques et d'applications statistiques concernées, à laquelle les compétences de la BCE en matière statistique sont restreintes et à partir de laquelle elle détermine la population effective soumise à déclaration en vertu de son pouvoir réglementaire;

4) considérant qu'une population homogène soumise à déclaration est nécessaire à la production d'un bilan consolidé du secteur des institutions financières monétaires des États membres participants, dont le principal objectif est de fournir à la BCE un tableau statistique global des évolutions monétaires dans les États membres participants, considérés comme un seul territoire économique; que la BCE a établi et met à jour une «Liste des institutions financières monétaires à des fins statistiques» fondée sur une définition commune de ces institutions;

5) considérant que ladite définition commune à des fins statistiques précise que les institutions financières monétaires comprennent les établissements de crédit au sens du droit communautaire et toutes les autres institutions financières résidentes dont l'activité consiste à recevoir des dépôts et/ou des proches substituts des dépôts de la part d'entités autres que des institutions financières monétaires, ainsi qu'à octroyer des crédits et/ou à effectuer des placements en valeurs mobilières pour leur propre compte (du moins en termes économiques);

6) considérant qu'il peut néanmoins être nécessaire que les organismes de chèques et virements postaux qui ne répondent pas forcément à la définition commune à des fins statistiques des institutions financières monétaires, soient soumis aux obligations de déclaration à la BCE en matière de statistiques monétaires, bancaires et de systèmes de paiement dans la mesure où ils peuvent, de manière significative, recevoir des dépôts et/ou des proches substituts des dépôts et effectuer des opérations dans le cadre des systèmes de paiement;

7) considérant que, dans le Système européen des comptes nationaux et régionaux 1995 [1] (ci-après dénommé «SEC 1995»), le secteur des sociétés financières comprend, par conséquent, les sous-secteurs «banque centrale» et «autres institutions financières monétaires» et ne peut être élargi que par l'intégration de catégories d'institutions issues du sous-secteur «autres intermédiaires financiers, à l'exclusion des sociétés d'assurance et des fonds de pension»;

8) considérant que les statistiques relatives à la balance des paiements, à la position extérieure, aux valeurs mobilières, à la monnaie électronique et aux systèmes de paiement sont nécessaires pour permettre au SEBC de remplir ses missions de façon indépendante;

9) considérant que l'utilisation des termes «personnes physiques et morales» à l'article 5.4 des statuts doit faire l'objet d'une interprétation cohérente avec les pratiques des États membres en matière de statistiques monétaires, bancaires et de balance des paiements et, par conséquent, englobe également des entités qui ne sont ni des personnes physiques ni des personnes morales au sens de leurs législations nationales respectives mais qui appartiennent néanmoins aux sous-secteurs appropriés du SEC 1995; que les obligations de déclaration peuvent par conséquent être imposées à des entités telles que les sociétés de personnes, les succursales, les organismes de placement collectif en valeurs mobilières (OPCVM) et les fonds, qui,

(1) JO L 310 du 30.11.1996, p. 1.

en vertu de leurs législations nationales respectives, n'ont pas le statut de personne morale; que, dans ce cas, l'obligation de déclaration est imposée aux personnes qui, dans le cadre des dispositions légales nationales applicables, représentent juridiquement les entités concernées;

10) considérant que les déclarations statistiques relatives au bilan des établissements visés à l'article 19.1 des statuts peuvent également servir au calcul du montant des réserves minimales qu'elles peuvent être tenues de constituer;

11) considérant qu'il appartient au conseil des gouverneurs de la BCE de préciser la répartition, entre la BCE et les banques centrales nationales, des tâches de collecte et de vérification des informations statistiques et de leur exécution, en tenant compte du principe défini à l'article 5.2 des statuts, ainsi que des missions qui incomberont aux autorités nationales dans la limite de leurs compétences, en vue d'obtenir des statistiques qui soient toujours de qualité;

12) considérant que, au cours des premières années d'existence de la zone de la monnaie unique, le principe d'efficacité en regard des coûts peut nécessiter que les obligations de déclaration statistique à la BCE soient respectées au moyen de procédures transitoires, compte tenu des contraintes imposées aux systèmes de collecte existants; que cela peut notamment impliquer, dans le cas du compte financier de la balance des paiements, que les données relatives aux positions ou aux transactions transfrontières des États membres participants considérés comme un seul territoire économique puissent, au cours des premières années d'existence de la zone de la monnaie unique, être agrégées en utilisant toutes les positions ou transactions entre les résidents d'un État membre participant et les résidents d'autres pays;

13) considérant que les limites et conditions dans lesquelles la BCE est habilitée à infliger aux entreprises des sanctions en cas de non-respect des obligations figurant dans ses règlements et décisions ont été définies, conformément à l'article 34.3 des statuts, par le règlement (CE) n° 2532/98 du Conseil du 23 novembre 1998 concernant les pouvoirs de la Banque centrale européenne en matière de sanctions [1]; que, en cas de conflit entre les dispositions dudit règlement et le présent règlement qui permettent à la BCE d'infliger des sanctions, ce sont les dispositions du présent règlement qui prévalent; que les sanctions prévues en cas de non-respect des obligations définies dans le présent règlement n'affectent pas la possibilité qu'a le SEBC d'arrêter les dispositions appropriées d'exécution dans le cadre de ses relations avec les contreparties, prévoyant notamment l'exclusion partielle ou totale d'un agent déclarant des opérations de politique monétaire en cas de manquement grave aux obligations de déclaration statistique;

14) considérant que les règlements arrêtés par la BCE conformément à l'article 34.1 des statuts ne confèrent aucun droit et n'imposent aucune obligation aux États membres non participants;

15) considérant que le Danemark, se fondant sur le paragraphe 1 du protocole (n° 12) sur certaines dispositions relatives au Danemark, a notifié, dans le cadre de la décision d'Édimbourg du 12 décembre 1992, qu'il ne participera pas à la troisième phase de l'Union économique et monétaire; que, par conséquent, conformément au paragraphe 2 dudit protocole, tous les articles et toutes les dispositions

(1) Voir page 4 du présent Journal officiel [voir point I 7].

du traité et des statuts faisant référence à une dérogation sont applicables au Danemark;

16) considérant que, conformément au paragraphe 8 du protocole (n° 11) sur certaines dispositions relatives au Royaume-Uni de Grande-Bretagne et d'Irlande du Nord, l'article 34 des statuts ne s'applique pas au Royaume-Uni à moins que celui-ci ne participe à la troisième phase de l'Union économique et monétaire;

17) considérant que, s'il est admis que les informations statistiques nécessaires au respect des obligations de déclaration statistique à la BCE ne sont pas les mêmes pour les États membres participants et les États membres non participants, l'article 5 des statuts s'applique à la fois aux États membres participants et aux États membres non participants; que cette considération, ainsi que l'article 5 du traité, implique une obligation d'élaborer et de mettre en œuvre, au niveau national, toutes les mesures que les États jugent appropriées pour assurer la collecte des informations statistiques nécessaires au respect des obligations de déclaration statistique à la BCE et pour achever, en temps voulu, les préparatifs nécessaires en matière de statistiques pour devenir des États membres participants;

18) considérant que les informations statistiques confidentielles que la BCE et les banques centrales nationales doivent obtenir afin d'assurer les missions du SEBC doivent être protégées afin de gagner et de conserver la confiance des agents déclarants; que, une fois le présent règlement adopté, il n'y aura plus lieu d'invoquer des dispositions relatives à la confidentialité pour empêcher l'échange d'informations statistiques confidentielles concernant les missions du SEBC, sous réserve des dispositions de la directive 95/46/CE du Parlement européen et du Conseil du 24 octobre 1995 relative à la protection des personnes physiques à l'égard du traitement des données à caractère personnel et à la libre circulation de ces données [1];

19) considérant que l'article 38.1 des statuts énonce que les membres des organes de décision et du personnel de la BCE et des banques centrales nationales sont tenus, même après la cessation de leurs fonctions, de ne pas divulguer les informations qui, par leur nature, sont couvertes par le secret professionnel et que l'article 38.2 des statuts prévoit que les personnes ayant accès à des données soumises à une législation communautaire imposant l'obligation du secret sont assujetties à cette législation;

20) considérant que toute violation des règles liant les membres du personnel de la BCE, qu'elle soit commise volontairement ou par négligence, les expose à des sanctions disciplinaires et, le cas échéant, à des sanctions de nature juridique pour violation du secret professionnel, sous réserve des dispositions conjointes des articles 12 et 18 du protocole sur les privilèges et immunités des Communautés européennes;

21) considérant que l'utilisation éventuelle des informations statistiques aux fins de réalisation des missions à accomplir par l'intermédiaire du SEBC, conformément à l'article 105 du traité, tout en réduisant la charge globale liée aux obligations de déclaration, implique que le régime de confidentialité défini par le présent règlement doit s'écarter, dans une certaine mesure, des principes communautaires ou internationaux généraux concernant la confidentialité des informations statistiques, et notamment des dispositions relatives à la confidentialité des informa-

(1) JO L 281 du 23.11.1995, p. 31.

tions statistiques figurant dans le règlement (CE) n° 322/97 du Conseil du 17 février 1997 relatif à la statistique communautaire (1); que, sous réserve de ce point, la BCE tiendra compte des principes régissant la statistique communautaire énoncés à l'article 10 du règlement (CE) n° 322/97;

22) considérant que le régime de confidentialité défini par le présent règlement s'applique uniquement aux informations statistiques confidentielles communiquées à la BCE aux fins des missions du SEBC et qu'il n'affecte pas les dispositions nationales ou communautaires spécifiques relatives au transfert d'autres types d'informations à la BCE; qu'il y a lieu de respecter les règles relatives à la confidentialité des informations statistiques que les instituts statistiques nationaux et la Commission appliquent aux informations statistiques qu'ils collectent pour leur propre compte;

23) considérant que, aux fins de l'article 5.1 des statuts, la BCE est tenue de coopérer, dans le domaine des statistiques, avec les institutions ou organes communautaires et avec les autorités compétentes des États membres ou des pays tiers et avec les organisations internationales; que la BCE et la Commission mettront en place des formes de coopération appropriées dans le domaine des statistiques en vue d'accomplir leurs missions avec le maximum d'efficacité, en s'efforçant de réduire au maximum la charge imposée aux agents déclarants;

24) considérant que le SEBC et la BCE ont été chargés d'élaborer les obligations de déclaration statistique en vue de la zone euro de manière à ce qu'elles soient pleinement opérationnelles lors de la troisième phase de l'Union économique et monétaire (ci-après dénommée «troisième phase»); que la préparation dans le domaine statistique est essentielle pour permettre au SEBC d'accomplir ses tâches au cours de la troisième phase; qu'un élément essentiel à cet égard est l'adoption, avant la troisième phase, des règlements de la BCE en matière statistique; qu'il est souhaitable d'informer, en 1998, les intervenants du marché au sujet des modalités détaillées dont la BCE jugerait l'adoption nécessaire pour la mise en œuvre des obligations de déclaration statistique; qu'il est donc nécessaire de doter la BCE, à compter de la date d'entrée en vigueur du présent règlement, d'un pouvoir réglementaire;

25) considérant que les dispositions du présent règlement ne peuvent être appliquées efficacement que si les États membres participants dans leur ensemble ont adopté, conformément à l'article 5 du traité, les mesures nécessaires pour garantir que leurs autorités sont habilitées à collaborer pleinement avec la BCE et à lui apporter un soutien total lors de la vérification et de la collecte obligatoire des informations statistiques,

A ARRÊTÉ LE PRÉSENT RÈGLEMENT:

Article premier

Définitions

Aux fins du présent règlement, on entend par:

1) «obligations de déclaration statistique à la BCE»: les informations statistiques que les agents déclarants sont tenus de fournir et qui sont nécessaires à l'accomplissement des missions du SEBC;

2) «agents déclarants»: les personnes physiques et morales et les entités visées à l'article 2, paragraphe 3, qui sont soumises aux obligations de déclaration statistique à la BCE;

(1) JO L 52 du 22.2.1997, p. 1.

3) «État membre participant»: un État membre qui a adopté la monnaie unique conformément au traité;

4) «résident» et «résidant»: ayant un centre d'intérêt économique sur le territoire économique d'un pays, tel que décrit à l'annexe A; dans ce contexte, on entend par «positions transfrontières» et «transactions transfrontières» respectivement les positions et les transactions portant sur les actifs et/ou passifs des résidents des États membres participants considérés comme un seul territoire économique vis-à-vis des résidents des États membres non participants et/ou des résidents de pays tiers;

5) «position extérieure»: le bilan relatif aux encours d'actifs et de passifs financiers transfrontières;

6) «monnaie électronique»: une valeur monétaire stockée électroniquement sur un support technique, y compris les cartes prépayées, qui peut être utilisée largement aux fins de paiement à des entités autres que l'émetteur et qui n'implique pas nécessairement l'utilisation de comptes bancaires dans la transaction, mais sert d'instrument préchargé au porteur.

Article 2

Population de référence soumise à déclaration

1. Afin d'assurer le respect des obligations de déclaration statistique à la BCE, la BCE, assistée des banques centrales nationales, conformément à l'article 5.2 des statuts, a le droit de collecter des informations statistiques dans les limites de la population de référence soumise à déclaration et des éléments nécessaires pour assurer les missions du SEBC.

2. La population de référence comprend les agents déclarants suivants:

a) les personnes physiques et morales appartenant aux sous-secteurs «banque centrale», «autres institutions financières monétaires» et «autres intermédiaires financiers, à l'exclusion des sociétés d'assurance et des fonds de pension», tels que décrits à l'annexe B, et résidant dans un État membre, dans la mesure nécessaire au respect des obligations de déclaration statistique à la BCE en matière monétaire et bancaire et de systèmes de paiement;

b) les organismes de chèques et virements postaux, dans la mesure nécessaire au respect des obligations de déclaration statistique à la BCE en matière de statistiques monétaires et bancaires et de systèmes de paiement;

c) les personnes physiques et morales résidant dans un État membre, dans la mesure où elles détiennent des positions transfrontières ou effectuent des transactions transfrontières et où les informations statistiques relatives à ces positions ou transactions sont nécessaires au respect des obligations de déclaration statistique à la BCE en matière de statistiques de balance des paiements ou de position extérieure;

d) les personnes physiques et morales résidant dans un État membre, dans la mesure où les informations statistiques relatives à leur activité d'émission de valeurs mobilières ou de monnaie électronique sont nécessaires au respect des obligations de déclaration statistique à la BCE.

3. Une entité qui correspondrait par ailleurs à la définition figurant au paragraphe 2 mais qui, aux termes de la législation interne de son pays de résidence, n'est répertoriée ni comme une personne morale ni comme un groupement de personnes physiques bien qu'elle puisse avoir des droits et des obligations, est un agent déclarant. L'obligation de déclaration de cette entité doit être remplie par les personnes qui la représentent sur le plan juridique.

Lorsqu'une personne morale, un groupement de personnes physiques ou une entité répondant à la définition du premier alinéa dispose d'une succursale résidente dans un autre pays, cette dernière est un agent déclarant en soi, indépendamment du lieu où est domicilié le siège social, à condition que cette succursale réponde aux conditions définies au paragraphe 2, hormis l'obligation d'avoir une personnalité morale distincte. Quel que soit leur nombre, les succursales établies dans le même État membre doivent être considérées comme une succursale unique lorsqu'elles appartiennent au même sous-secteur de l'économie. L'obligation d'information d'une succursale doit être remplie par les personnes qui la représentent juridiquement.

Article 3

Modalités concernant la définition des obligations de déclaration statistique

En définissant et en imposant des obligations de déclaration statistique, la BCE précise la population effective soumise à déclaration, dans les limites de la population de référence définie à l'article 2. Sans préjudice du respect des obligations de déclaration, la BCE:

a) réduit la charge qu'entraîne l'obligation de déclaration, notamment en utilisant, dans la mesure du possible, les statistiques existantes;

b) tient compte des normes statistiques communautaires et internationales;

c) peut exempter totalement ou partiellement des catégories spécifiques d'agents déclarants des obligations de déclaration statistique.

Article 4

Obligations des États membres

Les États membres organisent leurs tâches dans le domaine statistique et coopèrent pleinement avec le SEBC afin de garantir le respect des obligations découlant de l'article 5 des statuts.

Article 5

Pouvoir réglementaire de la BCE

1. La BCE peut adopter des règlements pour définir et imposer des obligations de déclaration statistique à la population effective soumise à déclaration des États membres participants.

2. Lorsqu'il existe des liens avec les obligations statistiques imposées par la Commission, la BCE consulte cette dernière sur les projets de règlements afin de garantir la cohérence nécessaire à la production de statistiques satisfaisant à leurs obligations d'information respectives. Le comité des statistiques monétaires, financières et de balance des paiements participe, dans la limite de ses compétences, au processus de coopération entre la Commission et la BCE.

Article 6

Droit de vérification et collecte obligatoire des informations statistiques

1. Si un agent déclarant, résidant dans un État membre participant, est suspecté, au sens de l'article 7, paragraphe 2, de non-respect des obligations de déclaration statistique à la BCE, la BCE et, conformément à l'article 5.2 des statuts, la banque centrale nationale de l'État membre participant concerné, ont le droit de vérifier l'exactitude et la qualité des informations statistiques et de procéder à leur collecte obligatoire. Toutefois, dans le cas où les informations statistiques concernées sont nécessaires pour démontrer le respect de l'obligation de constitution des réserves minimales, la vérification doit être effectuée conformément à l'article 6 du règlement (CE) n° 2531/98 du Conseil du 23 novembre 1998 concernant l'application de réserves minimales par la Banque centrale européenne [1]. Le droit de

[1] Voir page 1 du présent Journal officiel [voir point I 6].

vérifier les informations statistiques ou d'effectuer leur collecte obligatoire comporte le droit:

a) d'exiger la production de documents;

b) d'examiner les livres et archives des agents déclarants;

c) de prendre des copies ou d'obtenir des extraits de ces livres et archives

d) et d'obtenir des explications écrites ou orales.

2. La BCE ou la banque centrale nationale compétente informe par écrit l'agent déclarant de sa décision de vérifier les informations statistiques ou de procéder à leur collecte obligatoire, en spécifiant l'échéance fixée pour donner suite à la demande de vérification, aux sanctions applicables en cas de refus et aux droits de réexamen. La BCE et la banque centrale nationale concernée s'informent mutuellement de ces demandes de vérification.

3. La vérification et la collecte obligatoire des informations statistiques s'effectuent selon les procédures nationales. L'agent déclarant concerné supporte les coûts de la procédure s'il est établi qu'il a enfreint les obligations d'information statistique.

4. La BCE peut arrêter des règlements définissant les conditions dans lesquelles les droits de vérification ou de collecte obligatoire des informations statistiques peuvent être exercés.

5. Dans la limite de leurs compétences, les autorités nationales des États membres participants apportent le soutien nécessaire à la BCE et aux banques centrales nationales dans l'exercice des pouvoirs définis par le présent article.

6. Lorsqu'un agent déclarant s'oppose ou fait obstacle au processus de vérification ou à la collecte obligatoire des informations statistiques requises, l'État membre participant dans lequel se situent les locaux de l'agent déclarant apporte le soutien nécessaire, notamment en faisant en sorte que la BCE ou la banque centrale nationale ait accès à ces locaux, afin que les droits mentionnés au paragraphe 1 puissent être exercés.

Article 7

Application de sanctions

1. La BCE est habilitée à infliger les sanctions prévues dans le présent article aux agents déclarants soumis aux obligations de déclaration et résidant dans un État membre participant, qui ne respectent pas les obligations découlant du présent règlement ou des règlements et décisions de la BCE définissant et imposant les obligations de déclaration statistique à la BCE.

2. L'obligation de communiquer certaines informations statistiques à la BCE ou aux banques centrales nationales est considérée comme enfreinte lorsque:

a) la BCE ou la banque centrale nationale ne reçoit aucune information statistique dans le délai imparti;

b) les informations statistiques sont incorrectes, incomplètes ou sont présentées sous une forme ne répondant pas aux exigences posées.

3. L'obligation d'autoriser la BCE et les banques centrales nationales à vérifier l'exactitude et la qualité des informations statistiques soumises par les agents déclarants à la BCE ou à la banque centrale nationale est considérée comme enfreinte chaque fois qu'un agent déclarant fait obstacle à cette activité. Cette obstruction consiste, mais ne se limite pas, à faire disparaître des documents et à empêcher la BCE ou la banque centrale nationale à disposer de l'accès physique qui est nécessaire à l'accomplissement de leurs tâches de vérification ou de collecte obligatoire.

4. La BCE peut infliger à un agent déclarant les sanctions suivantes:

a) en cas d'infraction au sens du paragraphe 2, point a), versement d'une amende journalière n'excédant pas 10 000 euros, l'amende totale ne pouvant dépasser 100 000 euros;

b) en cas d'infraction au sens du paragraphe 2, point b), versement d'une amende n'excédant pas 200 000 euros;

c) en cas d'infraction au sens du paragraphe 3, versement d'une amende n'excédant pas 200 000 euros.

5. Les sanctions prévues au paragraphe 4 s'ajoutent à l'obligation pour l'agent déclarant de supporter les coûts de la procédure de vérification et de collecte obligatoire, ainsi qu'il est prévu à l'article 6, paragraphe 3.

6. Dans l'exercice des pouvoirs définis par le présent article, la BCE agit conformément aux principes et procédures définis dans le règlement (CE) n° 2532/98.

Article 8

Régime de confidentialité

1. Pour l'application du présent règlement et pour les besoins du régime de confidentialité applicable aux informations statistiques nécessaires à l'accomplissement des missions du SEBC, les informations statistiques sont considérées comme confidentielles lorsqu'elles permettent d'identifier les agents déclarants ou toute autre personne morale, personne physique, entité ou succursale, que ce soit directement par leur nom, leur adresse ou par un code d'identification officiel qui leur a été attribué, ou indirectement par déduction, ce qui aurait pour effet de divulguer des informations d'ordre individuel. Afin de déterminer si un agent déclarant ou toute autre personne morale, personne physique, entité ou succursale est identifiable, il convient de tenir compte de tous les moyens qui pourraient raisonnablement être utilisés par un tiers pour identifier ledit agent déclarant ou la personne morale, la personne physique, l'entité ou la succursale. Les informations statistiques issues de sources accessibles au public, conformément à la législation nationale, ne sont pas confidentielles.

2. Le transfert d'informations statistiques confidentielles des banques centrales nationales vers la BCE a lieu dans la mesure et au niveau de détail nécessaires aux missions à accomplir par l'intermédiaire du SEBC, telles que décrites à l'article 105 du traité.

3. Les agents déclarants sont informés des utilisations statistiques et des autres utilisations administratives qui peuvent être faites des informations statistiques qu'ils communiquent. Ils ont le droit d'obtenir des informations sur la base juridique de la transmission et les mesures de protection adoptées.

4. La BCE utilise les informations statistiques confidentielles qui lui sont transmises exclusivement pour l'accomplissement des missions du SEBC, excepté:

a) si l'agent déclarant ou la personne morale, la personne physique, l'entité ou la succursale qui peut être identifiée a explicitement donné son accord pour que ces informations statistiques soient utilisées à d'autres fins ou

b) pour la production de statistiques communautaires spécifiques, à la suite d'un accord entre la Commission et la BCE conclu conformément à l'article 9 du règlement (CE) n° 322/97 ou

c) pour autoriser des organes de recherche scientifique à accéder aux informations statistiques confidentielles qui ne permettent pas une identification directe, sans préjudice de la législation nationale et avec le consentement explicite préalable de l'autorité nationale qui a transmis les informations.

5. Les banques centrales nationales utilisent les informations statistiques confidentielles collectées dans le cadre des obligations de déclaration statistique à la BCE exclusivement

pour l'accomplissement des missions du SEBC, excepté:

a) si l'agent déclarant ou la personne morale, la personne physique, l'entité ou la succursale qui peut être identifiée a explicitement donné son accord pour que ces informations statistiques soient utilisées à d'autres fins ou

b) si elles sont utilisées au niveau national à des fins statistiques à la suite d'un accord entre les autorités statistiques nationales et la banque centrale nationale ou pour la production de statistiques communautaires conformément à l'article 9 du règlement (CE) n° 322/97 ou

c) si elles sont utilisées dans le cadre de la surveillance prudentielle ou pour exercer, conformément à l'article 14.4 des statuts, d'autres fonctions que celles qui sont spécifiées dans les statuts ou

d) pour autoriser des organes de recherche scientifique à accéder aux informations statistiques confidentielles qui ne permettent pas une identification directe.

6. Le présent article n'empêche pas que des informations statistiques confidentielles collectées à d'autres fins que le respect des obligations de déclaration statistique à la BCE ou pour répondre à des besoins supplémentaires soient utilisées à ces fins ou pour répondre à ces besoins.

7. Le présent article concerne uniquement les informations statistiques confidentielles collectées et transmises afin de respecter les obligations de déclaration statistique à la BCE; il n'affecte pas les dispositions nationales ou communautaires spécifiques relatives à la transmission d'autres types d'informations à la BCE.

8. Le présent règlement s'applique sans préjudice de la directive 95/46/CE.

Dans le cas des données collectées par les instituts statistiques nationaux et par la Commission qui sont transmises à la BCE, le présent règlement s'applique, en ce qui concerne le secret en matière de statistique, sans préjudice du règlement (CE) n° 322/97.

9. La BCE et les banques centrales nationales prennent toutes les mesures réglementaires, administratives, techniques et opérationnelles nécessaires pour garantir la protection des informations statistiques confidentielles. La BCE définit des règles communes et des normes minimales pour en empêcher la diffusion illégale et l'utilisation non autorisée. Les mesures de protection s'appliquent à toutes les informations statistiques confidentielles définies au paragraphe 1.

10. Les États membres adoptent toutes les mesures nécessaires pour garantir la protection des informations statistiques confidentielles, notamment l'application de mesures d'exécution adéquates par les États membres en cas d'infraction.

Article 9

Dispositions finales

Le présent règlement entre en vigueur le jour de sa publication au *Journal officiel des Communautés européennes.*

L'article 5, l'article 6, paragraphe 4, et l'article 8, paragraphe 9, sont applicables à compter de la date d'entrée en vigueur du présent règlement. Les autres articles sont applicables à compter du 1er janvier 1999.

Le présent règlement est obligatoire dans tous ses éléments et directement applicable dans tout État membre.

Fait à Bruxelles, le 23 novembre 1998.

Par le Conseil

Le président

R. EDLINGER

ANNEXE A

DÉLIMITATION DE L'ÉCONOMIE NATIONALE

2.04. Les unités — qu'elles soient institutionnelles, d'activité économique ou de production homogène — qui constituent l'économie d'un pays et dont les opérations sont reprises dans le SEC sont celles qui ont un centre d'intérêt économique sur le territoire économique de ce pays. Ces unités, appelées unités résidentes, peuvent avoir ou non la nationalité de ce pays, peuvent être dotées ou non de la personnalité juridique et peuvent être présentes ou non sur le territoire économique de ce pays au moment où elles effectuent une opération. L'économie nationale étant ainsi délimitée par les unités résidentes, il est nécessaire de préciser le sens des expressions «territoire économique» et «centre d'intérêt économique».

2.05. Par territoire économique d'un pays, il faut entendre:

a) le territoire géographique de ce pays à l'intérieur duquel les personnes, les biens, les services et les capitaux circulent librement;

b) les enceintes des zones franches, entrepôts et usines sous contrôle douanier;

c) l'espace aérien national, les eaux territoriales et la plate-forme continentale située dans les eaux internationales sur laquelle le pays dispose de droits exclusifs [1];

d) les enclaves territoriales, c'est-à-dire les territoires géographqiues situés dans le reste du monde et utilisés, en vertu de traités internationaux ou d'accords entre États, par des administrations publiques du pays (ambassades, consulats, bases militaires, bases scientifiques, etc.);

e) les gisements (pétrole, gaz naturel, etc.) situés dans les eaux internationales en dehors de la plate-forme continentale du pays et exploités par des unités résidant sur le territoire tel qu'il est défini aux points précédents.

2.06. Le territoire économique ne comprend pas les enclaves extraterritoriales, c'est-à-dire les parties du territoire géographique du pays utilisées par des administrations publiques d'autres pays, par les institutions de l'Union européenne ou par des organisations internationales en vertu de traités internationaux ou d'accords entre États [2].

2.07. L'expression «centre d'intérêt économique» indique qu'il existe, sur le territoire économique, un lieu dans lequel ou à partir duquel une unité exerce ou entend continuer d'exercer des activités économiques et de réaliser des opérations de quelque ampleur pendant une durée soit indéterminée, soit déterminée mais relativement longue (un an ou plus). Dès lors, si une unité effectue dans ces conditions des opérations sur le territoire économique de plusieurs pays, elle sera réputée avoir un centre d'intérêt économique dans

(1) Les bateaux de pêche, autres navires, plates-formes flottantes et aéronefs sont traités dans le SEC comme tous les autres équipements mobiles appartenant et/ou exploités par des unités résidentes ou appartenant à des non-résidents et exploités par des unités résidentes. Les opérations relatives à la propriété (formation brute de capital fixe) et à l'exploitation (location, assurance, etc.) des équipements de ce type sont rattachées à l'économie du pays dont le propriétaire et/ou l'exploitant sont respectivement résidents. Dans le cas du crédit-bail, un changement de propriété est réputé intervenir.

(2) Les territoires utilisés par les institutions de l'Union européenne et par les organisations internationales constituent donc les territoires de pays sui generis. La caractéristique de ces pays est de ne pas avoir de résidents autres que les institutions elles-mêmes [voir point 2.10 e)].

chacun de ceux-ci. La seule propriété d'un terrain ou d'un bâtiment sur le territoire économique est déjà suffisante pour qu'il y ait centre d'intérêt économique dans le chef du propriétaire.

2.08. Partant de ces définitions, il est possible de distinguer plusieurs catégories d'unités qu'il faut considérer comme résidentes du pays:

a) les unités dont la fonction principale consiste à produire, financer, assurer ou redistribuer, pour toutes leurs opérations, sauf pour leur activité de propriétaire de terrains et de bâtiments;

b) les unités dont la fonction principale consiste à consommer (1), pour toutes leurs opérations, sauf pour leur activité de propriétaire de terrains et de bâtiments;

c) toutes les unités pour leur activité de propriétaire de terrains et de bâtiments, à l'exclusion des propriétaires d'enclaves extraterritoriales faisant partie du territoire économique d'autres pays ou constituant des pays sui generis (point 2.06).

2.09. Pour les unités dont la fonction principale consiste à produire, financer, assurer et redistribuer, pour toutes leurs opérations, sauf pour leur activité de propriétaire de terrains et de bâtiments, les deux cas suivants peuvent être envisagés:

a) activité exercée exclusivement sur le territoire économique du pays: les unités qui effectuent cette activité sont des unités résidentes du pays;

b) activité exercée pendant une durée d'un an ou plus sur le territoire économique de plusieurs pays: seule la partie d'unité qui a un centre d'intérêt économique sur le territoire économique du pays est considérée comme étant unité résidente. Celle-ci peut-être:

   1) soit une unité institutionnelle résidente dont on a isolé et traité séparément l'activité exercée pendant un an ou plus dans le reste du monde (2);

   2) soit une unité résidente fictive à laquelle on attribue l'activité exercée dans le pays pendant un an ou plus par une unité non résidente.

2.10. Parmi les unités dont la fonction principale consiste à consommer, sauf pour leur activité de propriétaire de terrains et de bâtiments, on considère comme unités résidentes les ménages qui ont un centre d'intérêt économique dans le pays, même s'ils se rendent à l'étranger pour une courte durée (moins d'un an). Cela concerne plus particulièrement des catégories de personnes suivantes:

a) les frontaliers, c'est-à-dire les personnes qui franchissent quotidiennement la frontière du pays pour aller travailler dans un pays voisin;

(1) La consommation n'est pas la seule activité des ménages puisque, en tant qu'entrepreneurs, ceux-ci peuvent exercer n'importe quel type d'activité économique.

(2) C'est uniquement dans le cas où cette activité est exercée pendant moins d'un an qu'elle ne doit pas être isolée de celle de l'unité institutionnelle productrice. Elle ne le sera pas non plus si, bien qu'exercée pendant un an ou plus, elle est relativement peu importante ou dans le cas spécifique où elle concerne l'installation d'équipements à l'étranger. Toutefois, une unité résidente d'un pays qui mène des activités de construction dans un autre pays pendant une durée de moins d'un an sera réputée avoir un centre d'intérêt économique sur le territoire économique de ce dernier si sa production constitue une formation brute de capital fixe. Cette unité devra dès lors être traitée comme unité résidente fictive.

b) les saisonniers, c'est-à-dire les personnes qui se rendent dans un autre pays pendant une période de plusieurs mois ne dépassant toutefois pas l'année pour travailler dans des secteurs où un supplément de main-d'œuvre est requis périodiquement;

c) les touristes, curistes, étudiants ([1]), fonctionnaires en mission, hommes d'affaires, représentants de commerce, artistes et membres d'équipage qui se rendent à l'étranger;

d) les agents locaux des administrations publiques étrangères opérant dans les enclaves extraterritoriales;

e) le personnel des institutions de l'Union européenne et des organisations internationales, tant civiles que militaires, ayant leur siège dans des enclaves extraterritoriales;

f) les représentants officiels, tant civils que militaires, des administrations publiques nationales (y compris leurs ménages) établis dans des enclaves territoriales.

2.11. Toutes les unités dans leur activité de propriétaire de terrains et/ou de bâtiments situés sur le territoire économique sont réputées être des unités résidentes ou des unités résidentes fictives du pays où sont situés géographiquement ces terrains ou bâtiments.

ANNEXE B

BANQUE CENTRALE (S.121)

2.45. *Définition:* le sous-secteur de la banque centrale (S.121) regroupe toutes les sociétés et quasi-sociétés financières dont la fonction principale consiste à émettre la monnaie, à maintenir sa valeur interne et externe et à gérer une partie ou la totalité des réserves de change du pays.

2.46. Ce sous-secteur comprend les intermédiaires financiers suivants:

a) la banque centrale du pays, même lorsqu'elle participe au système européen de banques centrales (SEBC);

b) les organismes monétaires centraux d'origine essentiellement publique (par exemple, les organismes chargés de gérer les réserves de change ou d'émettre la monnaie) qui tiennent une comptabilité complète et jouissent de l'autonomie de décision vis-à-vis de l'administration centrale. La plupart du temps, ces activités sont exercées soit par l'administration centrale, soit par la banque centrale, auxquels cas il n'existe pas d'unités institutionnelles distinctes.

2.47. Le présent sous-secteur exclut les organismes autres que la banque centrale qui sont chargés de réglementer ou de contrôler les sociétés financières ou les marchés financiers.

([1]) Les étudiants sont toujours considérés comme résidents, quelle que soit la durée de leurs études à l'étranger.

AUTRES INSTITUTIONS FINANCIÈRES MONÉTAIRES (S.122)

2.48. *Définition:* le sous-secteur des autres institutions financières monétaires (S.122) comprend toutes les sociétés et quasi-sociétés financières, à l'exclusion de celles relevant du sous-secteur de la banque centrale, exerçant, à titre principal, des activités d'intermédiation financière consistant à recevoir des dépôts et/ou des proches substituts des dépôts de la part d'unités institutionnelles autres que des sociétés financières monétaires, ainsi qu'à octroyer des crédits et/ou à effectuer des placements mobiliers pour leur propre compte.

2.49. Les institutions financières monétaires englobent les sous-secteurs de la banque centrale (S.121) et d'autres institutions financières monétaires (S.122) et coïncident avec les institutions financières monétaires à des fins statistiques telles que définies par l'Institut monétaire européen.

2.50. Appeler simplement «banques» les institutions financières monétaires n'est pas possible parce que ces institutions peuvent comprendre, d'une part, certaines sociétés financières qui ne se désignent pas elles-mêmes sous ce nom ou qui ne sont pas autorisées à le faire dans certains pays et, d'autre part, certaines autres sociétés financières qui se qualifient elles-mêmes de banques mais qui ne sont pas en fait des institutions financières monétaires. Relèvent essentiellement du sous-secteur S.122 les intermédiaires financiers suivants:

a) les banques commerciales, les banques universelles, les banques à vocation polyvalente;

b) les caisses d'épargne (y compris les mutuelles d'épargne et les caisses d'épargne-logement);

c) les organismes de chèques et virements postaux, les banques postales;

d) les banques et caisses de crédit municipal, rural ou agricole;

e) les coopératives de banque, les caisses de crédit mutuel;

f) les banques spécialisées (par exemple, les banques d'affaires, les maisons d'émission ou les banques privées).

2.51. Les intermédiaires financiers énumérés ci-après peuvent également être classés dans le sous-secteur S.122 lorsqu'ils reçoivent des fonds du public, que ce soit sous la forme de dépôts ou d'une autre manière (produit de l'émission continue d'obligations ou de titres comparables); si tel n'est pas le cas, ils relèvent du sous-secteur S.123:

a) les sociétés octroyant des crédits hypothécaires (y compris les banques hypothécaires, les sociétés de crédit immobilier et les organismes de crédit foncier);

b) les organismes de placement collectif (OPC) tels les fonds communs de placement (FCP), les sociétés d'investissement à capital variable (Sicav), les sociétés d'investissement, etc.;

c) les organismes de crédit municipal.

2.52. Le sous-secteur S.122 ne comprend pas:

a) les sociétés *holding* ayant pour unique objet de contrôler et de diriger un groupe au sein duquel prédominent d'autres institutions financières monétaires, mais qui n'en sont pas elles-mêmes. Ces sociétés *holding* relèvent du sous-secteur S.123;

b) les institutions sans but lucratif dotées de la personnalité juridique qui servent d'autres institutions financières monétaires, mais qui n'exercent aucune activité d'intermédiation financière.

AUTRES INTERMÉDIAIRES FINANCIERS, À L'EXCLUSION DES SOCIÉTÉS D'ASSURANCE ET DES FONDS DE PENSION (S.123)

2.53. *Définition:* le sous-secteur des autres intermédiaires financiers, à l'exclusion des sociétés d'assurance et des fonds de pension (S.123) regroupe toutes les sociétés et quasi-sociétés financières dont la fonction principale consiste à fournir des services d'intermédiation financière en souscrivant des engagements sous des formes autres que du numéraire, des provisions techniques d'assurance ou des dépôts et/ou des proches substituts des dépôts provenant d'unités institutionnelles autres que des sociétés financières monétaires.

2.54. Le sous-secteur S.123 regroupe différents types d'intermédiaires financiers qui, pour l'essentiel, exercent des activités de financement à long terme. C'est cette prédominance au niveau des échéances qui, dans la plupart des cas, permettra de faire la distinction avec le sous-secteur des autres institutions financières monétaires. En outre, c'est l'inexistence de passifs sous forme de provisions techniques d'assurance qui permettra de tracer la démarcation avec le sous-secteur des sociétés d'assurance et des fonds de pension.

2.55. Pour autant qu'elles ne soient pas des institutions financières monétaires, le présent sous-secteur regroupe notamment les sociétés et quasi-sociétés financières suivantes:

a) les sociétés de crédit-bail;

b) les sociétés exerçant des activités de location-vente, offrant des prêts personnels ou proposant des financements commerciaux;

c) les sociétés d'affacturage;

d) les courtiers en valeurs mobilières et produits financiers dérivés (travaillant pour leur compte propre);

e) les sociétés financières spécialisées comme celles proposant du capital-risque, des capitaux d'amorçage ou des financements des exportations/importations;

f) les sociétés-écrans créées pour détenir des actifs titrisés;

g) les intermédiaires financiers qui reçoivent des dépôts et/ou des proches substituts des dépôts uniquement de la part d'institutions financières monétaires;

h) les sociétés *holding* ayant pour unique objet de contrôler et de diriger un groupe de filiales dont l'activité principale consiste à fournir des services d'intermédiation financière et/ou à exercer des activités financières auxiliaires, mais qui ne sont pas elles-mêmes des sociétés financières.

2.56. Sont exclues du sous-secteur S.123 les institutions sans but lucratif dotées de la personnalité juridique qui servent d'autres intermédiaires financiers, à l'exclusion des sociétés d'assurance et des fonds de pension, mais qui n'exercent aucune activité d'intermédiation financière.

Recommandation de la Banque centrale européenne concernant un règlement CE du Conseil relatif aux limites et conditions des augmentations de capital de la Banque centrale européenne (BCE/1998/11) (*)

(présentée par la Banque centrale européenne le 3 novembre 1998)

LE CONSEIL DE L'UNION EUROPÉENNE,

vu les statuts du système européen des banques centrales et de la Banque centrale européenne (dénommés ci-après «statuts» et en particulier leur article 28.1,

vu la recommandation faite par la Banque centrale européenne (ci-après dénommée «BCE»),

vu l'avis du Parlement européen,

vu l'avis de la Commission des Communautés européennes,

Agissant conformément à la procédure prévue à l'article 106, paragraphe 6, du traité instituant la Communauté européenne (dénommé ci-après «traité») et à l'article 42 des statuts,

considérant que les articles 28.1 et 28.2 des statuts demandent aux banques centrales nationales de fournir à la BCE un capital de 5 milliards d'euros, qui sera disponible lors de l'institution de la BCE; considérant que l'article 28.1 des statuts demande au Conseil de spécifier les limites et conditions dans lesquelles des augmentations du capital de la BCE, au-delà de la limite fixée dans ledit article, peuvent être opérées par la BCE,

A ARRÊTÉ LE PRÉSENT RÈGLEMENT:

Article premier

Augmentations du capital de la BCE

Le Conseil des gouverneurs de la BCE peut augmenter le capital de la BCE au-delà du montant spécifié dans la première phrase de l'article 28.1 des statuts, d'un montant supplémentaire de 5 milliards d'euros au maximum.

Article 2

Disposition finale

Le présent règlement entrera en vigueur le 1er janvier 1999.

Le présent règlement est obligatoire dans tous ses éléments et directement applicable dans tout État membre.

(*) JO C 411 du 31.12.1998, p. 10.

Partie J

Aspects techniques de l'introduction de l'euro

Règlement (CE) n° 975/98 du Conseil du 3 mai 1998 sur les valeurs unitaires et les spécifications techniques des pièces libellées en euros destinées à la circulation (*)

LE CONSEIL DE L'UNION EUROPÉENNE,

vu le traité instituant la Communauté européenne, et notamment son article 105 A, paragraphe 2,

vu la proposition de la Commission [1],

vu l'avis de l'Institut monétaire européen [2],

statuant conformément à la procédure visée à l'article 189 C du traité [3],

1) considérant que, lors de la réunion du Conseil européen de Madrid des 15 et 16 décembre 1995, le scénario pour le passage à la monnaie unique a été adopté et qu'il prévoit l'introduction des pièces en euros le 1er janvier 2002 au plus tard; que la date précise de l'émission des pièces en euros sera fixée lorsque le Conseil adoptera son règlement concernant l'introduction de l'euro, à savoir immédiatement après que la décision relative aux États membres adoptant l'euro comme monnaie unique aura été prise aussi vite que possible en 1998;

2) considérant que, conformément à l'article 105 A, paragraphe 2, du traité, les États membres peuvent émettre des pièces, sous réserve de l'approbation, pour la Banque centrale européenne (BCE), du volume de l'émission et le Conseil, statuant conformément à la procédure visée à l'article 189 C et après consultation de la BCE, peut adopter des mesures pour harmoniser les valeurs unitaires et les spécifications techniques de toutes les pièces destinées à la circulation, dans la mesure où cela est nécessaire pour assurer la bonne circulation de celles-ci dans la Communauté;

3) considérant que l'Institut monétaire européen a indiqué que les billets de banque libellés en euros auront des valeurs comprises entre 5 euros et 500 euros; que les valeurs unitaires des billets et des pièces doivent permettre le paiement en espèces de tout montant exprimé en euros et en cents;

4) considérant que les directeurs des monnaies de la Communauté ont reçu le mandat d'étudier la mise en place d'un système européen unique de monnaie métallique et d'élaborer un rapport à ce sujet; qu'ils ont présenté un rapport en novembre 1996, puis un rapport révisé en février 1997, qui indique les valeurs unitaires et les spécifications techniques (diamètre, épaisseur, poids, couleur, composition et tranche) des nouvelles pièces en euros;

5) considérant que le nouveau système européen unique de monnaie métallique devrait s'attacher la confiance du public et entraîner des innovations technologiques qui en fassent un système sûr, fiable et efficace;

(*) JO L 139 du 11.5.1998, p. 6-8.

[1] JO C 208 de 9.7.1997, p. 5 et JO C 386 du 20.12.1997, p. 12.

[2] Avis rendu le 25 juin 1997 (JO C 205 du 5.7.1997, p. 18).

[3] Avis du Parlement européen du 6 novembre 1997 (JO C 358 du 24.11.1997, p. 24), position commune du Conseil du 20 novembre 1997 (JO C 23 du 23.1.1998, p. 1) et décision du Parlement européen du 17 décembre 1997 (JO C 14 du 19.1.1998).

6) considérant que l'acceptation du nouveau système par le public constitue l'un des principaux objectifs du système communautaire de monnaie métallique; que la confiance du public dans le nouveau système dépendra des caractéristiques physiques des pièces libellées en euros, lesquelles devront être aussi faciles d'utilisation que possible;

7) considérant que des associations de consommateurs, l'Union européenne des aveugles et les représentants du secteur des distributeurs automatiques ont été consultés pour tenir compte des exigences propres à d'importantes catégories d'utilisateurs de la monnaie; que, afin de permettre un basculement en douceur vers l'euro et de faciliter l'adhésion des utilisateurs aux nouvelles pièces de monnaie, il convient de veiller à ce que ces dernières soient facilement identifiables grâce à leurs caractéristiques visuelles et tactiles;

8) considérant que la possibilité de distinguer les nouvelles pièces de l'euro les unes des autres et de s'y familiariser est simplifiée lorsqu'on met en rapport la taille du diamètre et la valeur unitaire des pièces;

9) considérant que des dispositifs de sécurité spéciaux sont nécessaires pour réduire les possibilités de contrefaçon des pièces de un ou de deux euros, vu leur valeur élevée; que l'utilisation d'une technique grâce à laquelle les pièces sont constituées de trois couches et la combinaison de deux couleurs sont considérées comme les dispositifs de sécurité les plus performants à l'heure actuelle;

10) considérant que, pourvues d'une face européenne et d'une face nationale, les pièces exprimeront bien l'idée d'union monétaire européenne entre les États membres et seront susceptibles d'être beaucoup mieux acceptées par les citoyens européens;

11) considérant que, le 30 juin 1994, le Parlement européen et le Conseil ont arrêté la directive 94/27/CE [1], limitant l'utilisation du nickel dans certains produits, au motif que ce dernier peut provoquer des allergies dans certaines conditions; que les pièces ne sont pas couvertes par ladite directive; que certains États membres utilisent cependant déjà un alliage sans nickel appelé alliage nordique dans la fabrication de leurs pièces pour des raisons tenant à la santé publique; qu'il apparaît souhaitable de diminuer le contenu en nickel des pièces au moment où l'on adopte de nouvelles pièces de monnaie métallique;

12) considérant qu'il convient dès lors de suivre dans son principe la proposition des directeurs des monnaies susmentionnés et de ne l'adapter que dans la mesure nécessaire pour tenir compte en particulier des exigences propres à d'importantes catégories d'utilisateurs des pièces, ainsi que de la nécessité de limiter l'utilisation du nickel dans la fabrication de pièces de monnaies;

13) considérant que, sur l'ensemble des spécifications techniques des pièces émises en euros, seule la valeur relative à l'épaisseur est donnée à titre indicatif puisque l'épaisseur d'une pièce dépend en fait des valeurs relatives au diamètre et au poids qu'elle doit respecter,

A ARRÊTÉ LE PRÉSENT RÈGLEMENT:

Article premier

La première série de pièces libellées en euros se compose de huit valeurs unitaires allant de un cent à deux euros, dont les spécifications techniques sont les suivantes:

---

(1) JO L 188 du 22.7.1994, p. 1.

Valeur faciale (euro)	Diamètre en mm	Épaisseur en mm ([1])	Poids en g	Forme	Couleur	Composition	Tranche
2	25,75	1,95	8,5	Ronde	Anneau extérieur: blanche Partie centrale: jaune	Cupronickel (Cu75Ni25) Trois couches Laiton de nickel/ Nickel/Laiton de nickel CuZn20Ni5/ Ni12/ CuZn20Ni5	Gravure sur cannelures fines
1	23,25	2,125	7,5	Ronde	Anneau extérieur: jaune Partie centrale: blanche	Laiton de nickel (CuZn20Ni5) Trois couches Cu75Ni25/Ni7/ Cu75Ni25	Alternances de parties lisses et de parties cannelées
0,50	24,25	1,69	7	Ronde	Jaune	Alliage nordique Cu89Al5Zn5Sn1	Cannelures épaisses
0,20	22,25	1,63	5,7	Ronde avec quelques cannelures profondes	Jaune	Alliage nordique Cu89Al5Zn5Sn1	Unie
0,10	19,75	1,51	4,1	Ronde	Jaune	Alliage nordique Cu89Al5Zn5Sn1	Cannelures épaisses
0,05	21,25	1,36	3,9	Ronde	Cuivrée	Acier cuivré	Lisse
0,02	18,75	1,36	3	Ronde	Cuivrée	Acier cuivré	Lisse avec un sillon
0,01	16,25	1,36	2,3	Ronde	Cuivrée	Acier cuivré	Lisse

([1]) Les valeurs relatives à l'épaisseur ont un caractère indicatif.

Article 2

Le présent règlement entre en vigueur le 1er janvier 1999.

Le présent règlement est obligatoire dans tous ses éléments et directement applicable dans tout État membre conformément au traité, sous réserve de l'article 109 K, paragraphe 1, et des protocoles n° 11 et n° 12.

Fait à Bruxelles, le 3 mai 1998.

Par le Conseil

Le président

G. BROWN

Règlement (CE) n° 423/1999 du Conseil du 22 février 1999 modifiant le règlement (CE) n° 975/98 sur les valeurs unitaires et les spécifications techniques des pièces libellées en euros destinées à la circulation (*)

LE CONSEIL DE L'UNION EUROPÉENNE,

vu le traité instituant la Communauté européenne, et notamment son article 105 A, paragraphe 2,

vu la proposition de la Commission ([1]),

vu l'avis de la Banque centrale européenne ([2]),

statuant conformément à la procédure visée à l'article 189 C du traité ([3]),

considérant que l'article 1er du règlement (CE) n° 975/98 ([4]) définit les spécifications techniques des huit valeurs unitaires de la première série de pièces libellées en euros; que les directeurs des monnaies ont défini, sur la base dudit règlement, les spécifications techniques plus détaillées nécessaires à la production des pièces;

considérant que, après avoir examiné ces spécifications détaillées, le secteur de la distribution automatique a demandé que le poids de la pièce de 50 cents soit augmenté afin d'assurer une différenciation plus nette de cette pièce et de réduire les risques de fraude; que, après avoir testé des échantillons provenant des premières séries produites, l'Union européenne des aveugles s'est plainte des cannelures de la tranche des pièces de 50 et de 10 cents, qui ne correspondaient pas à celles des échantillons qu'elle avait approuvés lors de la consultation qui a précédé l'adoption du règlement (CE) n° 975/98; que, pour que le nouveau système soit accepté par les usagers, il paraît souhaitable d'accéder aux demandes du secteur de la distribution automatique et de l'Union européenne des aveugles; que, pour répondre aux besoins du secteur de la distribution automatique, il convient de porter de 7 à 7,8 grammes le poids de la pièce de 50 cents; que, pour satisfaire à la demande de l'Union européenne des aveugles et éviter tout risque de méprise dans l'avenir, il est souhaitable de redéfinir les caractéristiques de la tranche des pièces de 50 et de 10 cents en abandonnant les «cannelures épaisses» au profit de «dentelée», qui correspondent mieux au type de tranche initialement approuvé par l'Union européenne des aveugles pour ces deux pièces;

considérant qu'il est essentiel de limiter les modifications des spécifications techniques à une modification du poids de la pièce de 50 cents et de la tranche des pièces de 50 et de 10 cents, afin de ne pas remettre en cause le calendrier de production et la mise en circulation le 1er janvier 2002 des pièces en euros,

A ARRÊTÉ LE PRÉSENT RÈGLEMENT:

Article premier

À l'article 1er du règlement (CE) n° 975/98, le tableau est modifié comme suit.

1) La quatrième ligne concernant la pièce de 50 cents est modifiée comme suit:

(*) JO L 52 du 27.2.1999, p. 2-3.

([1]) JO C 296 du 24.9.1998, p. 10.

([2]) Avis rendu le 16 novembre 1998 (non encore paru au Journal officiel).

([3]) Avis du Parlement européen du 18 novembre 1998 (JO C 379 du 7.12.1998) position commune du Conseil du 21 décembre 1998 (non encore parue au Journal officiel) et décision du Parlement européen du 9 février 1999 (non encore parue au Journal officiel).

([4]) JO L 139 du 11.5.1998, p. 6.

   a) dans la troisième colonne, le chiffre «1,69» est remplacé par le chiffre «1,88»;

   b) dans la quatrième colonne, le chiffre «7» est remplacé par le chiffre «7,8»;

   c) dans la huitième colonne, les termes «cannelures épaisses» sont remplacés par le terme «dentelée».

2) À la sixième ligne concernant la pièce de 10 cents, huitième colonne, les termes «cannelures épaisses» sont remplacés par le terme «dentelée».

Article 2

Le présent règlement entre en vigueur le 1er janvier 1999.

Le présent règlement est obligatoire dans tous ses éléments et directement applicable dans tout État membre, conformément au traité, sous réserve de l'article 109 K, paragraphe 1, et des protocoles n° 11 et n° 12.

Fait à Luxembourg, le 22 février 1999.

Par le Conseil

Le président

H.-F. von PLOETZ

J 3

Conclusions du Conseil du 2 mai 1998 concernant les recommandations de la Commission relatives aux aspects pratiques de l'introduction de l'euro

Le Conseil se félicite de l'attention accordée aux aspects pratiques de l'introduction de l'euro. Les trois recommandations de la Commission du 23 avril 1998 peuvent constituer un complément utile aux préparatifs en cours au niveau national dans les pays concernés, dans la mesure où elles préconisent de ne pas imposer de contraintes pour les questions des frais bancaires de conversion vers l'euro et du double affichage des prix et autres montants monétaires, les États membres restant libres de prendre toutes les mesures qu'ils jugent nécessaires. En offrant une base appropriée pour cette approche, les principes de bonne pratique qui sont recommandés peuvent contribuer à faciliter le passage à l'euro dans ces domaines, compte tenu notamment des préoccupations manifestées par les consommateurs. En outre, le Conseil considère qu'un dialogue constructif doit avoir lieu entre organisations professionnelles et organisations de consommateurs sur les différents aspects du passage à l'euro, et il prend note des recommandations concernant le suivi des préparatifs et l'information.

Recommandation de la Commission du 23 avril 1998 concernant les frais bancaires de conversion vers l'euro (*) (98/286/CE)

LA COMMISSION DES COMMUNAUTÉS EUROPÉENNES,

vu le traité instituant la Communauté européenne et notamment son article 155,

1) considérant qu'à compter du 1er janvier 1999, l'euro deviendra la monnaie des États membres participants; que l'euro remplacera la monnaie des États membres participants aux taux de conversion; qu'au cours d'une période transitoire, l'euro existera sous plusieurs formes; que les unités monétaires nationales constitueront des subdivisions de l'euro qui seront fonction des taux de conversion; que, selon l'article 4, paragraphe 3, du règlement (CE) nº 1103/97 du Conseil du 17 juin 1997 fixant certaines dispositions relatives à l'introduction de l'euro [1], les taux de conversion seront utilisés pour les conversions entre l'unité euro et les unités monétaires nationales et vice-versa; que le projet de règlement du Conseil concernant l'introduction de l'euro [2] impose certaines obligations de conversion;

2) considérant que la Commission considère que les banques ne sont pas habilitées par la loi à facturer:

— la conversion des paiements entrants libellés en euros ou dans l'unité monétaire nationale durant la période transitoire,

— la conversion en euros des comptes libellés dans l'unité monétaire nationale à la fin de la période transitoire,

— des frais différents pour un service identique, selon qu'il est exprimé en euros ou dans l'unité monétaire nationale;

3) considérant que la Commission est d'avis qu'afin de faciliter une introduction sans heurts de l'euro, les banques devraient aller au-delà du minimum exigé par la loi en procédant gratuitement à la conversion en euros des comptes libellés dans l'unité monétaire nationale durant la période transitoire, à la conversion en euros des paiements sortants libellés dans l'unité monétaire nationale et vice-versa durant la période transitoire, et à l'échange, sans frais pour leurs clients, pendant la période finale de billets de banque et pièces en monnaie nationale contre des billets et pièces en euros, dans des proportions et selon des fréquences usuelles;

4) considérant que, pour des raisons de clarté et d'exhaustivité, les exigences légales telles qu'interprétées par la Commission, ainsi que ses propres recommandations, devraient être présentées ensemble; que l'expression «principes de bonne pratique» est utilisée pour désigner à la fois les pratiques que la Commission juge nécessaires du point de vue juridique et les pratiques recommandées;

5) considérant que ces principes de bonne pratique ne devraient pas inclure la conversion gratuite dans l'unité monétaire natio-

(*) JO L 130 du 1.5.1998, p. 22-25.

(1) JO L 162 du 19.6.1997, p. 1.

(2) JO C 236 du 2.8.1997, p. 8.

nale des comptes libellés en euros, puisque cette conversion n'est pas nécessaire à l'introduction de l'euro, ni l'échange sans frais des billets nationaux entre eux au sein de la zone euro, étant donné que la nécessité de cet échange n'est pas affectée par l'introduction de l'euro; que ces principes de bonne pratique devraient prévoir la transparence de tous frais éventuels perçus pour ces conversions;

6) considérant que les principes de bonne pratique ne devraient pas inclure l'échange des billets de banque et pièces en monnaie nationale contre des billets et pièces en euros autrement que dans des proportions et selon des fréquences usuelles; que les banques devraient négocier avec les détaillants une facturation éventuelle pour la reprise des billets et pièces en monnaie nationale et la fourniture de billets et pièces en euros, en tenant compte des dispositions arrêtées au niveau national par les autorités compétentes;

7) considérant que, pour toutes les opérations de conversion entre une unité monétaire nationale quelconque et l'unité euro — et vice-versa — et pour toutes les opérations d'échange de billets de banque et de pièces des États membres participants, les banques devraient indiquer clairement l'application des taux de conversion en conformité avec les dispositions du règlement (CE) n° 1103/97; que l'utilisation de ce taux et l'application de tous frais devraient s'effectuer dans la transparence; que les principes de bonne pratique concernant cette transparence des frais devraient être mis en œuvre par les banques avant le 1er janvier 1999, dans toute la mesure du possible, afin de limiter le risque que les consommateurs attribuent à tort des frais déjà existants à l'introduction de l'euro;

8) considérant que les banques qui respectent les principes de bonne pratique devraient l'annoncer au public pour bien montrer qu'elles se conforment auxdits principes et qu'en tout état de cause, toutes les banques devraient indiquer à leur clientèle, avant le 1er janvier 1999, s'ils appliquent ces principes de bonne pratique et, dans la négative, quels types de conversion ils entendent faire payer;

9) considérant que la Commission compte surveiller l'application des principes de bonne pratique; que ce sujet est abordé dans sa recommandation 98/288/CE concernant le dialogue, le suivi et l'information pour faciliter la transition vers l'euro (1); que le dialogue prévu dans ladite recommandation peut comporter des discussions relatives à la mise en œuvre et au suivi des principes de bonne pratique; que le dialogue pourrait aussi traiter les aspects de frais de conversion qui pourraient aller au-delà des principes de bonne pratique comme définis par la présente recommandation;

10) considérant que les consommateurs qui ne possèdent pas de compte bancaire pourraient requérir une attention particulière, durant la période finale, pour ce qui est de l'échange de leurs billets et pièces libellés en monnaie nationale contre des billets et pièces en euros, les dispositions nécessaires à cet effet étant déterminées en fonction de la situation propre à chaque État membre;

11) considérant que la facturation de la conversion en euros a été discutée lors de la table ronde de mai 1997; qu'un groupe d'experts représentant l'ensemble des parties concernées a été mis en place pour étudier la question et qu'il a publié son rapport (2); que les conclusions de ce rapport ont été acceptées par la Commission dans sa communication intitulée «Aspects pratiques de l'introduction de l'euro: le point de la

(1) Voir page 29 du présent Journal officiel [voir point J 6].

(2) Rapport du groupe d'experts sur les frais bancaires de conversion vers l'euro, *Cahiers euro* n° 14.

situation», qui a été adoptée le 11 février 1998 (1) et débattue lors de la table ronde du même mois,

RECOMMANDE:

Article premier

Définitions

Aux fins de la présente recommandation, on entend par:

a) «banques», les établissements de crédit au sens de la directive 77/780/CEE du Conseil (2) et toute autre institution financière, au sens de l'article 4, paragraphe 1, du règlement (CE) n° 3604/93 du Conseil (3), dont les activités sont liées à la conversion des paiements et des comptes et à l'échange de billets et de pièces, ainsi que les bureaux de change et bureaux de poste;

b) «unité monétaire nationale», l'unité monétaire d'un État membre participant, telle qu'elle est définie le jour précédant le début de la troisième phase de l'Union économique et monétaire; «l'unité monétaire nationale» renvoie, dans la présente recommandation, à l'unité monétaire nationale de l'État membre où la banque procédant à la conversion est située;

c) «États membres participants», les États membres qui adoptent la monnaie unique conformément au traité;

d) «conversion», le changement de dénomination d'une somme d'argent de l'unité monétaire nationale vers l'unité euro et vice-versa au taux de conversion en conformité avec les dispositions du règlement (CE) n° 1103/97;

e) «unité euro», l'unité monétaire visée à l'article 2, deuxième phrase, du projet de règlement du Conseil sur l'introduction de l'euro;

f) «période transitoire», la période commençant le 1er janvier 1999 et prenant fin le 31 décembre 2001;

g) «période finale», la période commençant le 1er janvier 2002 et prenant fin le 30 juin 2002 au plus tard, laquelle peut varier en durée en fonction des États membres participants selon les termes du projet de règlement sur l'introduction de l'euro;

h) «taux de conversion», le taux de conversion irrévocablement fixé arrêté par le Conseil pour la monnaie de chaque État membre participant, conformément à l'article 109 L, paragraphe 4, première phrase, du traité;

i) «paiements entrants», les paiements reçus à porter au crédit des comptes bénéficiaires;

j) «paiements sortants», les paiements effectués à porter au débit des comptes des donneurs d'ordre;

k) «comptes», tous les types de comptes ouverts auprès de banques [au sens du point a)], tels que les comptes de dépôts, comptes à vue, comptes hypothécaires et comptes de titres.

Article 2

Principes de bonne pratique

Les banques devraient appliquer, en conformité avec l'article 4, des principes de bonne pratique en matière de conversion sans frais qui comprennent:

a) *des pratiques que la Commission juge nécessaires du point de vue juridique:*

  i) la conversion sans frais des paiements entrants de l'unité monétaire nationale en unité euro et vice-versa durant la période transitoire;

  ii) la conversion sans frais des comptes libellés dans l'unité monétaire nationale

(1) COM(1998) 61 final.

(2) JO L 322 du 17.12.1977, p. 30.

(3) JO L 332 du 31.12.1993, p. 4.

en unité euro à la fin de la période transitoire;

iii) un même tarif de facturation pour les services libellés en unité euro et pour les services identiques libellés en unité monétaire nationale.

b) *et d'autres pratiques recommandées:*

i) la conversion sans frais des paiements sortants de l'unité monétaire nationale en unité euro et vice-versa durant la période transitoire;

ii) la conversion sans frais des comptes libellés dans l'unité monétaire nationale en unité euro durant la période transitoire;

iii) l'échange sans frais pour les clients (c'est-à-dire les titulaires des comptes) de billets et pièces en monnaie nationale contre des billets et pièces en euros, dans des proportions et selon des fréquences usuelles, durant la période finale. Les banques devraient préciser quelles sont ces proportions et ces fréquences.

Article 3

Transparence

1. Pour toutes les conversions d'une unité monétaire nationale en unité euro et vice-versa et pour tous les échanges de billets de banque et de pièces des États membres participants, les banques devraient indiquer clairement l'application des taux de conversion en conformité avec les dispositions du règlement (CE) n° 1103/97 et présenter séparément les frais de toutes sortes éventuellement prélevés.

2. Dans le cas où les banques prélèvent sur les conversions et les échanges des frais non prévus par l'article 2 ou lorsqu'elles n'appliquent pas une ou plusieurs dispositions de l'article 2, point b), elles devraient fournir des informations claires et transparentes concernant les frais de conversion et d'échange en fournissant à leur clientèle:

a) des renseignements écrits préalables sur les frais de conversion et d'échange qu'elles se proposent de facturer

et

b) des informations spécifiques, a posteriori, sur tous les frais de conversion et d'échange qui ont été prélevés, lesdites informations devant figurer sur les relevés de compte ou de carte bancaire ou tout autre moyen de communication avec le client. Il doit ressortir clairement de ces informations que les taux de conversion ont été appliqués en conformité avec les dispositions du règlement (CE) n° 1103/97; les frais de conversion et d'échange éventuellement facturés doivent être indiqués séparément du taux de conversion ainsi que de tous les autres frais éventuellement prélevés.

Article 4

Mise en œuvre

1. Les banques devraient mettre en œuvre les principes de bonne pratique d'ici le 1er janvier 1999 au plus tard, et avant cette date, dans le cas de l'article 3 si cela est techniquement réalisable.

2. Les banques devraient informer leur clientèle le plus tôt possible avant le 1er janvier 1999 de leur intention d'appliquer ou non, et dans quelle mesure, les principes de bonne pratique.

3. La mise en œuvre des principes de bonne pratique devrait être portée à la connaissance du public par toute méthode montrant que les banques respectent ces principes, et notamment:

a) des codes de conduite professionnels;

b) l'insertion de dispositions à l'intérieur d'un plan national de basculement vers l'euro;

c) l'affichage d'un «symbole figurant la conversion» qui indique que les banques respectent les principes de bonne pratique. Une procédure conférant le droit d'afficher un tel symbole devrait être élaborée au niveau national par les parties concernées si, et lorsque, celles-ci le jugent utile.

Article 5

Autres mesures recommandées

Les autorités compétentes des États membres sont invitées à réfléchir aux meilleurs moyens de faciliter l'échange gratuit de billets et de pièces libellés en l'unité monétaire nationale, en quantités et selon des fréquences raisonnables, contre des billets et pièces en l'unité euro, durant la période finale, pour les consommateurs qui ne possèdent pas de compte bancaire.

Article 6

Disposition finale

Les États membres sont invités à apporter leur soutien à l'application de la présente recommandation.

Article 7

Destinataires

La présente recommandation est adressée aux États membres, aux banques et à leurs associations.

Fait à Bruxelles, le 23 avril 1998.

Par la Commission

Yves-Thibault DE SILGUY

Membre de la Commission

J5

Recommandation de la Commission du 23 avril 1998 concernant le double affichage des prix et d'autres montants monétaires (98/287/CE) (*)

LA COMMISSION DES COMMUNAUTÉS EUROPÉENNES,

vu le traité instituant la Communauté européenne, et notamment son article 155,

1) considérant que, conformément au projet de règlement du Conseil sur l'introduction de l'euro (1), à compter du 1er janvier 1999, l'euro deviendra la monnaie des États membres participants; que l'euro remplacera les monnaies des États membres participants selon les taux de conversion; qu'au cours d'une période transitoire, l'euro existera sous plusieurs formes; que les unités monétaires nationales constitueront des subdivisions de l'euro selon les taux de conversion; qu'en vertu de l'article 4, paragraphe 3, du règlement (CE) n° 1103/97 du Conseil du 17 juin 1997 fixant certaines dispositions relatives à l'introduction de l'euro (2), les taux de conversion seront utilisés pour les conversions entre l'unité euro et les unités monétaires nationales et vice-versa;

2) considérant que la question du double affichage des prix et d'autres montants monétaires a été discutée lors de la première table ronde de mai 1997 sur les aspects pratiques de l'euro; qu'à la suite de cette table ronde, des groupes consultatifs composés d'experts ont été mis en place par la Commission pour étudier les problèmes du double affichage et de l'adaptation aux nouveaux prix et valeurs en euros; que ces groupes ont publié leur rapport (3), dont les conclusions ont été présentées par la Commission, en même temps que ses propres conclusions préliminaires, dans sa communication intitulée «Aspects pratiques de l'introduction de l'euro: le point de la situation» qui a été adoptée le 11 février 1998 (4); que l'approche retenue dans cette communication a été discutée lors de la table ronde du 26 février 1998;

3) considérant que la Commission, se fondant sur ces conclusions, est d'avis que le double affichage facilitera grandement le passage à l'euro pour les consommateurs, les détaillants et les prestataires de services et, en particulier, qu'il contribuera de manière importante à l'éducation des consommateurs et à leur protection; que le double affichage ne constitue cependant qu'un des nombreux instruments pouvant être utilisés dans le cadre d'une stratégie globale de communication afin de faciliter le passage à l'euro;

4) considérant que la Commission est d'avis que l'adoption d'une réglementation au niveau communautaire ne serait pas le meilleur moyen de garantir que le double affichage réponde aux besoins des consommateurs, ni de restreindre au maximum les coûts du passage à l'euro; que la Commission est cependant parvenue à la conclusion

(*) JO L 130 du 1.5.1998, p. 26-28.

(1) JO C 236 du 2.8.1997, p. 8.

(2) JO L 162 du 19.6.1997, p. 1.

(3) Rapport du groupe d'experts sur les aspects techniques et le coût du double affichage, *Cahiers euro* n° 13. Rapport du groupe d'experts sur l'acceptation des nouveaux prix et échelles de valeur en euro, *Cahiers euro* n° 18.

(4) COM(1998) 61 final.

que le respect des principes de bonne pratique, lorsqu'il y a double affichage, rendrait la situation plus compréhensible pour tous et réduirait les incertitudes; que ces principes de bonne pratique devraient porter sur les points suivants: l'indication claire, par les détaillants, du fait qu'ils sont disposés ou non à accepter les paiements en euros au cours de la période de transition; une distinction bien nette entre, d'une part, l'unité dans laquelle le prix est libellé et dans laquelle les montants à payer doivent être calculés, et, d'autre part, la contrevaleur qui n'est indiquée qu'à titre d'information; le cas échéant, l'adoption de présentations ou de formats communs pour le double affichage et le souci d'éviter l'excès d'informations, qui peut être source de confusion;

5) considérant que les articles 4 et 5 du règlement (CE) n° 1103/97 établissent des règles pour l'adoption et l'utilisation des taux de conversion; que les taux de conversion et les règles d'arrondissement devraient être utilisés pour le calcul des contrevaleurs qui sont affichées; que le double affichage ne doit pas mettre le commerçant dans l'obligation d'accepter les paiements en euros durant la période de transition;

6) considérant qu'il existe une série de dispositions relatives à la protection des consommateurs et à la fourniture d'informations aux consommateurs; que l'article 4 de la directive 98/6/CE du Parlement européen et du Conseil, du 16 février 1998, relative à la protection des consommateurs en matière d'indication des prix des produits offerts aux consommateurs [1], dispose que l'affichage des prix (prix de vente et prix à l'unité de mesure) doit être non équivoque, facilement identifiable et aisément lisible; que ledit article 4, eu égard au treizième considérant de la directive, précise que, dans l'intérêt de la transparence, les États membres peuvent limiter le nombre de prix qui devront être affichés en unité monétaire nationale et en euros; que le cinquième considérant du règlement (CE) n° 1103/97 explique qu'il y a lieu d'étudier d'autres mesures que celles qui sont prévues par ce règlement et par celui qui doit être adopté sur la base de l'article 109 L, paragraphe 4, troisième phrase, afin d'assurer un passage équilibré à la monnaie unique, notamment pour les consommateurs;

7) considérant que, pour des raisons de clarté et d'exhaustivité, les exigences légales telles qu'interprétées par la Commission ainsi que les principes de bonne pratique qu'elle propose sont présentés ensemble dans la présente recommandation; que ces principes de bonne pratique pourraient servir de base minimale pour des négociations entre organisations professionnelles et consommateurs visant à fixer des normes en matière de transparence et d'information; que de telles négociations ont déjà commencé aux niveaux national et communautaire;

8) considérant qu'il serait souhaitable que pour des documents servant de «points de repère», tels que les relevés bancaires et les factures des services publics, la double indication commence dès le début de la période transitoire; que, dans le secteur de la distribution, le double affichage devrait se faire progressivement en fonction de plusieurs facteurs, comme le rythme auquel les consommateurs souhaitent accomplir la transition, la nécessité d'éduquer les consommateurs, la nature du commerce concerné et des produits vendus, ainsi que les implications techniques et sur le plan des coûts de la modification des systèmes actuels d'affichage des prix et des montants monétaires;

(1) JO L 80 du 18.3.1998, p. 27.

9) considérant que la recommandation 98/286/CE concernant le dialogue, le suivi et l'information pour faciliter la transition vers l'euro ([1]) inclut des mesures de suivi et d'évaluation des bonnes pratiques relatives à l'introduction de l'euro; que la Commission pourrait envisager de légiférer pour assurer le respect des bonnes pratiques en matière de double affichage si ces mesures s'avèrent inefficaces,

RECOMMANDE:

Article premier

Définitions

Aux fins de la présente recommandation, on entend par:

a) «double affichage» d'un prix ou d'un autre montant monétaire, l'affichage simultané d'un montant exprimé en unité monétaire nationale et en unité euro;

b) «États membres participants», les États membres qui adoptent la monnaie unique conformément au traité;

c) «unité monétaire nationale», l'unité monétaire d'un État membre participant, telle qu'elle est définie le jour précédant le début de la troisième phase de l'Union économique et monétaire;

d) «unité euro», l'unité monétaire visée à l'article 2, deuxième phrase, du projet de règlement du Conseil sur l'introduction de l'euro;

e) «période transitoire», la période commençant le 1er janvier 1999 et prenant fin le 31 décembre 2001;

f) «taux de conversion», le taux de conversion irrévocablement fixé arrêté par le Conseil pour la monnaie de chaque État membre participant, conformément à l'article 109 L, paragraphe 4, première phrase du traité.

Article 2

Principes de bonne pratique

1. En cas de double affichage des prix ou d'autres montants monétaires, les dispositions suivantes doivent être respectées conformément à la législation existante:

a) les taux de conversion doivent être utilisés pour calculer les contrevaleurs dans le double affichage;

b) l'arrondissement au centième le plus proche doit représenter le degré de précision minimal pour les prix ou autres montants monétaires convertis de l'unité monétaire nationale en unité euro;

c) le double affichage des prix et d'autres montants monétaires doit être non équivoque, aisément identifiable et facilement lisible.

2. Les dispositions de base suivantes devraient aussi être respectées:

a) en ce qui concerne en particulier la clarté du double affichage:

   i) une nette distinction devrait être opérée entre, d'une part, l'unité dans laquelle le prix est libellé et dans laquelle les montants à payer doivent être calculés et, d'autre part, la contrevaleur qui est indiquée à titre d'information seulement;

   ii) le double affichage des prix et d'autres montants monétaires ne devrait pas aboutir à un nombre excessif d'indications chiffrées. En règle générale, le double affichage, pour chaque article, peut se limiter au prix final que le consommateur doit payer. De même, sur les tickets de caisse des commerces de détail et autres relevés financiers, la

([1]) Voir page 22 du présent Journal officiel [voir point J 6].

double indication peut ne concerner que le montant total;

b) les détaillants devraient indiquer clairement s'ils sont disposés à accepter les paiements en unité euro durant la période transitoire.

Article 3

Mise en œuvre

1. Le double affichage devrait s'inscrire dans une stratégie de communication globale visant à faciliter le passage à l'euro pour les consommateurs et les employés.

2. La double indication, pour des documents servant de «points de repère», tels que les relevés bancaires et les factures des services publics, devrait commencer dès le début de la période transitoire.

3. L'introduction du double affichage dans le secteur de la distribution devrait être progressive. Son rythme dépendra de la nécessité de faciliter la transition pour les clients et les consommateurs ainsi que de la vitesse à laquelle ces derniers souhaitent effectuer cette transition. Il dépendra en outre de la nature des commerces considérés et des produits vendus, ainsi que des implications techniques et sur le plan des coûts de la modification des systèmes existants d'affichage des prix et des montants monétaires.

4. Les organisations professionnelles devraient examiner la possibilité d'élaborer des présentations ou des formats communs de double affichage. Elles sont également invitées à fournir aux petits commerçants une assistance pour qu'ils se dotent de capacités de double affichage et entreprennent d'autres actions de communication.

Article 4

Disposition finale

Les États membres sont invités à apporter leur soutien à l'application de la présente recommandation.

Article 5

Destinataires

La présente recommandation est adressée aux États membres ainsi qu'à tous les agents économiques susceptibles de recourir au double affichage des prix ou d'autres montants monétaires.

Fait à Bruxelles, le 23 avril 1998.

Par la Commission

Yves-Thibault DE SILGUY

Membre de la Commission

J 6

Recommandation de la Commission du 23 avril 1998 concernant le dialogue, le suivi et l'information pour faciliter la transition vers l'euro (98/288/CE) (*)

LA COMMISSION DES COMMUNAUTÉS EUROPÉENNES,

vu le traité instituant la Communauté européenne, et notamment son article 155,

1) considérant que le 1er janvier 1999 l'euro deviendra la monnaie des États membres participants; que l'euro remplacera les monnaies des États membres participants selon les taux de conversion; qu'au cours de la période transitoire, les instruments monétaires et financier en euros, hors pièces et billets, seront disponibles; que les unités monétaires nationales constitueront des subdivisions de l'euro selon les taux de conversion; que selon l'article 4, paragraphe 3, du règlement (CE) nº 1103/97 du Conseil du 17 juin 1997 fixant certaines dispositions relatives à l'introduction de l'euro (1), les taux de conversion seront utilisés pour les conversions entre l'unité euro et les unités monétaires nationales et vice-versa;

2) considérant qu'il y a lieu de tenir compte de l'ensemble des travaux menés (2) depuis la table ronde de mai 1997, des communications de la Commission qui en ont découlé et des discussions lors de la table ronde du 26 février 1998 (3); que la Commission juge nécessaire de recommander la mise en œuvre de dispositions relatives au dialogue entre professionnels et associations de consommateurs, au suivi du passage à l'euro, notamment par la mise en place d'observatoires, et à la formation et à l'éducation; que le Parlement européen a encouragé la Commission à poursuivre dans cette voie (4);

3) considérant que la recommandation 98/286/CE concernant les frais bancaires de conversion vers l'euro (5) et la recommandation 98/287/CE concernant le double affichage des prix et d'autres montants monétaires (6) sont complémentaires avec le dialogue engagé à l'échelle nationale et communautaire;

4) considérant qu'à la suite des travaux menés au sein du comité du commerce et de la distribution et du comité des consommateurs et des travaux communs réalisés par

(*) JO L 130 du 1.5.1998, p. 29-31.

(1) JO L 162 du 19.6.1997, p. 1.

(2) Rapport du groupe d'experts sur les aspects techniques et le coût du double affichage, *Cahiers euro* nº 13; rapport du groupe d'experts sur les frais bancaires de conversion vers l'euro, *Cahiers euro* nº 14; rapport du groupe d'experts «Acceptation des nouveaux prix et échelles de valeur en euros», *Cahiers euro* nº 18; rapport du groupe d'experts «Euro-éducation», *Cahiers euro* nº 19; rapport du groupe d'experts «Petites entreprises et euro», *Cahiers euro* nº 21.

(3) Cf. communication de la Commission sur la stratégie d'information sur l'euro [COM(1998) 39 final du 6 février 1998]. Communication de la Commission sur les aspects pratiques de l'introduction de l'euro: le point de la situation [COM(1998) 61 final du 11 février 1998].

(4) Résolution du Parlement européen du 13 janvier 1998, «Résolution sur l'euro et le consommateur».

(5) Voir page 22 du présent Journal officiel [voir point J 4].

(6) Voir page 26 du présent Journal officiel [voir point J 5].

ces deux comités ([1]), des négociations ont été entamées au niveau communautaire entre les associations professionnelles de la distribution, du tourisme, des petites entreprises, de l'artisanat et les associations de consommateurs; que la Commission entend poursuivre et intensifier ce dialogue;

5) considérant qu'il serait opportun que les États membres mettent en place des observatoires en conformité avec le droit national applicable et compatibles avec les structures administratives existantes, comme centres de dialogue et de suivi pour le citoyen; que le Parlement européen a encouragé la poursuite de cette approche;

6) considérant que les contrats conclus avec les consommateurs doivent être conformes aux dispositions législatives applicables, y compris la directive 93/13/CEE du Conseil du 5 avril 1993 concernant les clauses abusives dans les contrats conclus avec les consommateurs ([2]);

7) considérant qu'en ce qui concerne les principes de bonne pratique en matière de frais bancaires de conversion en euros, outre les autres mesures de suivi mises en place, la Commission a l'intention de surveiller l'application de ces principes et à cette fin fait appel à toutes les parties concernées et notamment aux associations bancaires en vue de lui fournir l'information nécessaire pour assurer ce suivi;

8) considérant qu'un dialogue permanent entre les petites et les moyennes entreprises et leurs partenaires commerciaux est souhaitable; que les petites entreprises en particulier peuvent rencontrer des difficultés spécifiques dans leur préparation interne du passage à l'euro pendant la période transitoire; qu'il est dans l'intérêt de tous de faciliter le basculement des petites entreprises vers l'euro; qu'une manière d'atteindre cet objectif serait que les entreprises négocient entre elles au niveau approprié en vue de définir des principes contribuant à faciliter la transition vers l'euro pour les petites entreprises;

9) considérant qu'il est difficile pour les petites entreprises d'avoir accès aux sources traditionnelles d'information; que des actions d'information ciblées devraient être réalisées en direction des petites entreprises; que les opérateurs spécialisés, y compris les chambres de commerce et des métiers, et les institutions qui sont en contact avec ces petites entreprises devront poursuivre leurs efforts de sensibilisation et d'information; que la Commission continuera à mettre à la disposition des petites entreprises, notamment à travers le réseau des Euro Info Centres, des instruments pratiques adaptés à leurs besoins;

10) considérant que les États membres devraient continuer à examiner le rôle joué par le système éducatif dans l'information des jeunes et du public en général; qu'il est souhaitable que les États membres échangent des informations et des bonnes pratiques dans ce domaine et qu'à cette fin un réseau de responsables nationaux de l'éducation a été créé; qu'il est important que les jeunes en âge scolaire puissent rapidement comprendre et accepter l'euro dans les meilleures conditions et s'adapter aux nouvelles échelles de valeur, compte tenu notamment de leur faculté de transmission de l'information à l'environnement familial; que l'action menée dans les écoles doit, pour être efficace, associer

([1]) Comité du commerce et de la distribution (CCD): «Avis sur les points clés de l'introduction de la monnaie unique» adopté le 20 février 1998; comité des consommateurs (CC): «Réussir le passage des consommateurs à l'euro» propositions du groupe euro du CC adopté le 10 février 1998; rapport du groupe d'experts «Acceptation des nouveaux prix et échelles de valeur en euros», *Cahiers euro* n° 18.

([2]) JO L 95 du 21.4.1993, p. 29.

étroitement les responsables de l'éducation, les enseignants et l'ensemble du personnel d'encadrement des établissements scolaires; que ne sont pas seulement concernées les écoles mais tous les systèmes éducatifs dans leur diversité; que les jeunes exclus du système scolaire devraient faire l'objet d'une attention particulière,

RECOMMANDE:

Article premier

Dialogue

1. Afin de progresser dans la préparation pratique du passage à l'euro, les autorités nationales sont invitées à encourager la poursuite d'un dialogue interactif entre les associations de consommateurs et les organisations professionnelles. La Commission continuera également à encourager ce dialogue au niveau communautaire et invitera les États membres à prendre en compte ces résultats.

2. Dans le cadre du dialogue, les associations de consommateurs et les organisations professionnelles sont invitées à négocier et, le cas échéant, à convenir de principes de bonne pratique en matière de double affichage et de paiement, ainsi qu'à définir des normes minimales dans le domaine des informations à fournir.

3. Les entreprises sont invitées à négocier au niveau approprié, afin de définir des principes contribuant à faciliter pour les petites entreprises la transition vers l'euro. Ces principes devraient notamment avoir pour objectif:

a) qu'une entreprise n'émette ou ne demande des factures exclusivement en euros qu'à l'issue d'un préavis permettant à ses partenaires commerciaux, notamment si ce sont des petites entreprises, de se préparer correctement;

b) que dans l'hypothèse où une petite entreprise demanderait à des partenaires commerciaux de maintenir, dans leurs factures, des montants exprimés en dénomination nationale aux côtés de prix en euros, ceux-ci devraient faire droit à sa demande;

c) que les grandes entreprises fournissent l'assistance nécessaire à leurs sous-traitants afin de faciliter le passage à l'euro de ces derniers.

Article 2

Observatoires et suivi

1. Les États membres y compris, le cas échéant, les collectivités locales, sont invités à mettre en place des moyens adéquats, et notamment des observatoires du passage à l'euro comme un moyen privilégié, afin de permettre le suivi de l'introduction de l'euro et de la loyauté des transactions et de la transparence des pratiques des professionnels.

2. Chaque observatoire devrait associer l'ensemble des secteurs professionnels concernés, les administrations publiques intéressées et les citoyens, dont les représentants de mouvements associatifs, particulièrement de consommateurs.

3. Les observatoires devraient avoir, au niveau local, une fonction d'accueil et d'orientation vers les sources d'information, d'écoute, de médiation et d'assistance aux citoyens. Ils devraient pouvoir, sur la base d'une évaluation des pratiques, transmettre aux instances nationales et communautaires pertinentes le bénéfice de leurs expériences.

4. Afin de faciliter la surveillance de la mise en œuvre par les banques des principes de bonne pratique en matière de frais bancaires de conversion en euros, outre les autres mesures de suivi mises en place, les associations bancaires nationales et européennes sont invitées à répondre sans délai aux demandes d'information de la Commission concernant les progrès accomplis dans cette mise en œuvre. De façon à examiner pour la première fois la mise en œuvre

de ces principes avant la fin 1998, les associations bancaires nationales sont donc invitées à faire rapport à la Commission au travers des associations européennes, avant le 1er novembre 1998, sur la manière dont les banques entendent mettre en œuvre ces principes.

5. Les États membres sont invités à suivre attentivement la mise en œuvre des principes de bonne pratique et l'information donnée par les banques à ce sujet.

Article 3

Information et formation

1. Compte tenu des difficultés spécifiques des petites entreprises dans leur préparation interne du passage à l'euro et de leurs difficultés d'accès aux sources traditionnelles d'information, les opérateurs spécialisés, y compris les chambres de commerce et des métiers, et les institutions qui sont en contact avec ces petites entreprises sont invités à poursuivre leurs efforts de sensibilisation et d'information par des actions ciblées, mettant l'accent sur les préparatifs concrets concrets à entreprendre, y inclus le conseil et l'aide au diagnostic.

2. Les États membres sont invités à mobiliser, dans les meilleurs délais, les systèmes scolaires et éducatifs sur le thème de l'euro et à prendre à cet effet toutes mesures utiles pour sensibiliser, informer et former les enseignants et autres personnels des établissements scolaires.

3. Les actions dans le domaine de l'éducation devraient prévoir des mesures spécifiques pour toutes les formes d'éducation, telles que l'enseignement à distance, l'éducation des adultes, l'enseignement supérieur, la formation professionnelle, la formation en alternance. Les nouvelles technologies de l'information devraient être utilisées aussi bien pour la sensibilisation et la formation des enseignants que pour l'information des jeunes. Les États membres sont invités aussi à élaborer du matériel didactique facilement exploitable par les enseignants.

Il serait également souhaitable qu'une attention particulière soit portée aux enfants situés en marge du système scolaire par l'établissement de mesures adéquates pour leur information.

Article 4

Disposition finale

Les États membres sont invités à apporter leur soutien à l'application de la présente recommandation.

Article 5

Destinataires

La présente recommandation est adressé aux États membres, aux organisations professionnelles et aux organisations de consommateurs, aux chambres de commerce et des métiers, aux associations bancaires, aux entreprises et à toute autre organisation ou institution en contact avec celles-ci.

Fait à Bruxelles, le 23 avril 1998.

Par la Commission

Yves-Thibault DE SILGUY

Membre de la Commission

Recommandation de la Commission du 13 janvier 1999 concernant les pièces de collection, les médailles et les jetons [notifiée sous le numéro SEC(1999) 24/2] (1999/63/CE) (*)

LA COMMISSION DES COMMUNAUTÉS EUROPÉENNES,

vu le traité instituant la Communauté européenne, et notamment son article 155,

1) considérant que l'euro deviendra la monnaie des États membres participants à compter du 1er janvier 1999; que pendant une période de transition allant du 1er janvier 1999 au 31 décembre 2001, l'euro n'existera qu'en tant que monnaie scripturale; que les pièces et billets en euros seront introduits à partir du 1er janvier 2002; qu'après leur introduction en 2002, les pièces et billets en euros circuleront dans toute la zone euro;

2) considérant que pour faciliter le passage à l'euro, il est nécessaire d'éviter tout risque de confusion aux citoyens; que durant les trois années de transition, les citoyens, n'étant pas familiarisés avec les nouvelles pièces et les nouveaux billets en euros, seront plus facilement induits en erreur ou abusés; que l'euro doit bénéficier du même niveau de protection dans tous les États membres;

3) considérant que pour réduire les risques de confusion durant la période de transition, il est souhaitable d'interdire sur le territoire de l'Union européenne toutes les pièces de collection en euros et toutes les médailles et jetons portant la mention «euro» ou «euro cent» ou comportant un dessin similaire à celui qui figure sur la face commune des pièces en euros;

4) considérant que cela suppose que, durant la période de transition, les États membres n'émettent aucune pièce de collection en euros, et que les instituts de frappe officiels et les émetteurs privés dans les États membres n'émettent pas, pour la vente ou à des fins commerciales, des médailles ou des jetons correspondant à la description ci-dessus; que, pour éviter que des médailles ou des jetons correspondant à cette description et émis par des pays tiers ne circulent sur le territoire de la Communauté, l'interdiction ne doit pas seulement frapper l'émission, mais aussi la vente, la production, le stockage, l'importation et la distribution, en vue de la vente ou à des fins commerciales, de ces pièces de collection, jetons et médailles;

5) considérant que le Conseil ECOFIN du 23 novembre s'est prononcé en faveur de l'interdiction des pièces de collection en euros durant la période de transition; que certains États membres possèdent déjà, ou sont en train d'adopter, une législation sur les médailles et les jetons qui va dans le sens de la présente recommandation;

6) considérant qu'il serait souhaitable que les pays tiers soutiennent les efforts de l'Union européenne pour protéger ses citoyens contre les risques de confusion et de fraude, et qu'ils évitent donc d'émettre des pièces de collection, des médailles ou des jetons correspondant à la description ci-dessus, notamment pendant la période de transition,

(*) JO L 20 du 27.1.1999, p. 61-62.

RECOMMANDE:

Article premier

Définitions

Aux fins de la présente recommandation, on entend par:

a) «pièces de collection»: les pièces commémoratives et la monnaie-lingot qui ont cours légal mais ne sont pas destinées à la circulation;

b) «médailles et jetons»: des objets métalliques de forme circulaire qui ressemblent à des pièces mais ne constituent ni un moyen de paiement légal, ni une monnaie légale, ou qui ne sont pas émis en vertu de dispositions législatives nationales ou étrangères;

c) «euro»: la monnaie légale des États membres participants telle que définie à l'article 2 du règlement (CE) n° 974/98 du Conseil concernant l'introduction de l'euro;

d) «période de transition»: la période commençant le 1er janvier 1999 et prenant fin le 31 décembre 2001.

Article 2

Pratiques recommandées

Il est recommandé d'observer les pratiques suivantes pendant la période de transition:

1) les États membres ne devront pas émettre de pièces de collection libellées en euros durant cette période. Cette restriction devra également s'appliquer aux pièces de collection libellées à la fois en euros et dans une unité monétaire nationale;

2) sont à proscrire la vente et la production, l'émission, le stockage, l'importation et la distribution, en vue de la vente ou à des fins commerciales, de médailles et de jetons portant la mention «euro» ou «euro cent» ou comportant un dessin similaire à celui qui figure sur la face commune des pièces en euros, ou un dessin déjà officiellement adopté pour la frappe ultérieure de pièces en euros.

Article 3

Mise en œuvre par les États membres

Les États membres prendront dès que possible toutes les mesures, notamment les mesures législatives nationales supplémentaires, nécessaires pour assurer la pleine mise en œuvre, durant la période de transition, des pratiques recommandées.

Article 4

Destinataires

La présente recommandation s'adresse aux États membres et à tous les acteurs économiques susceptibles d'émettre, de produire, de distribuer, d'importer ou de vendre des médailles ou des jetons.

Fait à Bruxelles, le 13 janvier 1999.

Par la Commission

Yves-Thibault DE SILGUY

Membre de la Commission

J 8

Communication COM(97) 418 de la Commission du 23 juillet 1997 sur l'utilisation du symbole de l'euro (€)

Depuis la réunion du Conseil européen à Dublin les 13 et 14 décembre 1996, la Commission utilise le symbole € pour désigner la monnaie unique dans ses publications. Le symbole est désormais également largement utilisé par les administrations nationales, les banques centrales et le secteur privé.

L'Institut monétaire européen a reconnu, le 15 juillet 1997, le besoin d'un symbole distinctif codifié de la monnaie unique et a annoncé qu'il soutiendrait le logotype.

Étant donné le large soutien que le symbole de l'euro a reçu, la Commission européenne invite les utilisateurs de monnaie à utiliser le symbole, tel que décrit dans l'annexe, chaque fois qu'un symbole distinctif est nécessaire à la description de montants monétaires en euros, par exemple pour les tarifs et les factures, pour les chèques ainsi que pour tout autre instrument juridique.

La Commission européenne prendra toutes les mesures nécessaires pour l'enregistrement du symbole de l'euro auprès de l'Organisation internationale de normalisation (ISO), qui est responsable de la standardisation des tables de caractères, des claviers, des codes de transmission des caractères, etc., afin de permettre l'insertion du symbole dans les systèmes informatiques. Des premiers contacts ont montré que les fournisseurs de technologie de l'information soutiendraient une telle approche. Une position privilégiée du symbole, en particulier sur les claviers, aidera les agents économiques dans leurs travaux préparatoires à l'introduction de la monnaie unique et promouvra l'utilisation du nouveau symbole.

Le symbole de l'euro a été dessiné par les services de la Commission. Le choix final a été précédé d'une évaluation qualitative par le grand public conduite par un organisme spécialisé. Le € est inspiré par l'epsilon grec qui renvoie au berceau de la civilisation européenne et à la première lettre du mot «Europe», traversé par deux traits parallèles qui indiquent la stabilité de l'euro. La définition précoce d'un signe distinctif de l'euro reflète aussi la vocation de l'euro de devenir l'une des principales monnaies au monde.

J 9

Communication SEC(1999) 24 de la Commission du 13 janvier 1999 sur la protection par le droit d'auteur du dessin de la face commune des pièces en euros

INTRODUCTION

Conformément au règlement (CE) n° 974/98 du Conseil concernant l'introduction de l'euro ([1]), les pièces libellées en euros seront émises à partir du 1er janvier 2002.

Les valeurs unitaires et les spécifications techniques de la première série de pièces en euros ont été définies par un règlement du Conseil adopté le 3 mai 1998 [règlement (CE) n° 975/98) ([1]). Ensuite, le 29 juillet 1998, la Commission a adopté une proposition modifiant légèrement ce règlement en vue de prendre en compte certains développements nouveaux. La première série de pièces en euros se composera de huit valeurs unitaires: 1, 2, 5, 10, 20 et 50 cents et 1 et 2 euros.

Au cours du printemps 1996, les États membres ont décidé que les pièces en euros auraient une face commune et une face nationale, et ils ont chargé la Commission d'organiser un concours au niveau européen pour choisir le dessin de la face commune de ces pièces. En juin 1997, les chefs d'État ou de gouvernement ont désigné les dessins gagnants.

Conformément au règlement du concours, l'artiste a cédé à la Commission les droits d'auteur afférents aux dessins gagnants.

Dans la présente communication, la Commission décrit le dispositif mis en place pour assurer le respect de ces droits et le régime applicable en matière de reproduction.

([1]) JO L 139 du 11.5.1998.

1. TITULAIRE DU DROIT D'AUTEUR

Le droit d'auteur afférent au dessin de la face commune des pièces en euros est la propriété de la Communauté européenne, représentée par la Commission. La Commission européenne a cédé à chacun des États membres qui adoptent l'euro tous les droits détenus par la Communauté pour le territoire de cet État membre. Elle procédera de même pour chacun des autres États membres lorsqu'ils adopteront l'euro.

2. RÉGIME APPLICABLE EN MATIÈRE DE REPRODUCTION

En matière de reproduction, le régime commun suivant sera appliqué par la Commission et par les États membres participants en ce qui concerne leur territoire respectif.

La reproduction de tout ou partie du dessin de la face commune des pièces en euros est autorisée, sans recours à une procédure particulière, dans les cas suivants:

— reproductions sous forme de photographies, de dessins, de peintures, de films, d'images et, plus généralement, reproductions planes (sans relief), pour autant qu'elles soient fidèles à l'original et ne soient pas utilisées d'une manière nuisible ou préjudiciable à l'image de l'euro;

— reproduction en relief sur des objets autres que des pièces, médailles et jetons ou autres objets, quels qu'ils soient, pouvant être confondus avec des pièces;

— reproduction sur des jetons constitués de substances malléables ou de plastique, à condition qu'ils soient d'une taille au moins cinquante pour cent supérieure ou inférieure à la taille des pièces réelles.

La reproduction sur des médailles ou jetons en métal, ou sur tout autre objet métallique pouvant être confondu avec une pièce, n'est pas autorisée.

Toute autre reproduction de tout ou partie du dessin de la face commune des pièces en euros doit obtenir l'autorisation expresse de la Commission européenne, pour les États membres non participants, ou de l'autorité désignée de l'État membre auquel ont été cédés les droits, pour les États membres participants (la liste des autorités désignées pour les États membres participants figure dans l'annexe I).

Les demandes d'autorisation adressées à la Commission européenne doivent être envoyées à la DG II («Affaires économiques et financières»).

3. RESPECT EFFECTIF DU DROIT D'AUTEUR

Il appartient aux États membres participants de veiller à ce que le droit d'auteur soit respecté sur leur territoire, conformément à leur législation nationale et au régime applicable en matière de reproduction, tel qu'il est décrit ci-dessus. La Commission entend veiller au respect du droit d'auteur dans les États membres non participants et dans les pays tiers, conformément à la législation nationale applicable.

Si la Commission ou les entités nationales auxquelles le droit d'auteur a été cédé ont connaissance d'un acte de reproduction non autorisé sur le territoire qui les concerne, elles prendront immédiatement des mesures pour y mettre un terme ou pour que les reproductions soient retirées de la circulation. La Commission ou les États membres (dans le cas des États membres participants) peuvent poursuivre au civil ou au pénal la personne responsable de cette reproduction, conformément à la législation nationale applicable.

La Commission entend œuvrer en coordination avec les États membres pour faire respecter le droit d'auteur. À cet effet, les États membres sont invités à informer la Commission de toute mesure prise pour assurer ce respect ainsi que pour la mise en œuvre des règles de reproduction.

4. ÉVALUATION DU PRÉSENT DISPOSITIF

La Commission a l'intention d'évaluer la mise en œuvre du dispositif tel qu'il est décrit ci-dessus, d'ici au 1er janvier 2002, date d'introduction des pièces en euros. Ce dispositif pourrait, dans l'avenir, être adapté à la lumière de l'expérience acquise.

ANNEXE I

LISTE DES AUTORITÉS DÉSIGNÉES MENTIONNÉES AU PARAGRAPHE 2 DE LA PRÉSENTE COMMUNICATION

Belgique:	Ministère des finances — Administration de la trésorerie
Allemagne:	Bundesministerium der Finanzen
Espagne:	Dirección General del Tesoro y Política Financiera
France:	Direction des monnaies et médailles — Ministère de l'économie des finances et de l'industrie de la République française
Irlande:	Minister for Finance of Ireland
Italie:	Ministère du trésor
Luxembourg:	Ministère des finances — Service de la trésorerie
Pays Bas:	Ministère des finances — Direction des affaires financières et monétaires internes
Autriche:	Münze Österreich AG
Portugal:	Imprensa Nacional — Casa da Moeda
Finlande:	Ministère des finances

Partie K

Autres textes législatifs

K 1

Règlement (CE) nº 3603/93 du Conseil du 13 décembre 1993 précisant les définitions nécessaires à l'application des interdictions énoncées à l'article 104 et à l'article 104 B, paragraphe 1, du traité (*)

LE CONSEIL DE L'UNION EUROPÉENNE,

vu le traité instituant la Communauté européenne, et notamment son article 104 B paragraphe 2,

vu la proposition de la Commission ([1]),

en coopération avec le Parlement européen ([2]),

considérant que l'article 104 et l'article 104 B paragraphe 1 du traité sont directement applicables; que les termes figurant à ces articles peuvent, au besoin, être précisés;

considérant qu'il convient en particulier de préciser les termes «découvert» et «autre type de crédit» utilisés à l'article 104 du traité, notamment en ce qui concerne le traitement à réserver aux créances existant au 1er janvier 1994;

considérant qu'il est souhaitable que les banques centrales nationales participant à la troisième phase de l'union économique et monétaire (UEM) abordent celle-ci en ayant à leur actif des créances négociables et à des conditions de marché, notamment afin de donner la flexibilité voulue à la politique monétaire du système européen de banques centrales (SEBC) et de permettre une contribution normale des différentes banques centrales nationales participant à l'union monétaire au revenu monétaire à répartir entre elles;

considérant que les banques centrales qui détiendraient encore sur le secteur public, après le 1er janvier 1994, des créances non négociables ou assorties de conditions qui ne seraient pas les conditions de marché doivent pouvoir être autorisées à transformer ultérieurement ces créances en titres négociables et à des conditions de marché;

considérant que le protocole sur certaines dispositions relatives au Royaume-Uni de Grande-Bretagne et d'Irlande du Nord prévoit, à son point 11, que le gouvernement du Royaume-Uni peut conserver la ligne de crédit «Ways and Means» dont il dispose auprès de la Banque d'Angleterre si et aussi longtemps que le Royaume-Uni ne passe pas à la troisième phase de l'UEM; qu'il convient de permettre la conversation en titres négociables, à échéance fixe et à des conditions de marché, de l'encours de cette ligne de crédit si le Royaume-Uni passe à la troisième phase;

considérant que le protocole sur le Portugal prévoit que le Portugal est autorisé à maintenir la faculté conférée aux régions autonomes des Açores et de Madère de bénéficier de crédits sans intérêt auprès du Banco de Portugal selon les conditions fixées par la loi portugaise en vigueur et qu'il s'engage à mettre tout en œuvre pour mettre fin dans les meilleurs délais au régime susmentionné;

considérant que les États membres doivent prendre les mesures appropriées pour que les interdictions prévues à l'article 104 du traité soient effectivement et pleinement appliquées; que notamment les achats effectués sur le marché secondaire ne doivent pas servir à contourner l'objectif poursuivi par cet article;

(*) JO L 332 du 31.12.1993, p. 1-3.

([1]) JO C 324 du 1.12.1993, p. 5. JO C 340 du 17.12.1993, p. 3.

([2]) JO C 329 du 6.12.1993 et décision du 2 décembre 1993 (non encore parue au Journal officiel).

considérant que, dans les limites fixées par le présent règlement, l'acquisition directe, par la banque centrale d'un État membre, d'instruments de la dette négociable émis par le secteur public d'un autre État membre n'est pas de nature à contribuer à soustraire le secteur public à la discipline des mécanismes de marché lorsque ces achats sont effectués uniquement aux fins de la gestion des réserves de change;

considérant que, sans préjuger du rôle dévolu à la Commission par l'article 169 du traité, il appartient à l'Institut monétaire européen, et ensuite à la Banque centrale européenne, en application de l'article 109 F paragraphe 9 et de l'article 180 du traité, de s'assurer que les banques centrales nationales respectent les obligations imposées par le traité;

considérant que les crédits intrajournaliers des banques centrales peuvent être utiles pour assurer le bon fonctionnement des systèmes de paiement et que, en conséquence, les crédits intrajournaliers au secteur public sont compatibles avec les objectifs de l'article 104 du traité aussi longtemps que toute prolongation au lendemain est exclue;

considérant qu'il n'y a pas lieu d'entraver l'exercice par les banques centrales des fonctions de caissier de l'État (agent fiscal); que, même si le recouvrement par les banques centrales de chèques émis par des tiers au profit du secteur public peut impliquer occasionnellement un crédit, il n'y a pas lieu de considérer que l'article 104 du traité l'interdit dès lors que ces opérations ne se soldent pas globalement par un crédit au secteur public;

considérant que la détention, par les banques centrales, de monnaies divisionnaires émises par le secteur public et portées au crédit de celui-ci constitue une forme de crédit sans intérêt au secteur public; que, toutefois, si elle ne porte que sur des montants limités, cette pratique ne remet pas en cause le principe énoncé à l'article 104 du traité et que, en conséquence, eu égard aux difficultés qui résulteraient de l'interdiction totale de cette forme de crédit, elle peut être admise dans la limite fixée par le présent règlement;

considérant que la république fédérale d'Allemagne a, par suite de la réunification, des difficultés particulières à respecter la limite assignée auxdits avoirs et qu'il est approprié d'admettre dans ce cas un pourcentage plus élevé pendant une période limitée;

considérant que le financement, par les banques centrales, des obligations incombant au secteur public à l'égard du Fonds monétaire international ou résultant de la mise en œuvre du mécanisme de soutien financier à moyen terme institué au sein de la Communauté se traduit par des créances sur l'étranger qui constituent des actifs de réserve ou leur sont assimilables; qu'il paraît donc approprié de les autoriser;

considérant que les entreprises publiques sont visées par l'interdiction de l'article 104 et de l'article 104 B paragraphe 1; qu'elles sont définies dans la directive 80/723/CEE de la Commission, du 25 juin 1980, relative à la transparence des relations financières entre les États membres et les entreprises publiques (1),

A ARRÊTÉ LE PRÉSENT RÈGLEMENT:

Article premier

1. Aux fins de l'article 104 du traité, on entend par:

a) «découvert»: toute mise à disposition de ressources en faveur du secteur public qui se traduit ou est susceptible de se traduire par un solde débiteur en compte?

b) «autre type de crédit»:

   i) toute créance sur le secteur public existant au 1er janvier 1994, à l'exception des créances à échéance fixe acquises avant cette date;

(1) JO L 195 du 29.7.1980, p. 35. Directive modifiée en dernier lieu par la directive 93/84/CEE de la Commission (JO L 254 du 12.10.1993, p. 16).

ii) tout financement d'obligations du secteur public à l'égard de tiers;

iii) sans préjudice de l'article 104 paragraphe 2 du traité, toute opération avec le secteur public qui se traduit ou est susceptible de se traduire par une créance sur celui-ci.

2. Ne sont pas considérés comme des instruments de dette, au sens de l'article 104 du traité, les titres acquis auprès du secteur public pour assurer la transformation en titres négociables, à échéance fixe et à des conditions de marché:

— de créances à échéance fixe acquises avant le 1er janvier 1994 et qui ne seraient pas négociables ou qui ne seraient pas à des conditions de marché, à condition que l'échéance des titres ne soit pas postérieure à celle desdites créances,

— de l'encours de la ligne de crédit «Ways and Means» dont le gouvernement du Royaume-Uni dispose auprès de la Banque d'Angleterre jusqu'à la date à laquelle le Royaume-Uni passe, le cas échéant, à la troisième phase de l'UEM.

Article 2

1. Pendant la deuxième phase de l'UEM, ne sont pas considérés comme des acquisitions directes au sens de l'article 104 du traité les achats, par la banque centrale d'un État membre, d'instruments de dette négociables émis par le secteur public d'un autre État membre, pour autant que ces achats soient effectués uniquement aux fins de la gestion des réserves de change.

2. Pendant la troisième phase de l'UEM, ne sont pas considérés comme des acquisitions directes au sens de l'article 104 du traité, les achats effectués uniquement aux fins de la gestion des réserves de change:

— par la banque centrale d'un État membre qui ne participe pas à la troisième phase de l'UEM, auprès du secteur public d'un autre État membre, d'instruments négociables de la dette de celui-ci,

— par la Banque centrale européenne ou par la banque centrale d'un État membre qui participe à la troisième phase de l'UEM, auprès du secteur public d'un État membre qui ne participe pas à la troisième phase, d'instruments négociables de la dette de celui-ci.

Article 3

Aux fins du présent règlement, on entend par «secteur public» les institutions ou organes de la Communauté, les administrations centrales, les autorités régionales ou locales, les autres autorités publiques et les autres organismes ou entreprises publics des États membres.

Par «banques centrales nationales» on entend les banques centrales des États membres ainsi que l'Institut monétaire luxembourgeois.

Article 4

Les crédits intrajournaliers consentis par la Banque centrale européenne ou par les banques centrales nationales au secteur public ne sont pas considérés comme des crédits au sens de l'article 104 du traité dès lors qu'ils restent limités à la journée et qu'aucune prolongation n'est possible.

Article 5

Lorsque la Banque centrale européenne ou les banques centrales nationales reçoivent du secteur public, pour recouvrement, des chèques émis par des tiers et en créditent le compte du secteur public avant que la banque tirée en ait été débitée, l'opération n'est pas considérée comme un crédit au sens de l'article 104 du traité lorsque s'est écoulé, depuis la réception du chèque, un laps de temps donné correspondant au délai normal de recouvrement des chèques par la banque centrale de l'État membre concerné, à condition que le flottant éventuel soit exceptionnel, porte sur un petit montant et s'annule sur une courte période.

Article 6

La détention, par la Banque centrale européenne ou par la ou les banques centrales nationales, de monnaies divisionnaires émises par le secteur public et portées au crédit de celui-ci, n'est pas considérée comme un crédit au sens de l'article 104 du traité lorsque le montant de ces avoirs reste inférieur à 10 % des monnaies divisionnaires en circulation.

Jusqu'au 31 décembre 1996, ce chiffre est de 15 % pour l'Allemagne.

Article 7

Le financement, par la Banque centrale européenne et par les banques centrales nationales, des obligations incombant au secteur public à l'égard du Fonds monétaire international ou résultant de la mise en œuvre du mécanisme de soutien financier à moyen terme institué par le règlement (CEE) n° 1969/88 (1) n'est pas considéré comme un crédit au sens de l'article 104 du traité.

Article 8

1. Aux fins de l'article 104 et de l'article 104 B paragraphe 1 du traité, on entend par «entreprise publique» toute entreprise sur laquelle l'État ou d'autres collectivités territoriales peuvent exercer directement ou indirectement une influence dominante du fait de la propriété, de la participation financière ou des règles qui la régissent.

L'influence dominante est présumée lorsque l'État ou d'autres collectivités territoriales, directement ou indirectement à l'égard de l'entreprise:

a) détiennent la majorité du capital souscrit de l'entreprise

ou

b) disposent de la majorité des voix attachées aux parts émises par l'entreprise

ou

c) peuvent désigner plus de la moitié des membres de l'organe d'administration, de direction ou de surveillance de l'entreprise.

2. Aux fins de l'article 104 et de l'article 104 B paragraphe 1 du traité, la Banque centrale européenne et les banques centrales nationales ne font pas partie du secteur public.

Article 9

Le présent règlement entre en vigueur le 1er janvier 1994.

Le présent règlement est obligatoire dans tous ses éléments et directement applicable dans tout État membre.

Fait à Bruxelles, le 13 décembre 1993.

Par le Conseil

Le président

Ph. MAYSTADT

(1) Règlement (CEE) n° 1969/88 du Conseil du 24 juin 1988 portant mise en place d'un mécanisme unique de soutien financier à moyen terme des balances des paiements des États membres (JO L 178 du 8.7.1988, p. 1).

Règlement (CE) n° 3604/93 du Conseil du 13 décembre 1993 précisant les définitions en vue de l'application de l'interdiction de l'accès privilégié énoncée à l'article 104 A du traité (*)

LE CONSEIL DE L'UNION EUROPÉENNE,

vu le traité instituant la Communauté européenne, et notamment son article 104 A paragraphe 2,

vu la proposition de la Commission ([1]),

en coopération avec le Parlement européen ([2]),

considérant que l'interdiction de l'accès privilégié aux institutions financières, prévue à l'article 104 A du traité, est essentielle pour soumettre les opérations de financement du secteur public à la discipline du marché et contribuer ainsi à renforcer la discipline budgétaire; qu'elle met en outre les États membres sur un pied d'égalité en ce qui concerne l'accès du secteur public aux institutions financières;

considérant que le Conseil doit préciser les définitions en vue de l'application de cette interdiction;

considérant que les États membres et la Communauté doivent agir dans le respect du principe d'une économie de marché ouverte où la concurrence est libre;

considérant, en particulier, que le présent règlement ne saurait concerner les modes d'organisation des marchés conformes à ce principe;

considérant que le présent règlement n'a pas pour objet d'entraver le fonctionnement des institutions financières publiques lorsqu'il est conforme au même principe;

considérant que l'article 104 A du traité interdit les mesures établissant un accès privilégié; qu'il y a lieu de préciser quels types d'actes sont concernés par cette interdiction; que ne sauraient être concernés les engagements librement consentis par des institutions financières dans le cadre de relations contractuelles;

considérant que le même article prévoit que des considérations d'ordre prudentiel peuvent justifier une dérogation au principe de cette interdiction; que, sous le couvert de considérations prudentielles, les dispositions législatives ou réglementaires ou les actions administratives ne peuvent cependant être utilisées pour établir un accès privilégié déguisé;

considérant que les entreprises publiques tombent sous le coup de la même interdiction; qu'elles sont définies dans la directive 80/723/CEE de la Commission, du 25 juin 1980, relative à la transparence des relations financières entre les États membres et les entreprises publiques ([3]);

considérant que, pour des raisons de politique monétaire, les institutions financières et, en particulier, les établissements de crédit peuvent être obligés de détenir des créances sur la Banque centrale européenne et/ou les banques centrales nationales;

(*) JO L 332 du 31.12.1993, p. 4-6.

([1]) JO C 324 du 1.12.1993, p. 7. JO C 340 du 17.12.1993, p. 6.

([2]) JO C 329 du 6.12.1993 et décision du 2 décembre 1993 (non encore parue au Journal officiel).

([3]) JO L 195 du 29.7.1980, p. 35. Directive modifiée en dernier lieu par la directive 93/84/CEE de la Commission (JO L 254 du 12.10.1993, p. 16).

considérant que la Banque centrale européenne et les banques centrales nationales ne peuvent pas, en tant qu'autorités publiques, prendre des mesures établissant un accès privilégié; que les règles de mobilisation ou de mise en gage d'instruments de dette édictées par la Banque centrale européenne ou les banques centrales nationales ne doivent pas servir à contourner l'interdiction de l'accès privilégié;

considérant que les définitions des différents types d'institutions financières contenues dans le droit communautaire doivent être complétées, pour éviter tout contournement de l'interdiction, par une mention visant les institutions qui se livrent à des activités financières mais qui n'auraient pas encore fait l'objet d'une harmonisation au niveau communautaire, comme par exemple les succursales d'institutions de pays tiers, les sociétés *holdings* ou de *factoring*, les organismes de placement collectif en valeurs mobilières (OPCVM) non coordonnés et les institutions de retraite,

A ARRÊTÉ LE PRÉSENT RÈGLEMENT:

Article premier

1. Aux fins de l'article 104 A du traité, on entend par «mesure établissant un accès privilégié» toute disposition législative ou réglementaire ou tout acte juridique de nature contraignante pris dans l'exercice de l'autorité publique qui:

— oblige des institutions financières à acquérir ou à détenir des créances sur des institutions ou organes de la Communauté, des administrations centrales, des autorités régionales ou locales, d'autres autorités publiques ou d'autres organismes ou entreprises publics des États membres, ci-après dénommés «secteur public»

ou

— octroie des avantages fiscaux dont peuvent bénéficier uniquement les institutions financières ou des avantages financiers non conformes aux principes d'une économie de marché, afin de favoriser l'acquisition ou la détention par ces institutions de telles créances.

2. Ne sont pas considérées comme des mesures établissant un accès privilégié celles qui donnent lieu:

— à des obligations, à des conditions particulières pouvant inclure notamment une obligation de centralisation de fonds auprès d'institutions financières publiques, de financement du logement social, lorsque les conditions de financement du logement social pratiquées en faveur du secteur public sont identiques à celles des financements de même nature accordés aux mêmes fins à des emprunteurs privés,

— à l'obligation de centralisation de fonds auprès d'un établissement public de crédit, dans la mesure où cette contrainte fait partie intégrante, au 1er janvier 1994, de l'organisation d'un réseau particulier d'établissements de crédit ou d'un régime spécifique d'épargne destinés aux ménages et vise à apporter une sécurité financière à l'ensemble du réseau ou au régime spécifique. L'emploi de ces fonds centralisés doit être déterminé par les organes dirigeants de l'établissement public de crédit concerné et s'effectuer d'une manière conforme au principe d'une économie de marché où la concurrence est libre,

— à des obligations de financement de la réparation des dommages résultant de catastrophes, pour autant que les conditions de financement de la réparation ne soient pas plus favorables lorsque les dommages sont subis par le secteur public que lorsqu'ils sont subis par le secteur privé.

Article 2

Aux fins de l'article 104 A du traité, on entend par «considérations d'ordre prudentiel» les considérations qui sous-tendent les dispositions législatives ou réglementaires ou les actions administratives nationales arrêtées sur la base du droit communautaire ou compatibles avec celui-ci et qui visent à promouvoir la solidité des institutions financières afin de renforcer la stabilité du système financier dans son ensemble et la protection des clients de ces institutions.

Article 3

1. Aux fins de l'article 104 A du traité, on entend par «entreprise publique» toute entreprise sur laquelle l'État ou d'autres collectivités territoriales peuvent exercer directement ou indirectement une influence dominante du fait de la propriété, de la participation financière ou des règles qui la régissent.

L'influence dominante est présumée lorsque l'État ou d'autres collectivités territoriales, directement ou indirectement, à l'égard de l'entreprise:

a) détiennent la majorité du capital souscrit de l'entreprise

ou

b) disposent de la majorité des voix attachées aux parts émises par l'entreprise

ou

c) peuvent désigner plus de la moitié des membres de l'organe d'administration, de direction ou de surveillance de l'entreprise.

2. Sans préjudice de leur obligation en tant qu'autorités publiques de ne pas prendre de mesures établissant un accès privilégié, la Banque centrale européenne et les banques centrales nationales ne sont pas considérées, pour l'application du présent article, comme faisant partie du secteur public.

3. Par «banques centrales nationales» on entend les banques centrales des États membres ainsi que l'Institut monétaire luxembourgeois.

Article 4

1. Aux fins de l'article 104 A du traité, on entend par «institutions financières»:

— les établissements de crédit au sens de l'article 1er premier tiret de la directive 77/780/CEE (1),

— les entreprises d'assurance au sens de l'article 1er point a) de la directive 92/49/CEE (2),

— les entreprises d'assurance au sens de l'article 1er point a) de la directive 92/96/CEE (3),

— les OPCVM au sens de l'article 1er paragraphe 2 de la directive 85/611/CEE (4),

(1) Directive 77/780/CEE du Conseil du 12 décembre 1977 visant à la coordination des dispositions législatives, réglementaires et administratives concernant l'accès à l'activité des établissements de crédit et son exercice (JO L 322 du 17.12.1977, p. 30). Directive modifiée en dernier lieu par la directive 89/646/CEE (JO L 386 du 30.12.1989, p. 1).

(2) Directive 92/49/CEE du Conseil du 18 juin 1992 portant coordination des dispositions législatives, réglementaires et administratives concernant l'assurance directe autre que l'assurance sur la vie (troisième directive «assurance non vie» (JO L 228 du 11.8.1992, p. 1).

(3) Directive 92/96/CEE du Conseil du 10 novembre 1992 portant coordination des dispositions législatives, réglementaires et administratives concernant l'assurance directe sur la vie (troisième directive assurance vie) (JO L 360 du 9.12.1992, p. 1).

(4) Directive 85/611/CEE du Conseil du 20 décembre 1985 portant coordination des dispositions législatives, réglementaires et administratives concernant certains organismes de placement collectif en valeurs mobilières (OPCVM) (JO L 375 du 31.12.1985, p. 3). Directive modifiée par la directive 88/220/CEE (JO L 100 du 19.4.1988, p. 31).

— les entreprises d'investissement au sens de l'article 1er point 2 de la directive 93/22/CEE [1],

— les autres entreprises ou institutions qui ont une activité analogue à celle des entreprises visées aux tirets précédents ou dont la principale activité est d'acquérir des actifs financiers ou de transformer des créances financières.

2. Les institutions suivantes ne font pas partie des institutions financières au sens du paragraphe 1:

— la Banque centrale européenne et les banques centrales nationales,

— les services financiers de la poste lorsqu'il font partie du secteur «administrations publiques» défini conformément au système européen de comptes économiques intégrés (SEC) ou lorsque leur activité principale est d'agir en tant qu'agent financier de l'administration publique

et

— les institutions qui font partie du secteur «administrations publiques» défini conformément au SEC ou dont le passif correspond entièrement à une dette publique.

Article 5

Le présent règlement entre en vigueur le 1er janvier 1994.

Le présent règlement est obligatoire dans tous ses éléments et directement applicable dans tout État membre.

Fait à Bruxelles, le 13 décembre 1993.

Par le Conseil

Le président

Ph. MAYSTADT

[1] Directive 93/22/CEE du Conseil du 10 mai 1993 concernant les services d'investissement dans le domaine des valeurs mobilières (JO L 141 du 11.6.1993, p. 27).

Règlement (CE) n° 3605/93 du Conseil du 22 novembre 1993 relatif à l'application du protocole sur la procédure concernant les déficits excessifs annexé au traité instituant la Communauté européenne (*)

LE CONSEIL DE L'UNION EUROPÉENNE,

vu le traité instituant la Communauté européenne, et notamment son article 104 C paragraphe 14 troisième alinéa,

vu la proposition de la Commission ([1]),

vu l'avis du Parlement européen ([2]),

considérant que les définitions des termes «public», «déficit» et «investissement» sont établies dans le protocole sur la procédure concernant les déficits excessifs par référence au système européen de comptes économiques intégrés (SEC) ([3]); que des définitions précises faisant référence aux codes de nomenclature du SEC sont nécessaires; que ces définitions peuvent être sujettes à révision dans le cadre de l'harmonisation nécessaire des statistiques nationales ou pour d'autres raisons; que toute révision du SEC sera décidée par le Conseil, selon les règles de compétence et de procédure fixées par le traité;

considérant que la définition de la dette figurant dans le protocole sur la procédure concernant les déficits excessifs nécessite d'être détaillée au moyen d'une référence aux codes de la nomenclature du SEC;

considérant que la directive 89/130/CEE, Euratom du Conseil, du 13 février 1989, relative à l'harmonisation de l'établissement du produit national brut au prix du marché ([4]), fournit une définition détaillée et appropriée du produit intérieur brut au prix du marché;

considérant que, aux termes du protocole sur la procédure concernant les déficits excessifs, la Commission est tenue de fournir les données statistiques utilisées dans ladite procédure;

considérant que des règles détaillées sont nécessaires pour organiser la notification rapide et régulière par les États membres à la Commission de leurs déficits prévus et effectifs ainsi que du niveau de leur dette;

considérant que, conformément à l'article 104 C paragraphes 2 et 3 du traité, la Commission surveille l'évolution de la situation budgétaire et du montant de la dette publique dans les États membres et examine si la discipline budgétaire a été respectée sur la base de critères de déficit et de dette publics; que la Commission, dans le cas où un État membre ne satisfait pas aux exigences de ces critères ou de l'un d'eux, tient compte de tous les facteurs pertinents; que la Commission doit examiner s'il y a un risque de déficit excessif dans un État membre,

A ADOPTÉ LE PRÉSENT RÈGLEMENT:

SECTION 1

DÉFINITIONS

Article premier

1. Aux fins du protocole sur la procédure concernant les déficits excessifs et du présent règlement, les termes figurant aux paragraphes

(*) JO L 332 du 31.12.1993, p. 7-9.

([1]) JO C 324 du 1.12.1993, p. 8. JO C 340 du 17.12.1993, p. 8.

([2]) JO C 329 du 6.12.1993.

([3]) Office statistique des Communautés européennes, «Système européen de comptes économiques intégrés (SEC)», deuxième édition.

([4]) JO L 49 du 21.2.1989, p. 26.

suivants sont définis conformément au système européen de comptes économiques intégrés (SEC). Les codes entre parenthèses se rapportent au SEC deuxième édition.

2. «Public» signifie ce qui est relatif au secteur «administrations publiques» (S60), subdivisé entre les sous-secteurs «administration centrale» (S61), «administrations locales» (S62) et «administrations de sécurité sociale» (S63), à l'exclusion des opérations commerciales, tels que définies dans le SEC.

L'exclusion des opérations commerciales signifie que le secteur «administrations publiques» (S60) comprend seulement les unités institutionnelles qui, à titre de fonction principale, produisent des services non marchands.

3. Le déficit (excédent) public est le besoin de financement (capacité de financement) (N5) du secteur «administrations publiques» (S60), tel que défini dans le SEC. Les intérêts compris dans le déficit public sont les intérêts (R41) tels que définis dans le SEC.

4. L'investissement public est la formation brute de capital fixe (P41) du secteur «administrations publiques» (S60), telle que définie dans le SEC.

5. La dette publique est la valeur nominale de tous les engagements bruts en cours à la fin de l'année du secteur «administrations publiques» (S60), à l'exception des engagements dont les actifs financiers correspondants sont détenus par le secteur «administrations publiques» (S60).

La dette publique est constituée des engagements des administrations publiques dans les catégories suivantes: numéraires et dépôts (F20 et F30), titres à court terme (F40), obligations (F50), autres crédits à court terme (F79) et autres crédits à moyen et long termes (F89), selon les définitions du SEC.

La valeur nominale du montant d'un engagement à la fin de l'année est la valeur faciale.

La valeur nominale d'un engagement indexé correspond à sa valeur faciale ajustée du renforcement de capital lié à l'indexation, constaté à la fin de l'année.

Les engagements libellés en monnaie étrangère sont convertis en monnaie nationale au cours représentatif du marché des changes le dernier jour ouvrable de chaque année.

Article 2

Le produit intérieur brut est le produit intérieur brut aux prix du marché (PIB pm), tel que défini à l'article 2 de la directive 89/130/CEE, Euratom.

Article 3

1. Les chiffres de déficit public prévu sont les chiffres établis pour l'année courante par les États membres en conformité avec les décisions les plus récentes de leurs autorités budgétaires.

2. Les chiffres de déficit public effectif et de niveau de dette publique effective sont les résultats estimés, semi-définitifs et définitifs pour une année écoulée.

SECTION 2

RÈGLES ET CHAMP D'APPLICATION DE LA NOTIFICATION

Article 4

1. Dès le début de l'année 1994, les États membres notifient à la Commission leurs déficits publics prévus et effectifs, ainsi que le niveau de leur dette publique effective, deux fois par an, la première fois avant le 1er mars de l'année courante (année n) et la deuxième fois avant le 1er septembre de l'année n.

2. Avant le 1er mars de l'année n, les États membres:

— notifient à la Commission leur déficit public prévu pour l'année n, l'estimation à jour de leur déficit public effectif pour l'année n-1, et leurs déficits publics effectifs pour les années n-2, n-3 et n-4,

— fournissent simultanément à la Commission pour les années n, n-1 et n-2 les déficits budgétaires correspondants de leurs comptes publics, selon la définition la plus usuelle dans l'État membre, et les chiffres qui expliquent la transition entre ce déficit budgétaire des comptes publics et leur déficit public. Les chiffres expliquant cette transition qui sont fournis à la Commission incluent notamment les chiffres de besoin de financement des sous-secteurs S61, S62 et S63,

— notifient à la Commission l'estimation du niveau de leur dette publique effective à la fin de l'année n-1 et le niveau de leur dette publique effective pour les années n-2, n-3 et n-4,

— fournissent simultanément à la Commission pour les années n-1 et n-2 les chiffres qui expliquent la contribution de leur déficit public et des autres facteurs contributifs pertinents à la variation du niveau de leur dette publique.

3. Avant le 1er septembre de l'année n, les États membres:

— notifient à la Commission leur déficit public prévu pour l'année n, mis à jour, ainsi que leur déficit public effectif pour les années n-1, n-2, n-3 et n-4 et se conforment aux dispositions du paragraphe 2 deuxième tiret;

— notifient à la Commission le niveau de leur dette publique effective pour les années n-1, n-2, n-3 et n-4 et se conforment aux dispositions du paragraphe 2 quatrième tiret.

4. Les chiffres de déficit public prévu notifiés à la Commission conformément aux paragraphes 2 et 3 sont exprimés en monnaie nationale et en années budgétaires.

Les chiffres de déficit public effectif et de niveau de la dette publique effective notifiés à la Commission conformément aux paragraphes 2 et 3 sont exprimés en monnaie nationale et en années civiles, à l'exception des estimations à jour pour l'année n-1, qui peuvent être exprimées en années budgétaires.

Dans le cas où l'année budgétaire diffère de l'année civile, les États membres notifient également à la Commission leurs chiffres de déficit public effectif et de niveau de la dette publique effective en années budgétaires pour les deux années budgétaires qui précèdent la présente année budgétaire.

Article 5

Les États membres fournissent à la Commission, selon les modalités indiquées à l'article 4 paragraphes 1, 2 et 3, les chiffres relatifs à leurs dépenses d'investissement public et d'intérêts.

Article 6

Les États membres fournissent à la Commission une prévision de leur produit intérieur brut pour l'année n et le montant de leur produit intérieur brut effectif pour l'année n-1, n-2, n-3 et n-4 dans les mêmes délais que ceux indiqués à l'article 4 paragraphe 1.

Article 7

En cas de révision du SEC, à décider par le Conseil selon les règles de compétences et de procédure fixées par le traité, la Commission introduit les nouvelles références au SEC dans les articles 1er et 4.

Article 8

Le présent règlement entre en vigueur le 1er janvier 1994.

Le présent règlement est obligatoire dans tous ses éléments et directement applicable dans tout État membre.

Fait à Bruxelles, le 22 novembre 1993.

Par le Conseil

Le président

Ph. MAYSTADT

Règlement (CE) n° 2494/95 du Conseil du 23 octobre 1995 relatif aux indices des prix à la consommation harmonisés (*)

LE CONSEIL DE L'UNION EUROPÉENNE,

vu le traité instituant la Communauté européenne, et notamment son article 213,

vu la proposition de la Commission [1],

vu l'avis du Parlement européen [2],

vu l'avis de l'Institut monétaire européen [3],

vu l'avis du Comité économique et social [4],

considérant que l'article 109 J paragraphe 1 du traité engage la Commission et l'Institut monétaire européen (IME) à faire rapport au Conseil sur les progrès faits par les États membres dans l'accomplissement de leurs obligations pour la réalisation de l'union économique et monétaire en vue de parvenir à un degré élevé de stabilité des prix;

considérant que l'article 1er du protocole sur les critères de convergence visés à l'article 109 J du traité dispose que le degré de stabilité des prix durable atteint par les États membres ressortira de l'inflation calculée au moyen de l'indice des prix à la consommation sur une base comparable, compte tenu des différences dans les définitions nationales; que les indices des prix à la consommation existants ne sont pas établis sur une base directement comparable;

considérant qu'il y a lieu que la Communauté, et notamment ses instances fiscales et monétaires disposent, régulièrement et rapidement, d'indices des prix à la consommation afin d'établir des comparaisons des taux d'inflation dans le contexte macro-économique et international, qui se distinguent des indices employés à des fins nationales et micro-économiques;

considérant qu'il est admis que l'inflation est un phénomène qui se manifeste dans toutes les formes de transactions commerciales, y compris les achats de biens d'investissement, les marchés publics, le coût de la main-d'œuvre et les achats effectués par les consommateurs; qu'il y a lieu de disposer d'une série de statistiques dont les indices des prix à la consommation constituent un élément essentiel, pour comprendre le processus inflationniste au niveau national et entre les États membres;

considérant qu'il est possible d'établir des indices des prix à la consommation comparables à la place ou en sus d'indices des prix à la consommation similaires, déjà établis ou à établir par les États membres;

considérant que l'établissement d'indices comparables entraîne des dépenses dont la charge se répartit entre la Communauté et les États membres;

considérant que, conformément au principe de subsidiarité, la création de normes statistiques communes applicables aux indices des prix à la consommation est une action qui ne peut être traitée avec efficacité qu'au niveau communautaire et que la collecte de données et l'établissement d'indices des prix à la consommation comparables se feront dans chaque État membre, sous l'autorité des organismes et

---

(*) JO L 257 du 27.10.1995, p. 1-4.

(1) JO C 84 du 6.4.1995, p. 7.

(2) JO C 249 du 25.9.1995.

(3) Avis rendu le 31 mars 1995 (JO C 236 du 11.9.1995, p. 11).

(4) JO C 236 du 11.9.1995, p. 11.

institutions préposés à l'élaboration de statistiques au niveau national;

considérant que, en vue de l'achèvement de l'union économique et monétaire, il y aura lieu de disposer d'un indice des prix à la consommation valable pour l'ensemble de la Communauté;

considérant que le comité du programme statistique (CPS), institué par la décision 89/382/CEE, Euratom du Conseil [1], a donné un avis favorable sur le projet du présent règlement,

A ARRÊTÉ LE PRÉSENT RÈGLEMENT:

Article premier

Objectif

Le présent règlement a pour objectif d'établir les bases statistiques nécessaires pour aboutir au calcul des indices comparables des prix à la consommation au niveau communautaire.

Article 2

Définitions

Aux fins du présent règlement, on entend par:

a) «indice des prix à la consommation harmonisé (IPCH)»: l'indice des prix à la consommation comparable que produit chaque État membre;

b) «indice européen des prix à la consommation (IPCE)»: l'indice des prix à la consommation que produit la Commission (Eurostat) pour la Communauté sur la base des IPCH des États membres;

c) «indice des prix à la consommation de l'union monétaire (IPCUM)»: l'indice des prix à la consommation que produit la Commission (Eurostat) dans le cadre de l'union économique et monétaire sur la base des IPCH des États membres qui ne font pas l'objet d'une dérogation au titre de l'article 109 K du traité, aussi longtemps que de telles dérogations existent.

(1) JO L 181 du 28.6.1989, p. 47.

Article 3

Champ d'application

L'IPCH se base sur les prix des biens et services proposés à l'achat sur le territoire économique de l'État membre en vue de satisfaire directement la demande des consommateurs. Les questions relatives à la pondération seront arrêtées par la Commission conformément à la procédure visée à l'article 14.

Article 4

Conditions de comparabilité

Les IPCH sont comparables lorsqu'ils ne reflètent que les différences existant entre les variations de prix ou les habitudes de consommation nationales.

Les IPCH qui diffèrent à cause des différences de concepts, de méthodes ou de pratiques qui président à leur définition et leur établissement ne sont pas comparables.

La Commission (Eurostat), conformément à la procédure visée à l'article 14, arrête les dispositions à suivre pour obtenir des IPCH comparables.

Article 5

Calendrier et dérogations

1. Les mesures nécessaires à la réalisation d'indices des prix à la consommation comparables sont échelonnées comme suit.

a) *Phase I:*

En mars 1996 au plus tard, la Commission (Eurostat) établit, en collaboration avec les États membres, aux fins du rapport visé à l'article 109 J du traité («critères de convergence»), une série provisoire d'indices des prix à la consommation pour chaque État membre. Ces indices sont entièrement basés sur des données sous-jacentes aux indices des prix à la consommation nationaux existants, ajustés notamment comme suit:

i) exclusion des logements occupés par leur propriétaire;

ii) exclusion de la santé et de l'enseignement;

iii) exclusion de certains autres postes non couverts ou traités différemment par plusieurs États membres.

b) *Phase II:*

L'IPCH est d'application à compter de l'indice de janvier 1997. La période de référence commune de l'indice est l'année 1996. Les estimations des variations de prix intervenues dans les douze mois précédant le mois de janvier 1997 et au cours des mois suivants sont établies en fonction des indices de 1996.

2. Le cas échéant, la Commission (Eurostat) peut, à la demande d'un État membre et après consultation de l'IME, accorder, pour une durée maximale d'un an, des dérogations au paragraphe 1 lorsque l'État membre concerné doit apporter des adaptations importantes à son système statistique afin d'accomplir les obligations que lui impose le présent règlement.

3. Les mesures d'application du présent règlement (nécessaires pour assurer la comparabilité des IPCH, ainsi que pour préserver et renforcer leur fiabilité et leur pertinence) seront adoptées, après consultation de l'IME, selon la procédure prévue à l'article 14.

Article 6

Informations de base

Les informations de base sont les prix et les pondérations des biens et des services dont il y a lieu de tenir compte afin d'assurer la comparabilité des indices selon les conditions prévues à l'article 4.

Ces données sont tirées d'enquêtes auprès des unités statistiques telles que définies par le règlement (CEE) n° 696/93 du Conseil, du 15 mars 1993, relatif aux unités statistiques d'observation et d'analyse du système productif dans la Communauté [1], ou d'autres sources permettant d'assurer le respect des conditions de comparabilité des indices visées à l'article 4 du présent règlement.

Article 7

Sources

Les unités statistiques appelées par les États membres à coopérer à la collecte ou à la communication de données de prix sont tenues d'autoriser l'observation des prix effectivement pratiqués et de fournir des informations sincères et complètes au moment où elles sont sollicitées.

Article 8

Fréquence

1. L'IPCH, l'IPCE et l'IPCUM sont établis chaque mois.

2. La fréquence exigée de relevé des prix est mensuelle. Si le relevé moins fréquent ne fait pas obstacle à l'établissement d'un IPCH répondant aux conditions de comparabilité visées à l'article 4, la Commission (Eurostat) peut autoriser des dérogations au relevé mensuel. Cette disposition ne fait pas obstacle à un relevé des prix plus fréquent.

3. Les pondérations de l'IPCH sont mises à jour à une fréquence suffisante pour répondre aux conditions de comparabilité visées à l'article 4. Cela ne comporte pas l'obligation d'effectuer des enquêtes sur les budgets de

(1) JO L 76 du 30.3.1993, p. 1.

famille plus fréquemment qu'une fois tous les cinq ans, sauf pour les États membres pour lesquels il serait reconnu, selon la procédure prévue à l'article 14, que les changements dans les habitudes de consommation sont tels qu'ils rendent nécessaires des enquêtes plus fréquentes.

Article 9

Production de résultats

Les États membres traitent les données collectées afin de produire l'IPCH sur la base d'un indice du type Laspeyres, couvrant les catégories de la classification internationale Coicop (Classification of Individual Consumption by Purpose) [1] qui seront adaptées selon la procédure visée à l'article 14 en vue d'établir des IPCH comparables. Suivant la même procédure seront définies les méthodes, les procédures et les formules garantissant le respect des conditions de comparabilité.

Article 10

Transmission des résultats

Les États membres transmettent à la Commission (Eurostat) les IPCH dans un délai n'excédant pas trente jours à compter de la fin du mois de référence de l'indice.

Article 11

Publication

L'IPCH, l'IPCE, l'IPCUM et les indices de prix relatifs à un sous-ensemble des catégories visées à l'article 9, sélectionnées selon la procédure visée à l'article 14, sont publiées par la Commission (Eurostat) dans un délai n'excédant pas cinq jours ouvrables à compter de la fin de la période visée à l'article 10.

(1) Publiée par les Nations unies, série F n° 2, révision 3, table 6.1, modifiée par l'OCDE (DES/NI/86.9), Paris 1986.

Article 12

Comparabilité des données

Les États membres communiquent à la Commission (Eurostat), à sa demande, les informations, dont celles collectées conformément à l'article 6, au niveau de détail nécessaire pour évaluer le respect des conditions de comparabilité visées à l'article 4 et la qualité des IPCH.

Article 13

Financement

Les mesures d'application du présent règlement sont arrêtées en tenant le plus grand compte du rapport coût-efficacité et à condition de ne pas nécessiter de ressources supplémentaires importantes dans un État membre, à moins que la Commission (Eurostat) ne prenne en charge les deux tiers des frais supplémentaires jusqu'à la fin de la deuxième année de mise en œuvre de ces mesures.

Article 14

Procédure

1. La Commission est assistée par le comité du programme statistique, ci-après dénommé «comité».

2. Le représentant de la Commission soumet au comité un projet des mesures à prendre. Le comité émet son avis sur ce projet dans un délai que le président peut fixer en fonction de l'urgence de la question en cause. L'avis est émis à la majorité prévue à l'article 148 paragraphe 2 du traité pour l'adoption des décisions que le Conseil est appelé à prendre sur proposition de la Commission. Lors des votes au sein du comité, les voix des représentants des États membres sont affectées de la pondération définie à l'article précité. Le président ne prend pas part au vote.

La Commission arrête les mesures envisagées lorsqu'elles sont conformes à l'avis du comité.

Lorsque les mesures envisagées ne sont pas conformes à l'avis du comité, ou en l'absence d'avis, la Commission soumet sans tarder au Conseil une proposition relative aux mesures à prendre. Le Conseil statue à la majorité qualifiée.

Si, à l'expiration d'un délai de trois mois à compter de la saisine du Conseil, celui-ci n'a pas statué, les mesures proposées sont arrêtées par la Commission.

Article 15

Révision

Après consultation du comité, la Commission (Eurostat) présente, dans un délai de deux ans à compter de la date d'entrée en vigueur du présent règlement, puis dans un nouveau délai de deux ans, un rapport au Conseil, relatif aux IPCH établis conformément au présent règlement, et portant notamment sur leur fiabilité et le respect des conditions de comparabilité.

Dans le cadre de ces rapports, la Commission prendra position sur le déroulement de la procédure visée à l'article 14 et proposera, le cas échéant, les modifications qu'elle juge appropriées.

Article 16

Entrée en vigueur

Le présent règlement entre en vigueur le vingtième jour suivant celui de sa publication au *Journal officiel des Communautés européennes.*

Le présent règlement est obligatoire dans tous ses éléments et directement applicable dans tout État membre.

Fait à Luxembourg, le 23 octobre 1995.

Par le Conseil

Le président

P. SOLBES MIRA